NomosPraxis

Franz Josef Düwell
Vorsitzender Richter am BAG a.D., Weimar
Honorarprofessor Universität Konstanz

Christoph Beyer
Leiter des Integrationsamtes beim Landschaftsverband Rheinland (LVR),
Vorsitzender der Bundesarbeitsgemeinschaft der Integrationsämter und
Hauptfürsorgestellen (BIH), Köln

Das neue Recht für behinderte Beschäftigte

Inklusion am Arbeitsplatz –
Bundesteilhabegesetz als Herausforderung für
Vertretungen, Arbeitgeber und Anwaltschaft

Nomos

Die Deutsche Nationalbibliothek verzeichnet diese Publikation in der Deutschen Nationalbibliografie; detaillierte bibliografische Daten sind im Internet über http://dnb.d-nb.de abrufbar.

ISBN 978-3-8487-3602-7

1. Auflage 2017

Vorwort

Selbstbestimmte Lebensführung für Menschen mit Behinderung und Inklusion am Arbeitsplatz. Um nicht weniger geht es dem Gesetzgeber mit dem Bundesteilhabegesetz (BTHG). Das aus 27 Artikeln bestehende Gesetz ist am 29.12.2016 verkündet worden. Die für die Praxis der Arbeitgeber und Beschäftigten in den Betrieben und Dienststellen wichtigen Bestimmungen Artikel 2 und 18 mit ihren Änderungen des Schwerbehinderten- und Betriebsverfassungsrechts gelten schon seit dem 30.12.2016. Das Inkrafttreten der übrigen Bestimmungen erfolgt gestreckt und stufenweise bis 2023.

Dieses Handbuch konzentriert sich auf die Inklusion am Arbeitsplatz. Um dem Ziel der Inklusion am Arbeitsplatz näher zu kommen, hat der Gesetzgeber den Präventionsgedanken deutlich gestärkt. Die Rehabilitationsträger und Integrationsämter sowie die Arbeitgeber sind verpflichtet, durch wirksame und abgestimmte Präventionsmaßnahmen einen Rehabilitationsbedarf sowie eine daran anschließende Verrentung möglichst zu vermeiden. Eine wesentliche Rolle spielen in diesem Zusammenhang der Abschluss einer Inklusionsvereinbarung sowie die Durchführung eines ordnungsgemäßen Präventions- bzw. bEM-Verfahrens.

Gleichzeitig werden die Rechte der Schwerbehindertenvertretungen in den Betrieben und Dienststellen erweitert. Das BetrVG wird zugunsten der Rechte der Betriebsräte ebenfalls ergänzt. Damit wird die wachsende Bedeutung der Interessenvertretungen beim Inklusionsprozess am Arbeitsplatz anerkannt. Die Schwerbehindertenvertretungen erkämpften, nachdem sie diese bereits 2003 vergeblich eingefordert hatten, eine Unwirksamkeitsklausel, die bei Arbeitgeberkündigungen eingreift, wenn die Schwerbehindertenvertretung nicht ordnungsgemäß beteiligt worden ist. Diese Errungenschaft ist weder gleichbedeutend mit der Mitbestimmung, noch stellt sie ein Vetorecht dar. Sie sichert erstmals wirkungsvoll das Unterrichtungs- und Anhörungsrecht der Schwerbehindertenvertretung. Zur Stärkung der Schwerbehindertenvertretung kommen verbesserte Regelungen zur Freistellung, Heranziehung und Schulung hinzu.

Mit dem vorliegenden Handbuch möchten wir das neue Schwerbehindertenrecht, eingebettet im hochkomplexen Reformwerk des Bundesteilhabegesetzes, in die Praxis der Betriebe und Dienststellen übersetzen und die neuen Regelungen für Arbeitgeber, Arbeitnehmer und deren Vertretungen verständlich darstellen. Es erläutert für die Praxis alle wichtigen Änderungen: von der „Inklusionsvereinbarung“ über die Stärkung der Rechtsstellung der Schwerbehindertenvertretung (SBV) bis zur neuen kündigungsrechtlichen Unwirksamkeitsklausel. Unser Handbuch verschafft den notwendigen Durchblick. Es zeigt in einer Synopse auf den Seiten 17 ff. unter Rn. 12 auf, welche Regelungen bisher galten, welche am 30.12.2016 in Kraft getreten sind und welche ab 1.1.2018 gelten. Unser Handbuch hilft der Praxis auch beim Umgang mit den im Zuge des Gesetzgebungsverfahrens aufgetretenen Redaktionsfehlern. Sie sind so zahlreich, dass ein eigenes Korrekturgesetz dazu erlassen wird. Dessen Berichtigungen werden auf den Seiten 29 ff. unter der Rn. 13 dargestellt. Zudem zeigt das Handbuch die Wege zur gerichtlichen Durchsetzung der neuen Rechte auf.

Wir möchten gleichzeitig dazu beitragen, dass das SGB IX und seine durch das BTHG neu gefassten Regelungen ein fester Bestandteil der täglichen Arbeit von Arbeitgebervertretern sowie Betriebs-, Personal- und Schwerbehindertenvertretungen werden. Hierzu hat die Rechtsprechung der Arbeits-, Sozial- und Verwaltungsgerichte in den letzten Jahren bereits viel beigetragen. Gleichwohl sind die Rechte der (schwer)behinderten Beschäftigten vielfach noch nicht ausreichend bekannt, werden zu wenig geeignete Ausbildungsplätze für Menschen mit einer Einschränkung zur Verfügung gestellt und wird die Rolle der Schwerbehindertenvertretung als eigenständiges Organ zu wenig beachtet. Arbeitgeber wie Interessenvertretungen fühlen sich häufig zwischen den unterschiedlichen Zuständigkeiten der Rehabilitationsträger und Integrationsämter allein gelassen und wünschen sich möglichst eine Leistung aus einer Hand.

Das vorliegende Handbuch möchte auf möglichst viele der bestehenden Fragen rund um die Einstellung und Beschäftigung von Menschen mit einer Behinderung Antworten geben. Damit wollen wir einen Beitrag zur Inklusion am Arbeitsplatz leisten.

Die Autoren danken dem Lektorat des Nomos Verlags für die gute Zusammenarbeit.

Weimar und Köln, im Mai 2017

Franz Josef Düwell — *Christoph Beyer*

Kritik und Hinweise sind willkommen: Franz.Duewell@uni-konstanz.de

Zur Erleichterung des Auffindens der ab 1.1.2018 in den Teil 3 des SGB IX verschobenen Normen des Schwerbehindertenrechts dient folgende Eselsbrücke: Alte Paragrafenzahl + 83 = neuer Standort ab 2018. Beispiel: § 83 Stand 30.12.2016 bis 31.12.2017 + 83 = § 166 SGB IX ab 2018. Bis auf das letzte Kapitel 14 funktioniert diese Brücke durchgängig.

Inhaltsverzeichnis

§ 1 Das Bundesteilhabegesetz

I. Gesetzesbeschluss

Der Bundestag hat am 1. Dezember 2016 in zweiter und dritter Beratung mit den 1
Stimmen von CDU/CSU und SPD gegen die Stimmen von „Die Linke“ bei Enthaltung von „Bündnis 90/Die Grünen“ das Gesetz zur Stärkung der Teilhabe und Selbstbestimmung von Menschen mit Behinderungen (Bundesteilhabegesetz – BTHG) beschlossen.[1] Vorausgegangen war eine den Gesetzentwurf der Bundesregierung vom 5.9.2016[2] abändernde Beschlussempfehlung des Ausschusses für Arbeit und Soziales vom 30.11.2016.[3] Der Bundesrat hat am 16.12.2016 auf seiner 952. Sitzung zugestimmt.[4] Das Gesetz ist am 23.12.2016 ausgefertigt und am 29.12.2016 verkündet worden.[5]

II. Artikelgesetz

Das beschlossene BTHG ist ein Gesetz, das aus insgesamt 27 Artikeln besteht. Art. 1 2
enthält das **reformierte SGB IX.** Der wesentliche Inhalt der Reform besteht darin, für Menschen mit Behinderung das bisherige „Fürsorgesystem“ der Sozialhilfe abzulösen. An dessen Stelle tritt ein Recht, das entsprechend den Vorgaben der Behindertenrechtskonvention der Vereinten Nationen Hilfen zur selbstbestimmten Lebensführung gewährt. Dazu wird die neue **Eingliederungshilfe** in den Teil 2 des reformierten SGB IX eingefügt. Die Fachleistungen der Eingliederungshilfe werden von den Leistungen zum Lebensunterhalt klar getrennt. Die Freibeträge zur **Einkommens- und Vermögensanrechnung** werden erhöht. Ehe- und Lebenspartner werden aus der sozialhilferechtlichen Einstandspflicht für die Leistungen zur selbstbestimmten Lebensführung der Menschen mit Behinderung befreit. Darüber wurde monatelang wegen der öffentlichkeitswirksamen Protestaktionen der ca. 800.000 Betroffenen in den Medien berichtet. Weniger wurden die Aktionen der Sprecher der ca. 1.200.000 schwerbehinderten Beschäftigten[6] öffentlich wahrgenommen, die sich für die Umsetzung der in der Koalitionsvereinbarung vom 16. Dezember 2013 zugesagten Stärkung der Rechtsstellung der Schwerbehindertenvertretungen einsetzten. Die Schwerbehindertenvertretungen forderten mit ihrer „Kölner Erklärung“[7] insbesondere für die Sicherstellung des gesetzlichen **Informations- und Anhörungsrechts der Schwerbehindertenvertretung** (SBV). Der Protest gegen den vom Ministerium für Arbeit und Soziales ausgearbeiteten Entwurf war so stark, dass sich die Abgeordneten der Koali-

1 https://www.bundestag.de/dokumente/textarchiv/2016/kw48-de-bundesteilhabegesetz/481812, Aufruf 4.12.2016.
2 BT-Drs. 18/9522.
3 BT-Drs. 18/10523.
4 BR-Drs. 711/16 (Beschluss).
5 BGBl. I 2016, 3234.
6 Inklusionsbarometer 2016, Seite 16; veröffentlicht www.aktion-mensch.de/presse/div/download.php?id=171, Aufruf 14.4.2017.
7 http://www.schwbv.de/pdf/koelner_erklaerung.pdf, Aufruf 4.12.2016.

tion zwei Tage vor dem Gesetzesbeschluss noch veranlasst sahen, mit 68 Änderungsanträgen[8] darauf zu reagieren.

III. Gestuftes Inkrafttreten der Reform

3 Art. 26 des BTHG sieht ein gestuftes Inkrafttreten vor. Die große Reform mit der Neugliederung des SGB IX durch Art. 1 BTHG tritt erst zum 1. Januar 2018 in Kraft. Allerdings ist das vollständige Inkrafttreten aller Reformschritte bis zum Jahr 2023 (Art. 25 a BTHG) gestreckt.

4 Ziel des Art. 1 des BTHG ist die Verbesserung der Lebenssituation von Menschen mit Behinderungen zu mehr **selbstbestimmter Lebensführung**. Dadurch soll dem zentralen Prinzip der Behindertenrechtskonvention der Vereinten Nationen vom 13.12.2006 über die Rechte von Menschen mit Behinderungen (UN-BRK)[9] nämlich die volle und wirksame Teilhabe behinderter Menschen an der Gesellschaft und ihre Einbeziehung in die Gesellschaft gemäß Art. 3 UN-BRK, demgemäß der inklusiven Gesellschaft, auch in Deutschland ein wenig nähergekommen werden. Zu diesem Zweck wurden Änderungen in ganz unterschiedlichen Gesetzesbereichen vorgenommen. Die wesentliche Änderung ist damit die Ausgliederung der Eingliederungshilfe aus dem Fürsorgesystem der Sozialhilfe. Bis zum 1. Januar 2018 müssen Menschen mit Behinderungen, die auf Unterstützung wie zB persönliche Assistenzen aus der Eingliederungshilfe angewiesen sind, die für sie notwendigen Rehabilitationsleistungen bei verschiedenen Leistungsträgern separat beantragen. Darüber hinaus sind die Leistungen zum Teil von der Wohnform abhängig (Wohnung, Wohngemeinschaft oder Einrichtung). Oft muss ein großer Teil des Einkommens und Vermögens von der Person selbst oder dem Partner eingesetzt werden. Anders als nicht behinderte Menschen können aus diesem Grunde behinderte Menschen kaum sparen. Ab 2020 bleibt in der Eingliederungshilfe nicht nur das Einkommen, sondern auch das Vermögen des Partners anrechnungsfrei. Das BTHG nimmt die Eingliederungshilfe aus dem Fürsorgesystem der Sozialhilfe heraus. Dadurch soll behinderten Menschen mehr individuelle Selbstbestimmung ermöglicht werden. Ziel ist ein modernes Recht auf Teilhabe und die dafür erforderliche finanzielle Unterstützung. Durch diesen Systemwechsel sollen die Fachleistungen der Eingliederungshilfe klar von den Sozialleistungen zum Lebensunterhalt getrennt und auch finanziert werden. Neben diesen Fachleistungen bleiben die Ansprüche auf existenzsichernde Leistungen aus der Grundsicherung nach dem SGB XII bestehen.

8 Vgl. Ausschussdrucksache 18(11)857.

9 Zustimmungsgesetz vom 21.12.2008, BGBl. II 2008, 1419, für Deutschland nach Hinterlegung der Ratifikationsurkunde in Kraft seit dem 26.3.2009, BGBl. II 2009, 812.

Die Verbesserungen im Einzelnen: 5

- Unterstützungsmaßnahmen setzen bereits vor der Rehabilitation ein und werden durch geförderte Modellprojekte gestärkt.
- Künftig reicht ein Reha-Antrag aus, um alle benötigten Leistungen von verschiedenen Reha-Trägern zu erhalten, und die Zusammenarbeit der Rehabilitationsträger wird straffer geregelt: Leistungen „wie aus einer Hand" werden möglich.
- Die Betroffenen werden durch eine ergänzende unabhängige Beratung gestärkt.
- Die Leistungen der Eingliederungshilfe werden in einem Leistungskatalog konkretisiert und gebündelt.
- Elternassistenz und Assistenz in der (hoch-)schulischen beruflichen Weiterbildung erstmalig ausdrücklich geregelt.
- Bessere Chancen für den Übergang aus dem Werkstattverhältnis in ein Arbeitsverhältnis auf dem ersten Arbeitsmarkt werden für Werkstattbeschäftigte durch ein bundeseinheitlich geltendes **Budget für Arbeit** geschaffen.
- Beziehern von Leistungen der Eingliederungshilfe werden höhere Freibeträge bei der Einkommens- und Vermögensanrechnung eingeräumt, so dass sie deutlich mehr vom eigenen Einkommen behalten und sparen können.
- Ehegatten und Lebenspartner werden zukünftig weder mit ihrem Einkommen noch mit ihrem Vermögen herangezogen.
- Für Menschen, die neben der Eingliederungshilfe auch Leistungen der Hilfe zur Pflege benötigen und die vor Erreichen der Regelaltersgrenze Leistungen der Eingliederungshilfe erhalten haben, umfasst die Eingliederungshilfe künftig auch die Leistungen der Hilfe zur Pflege. Damit gelten für sie insbesondere die günstigeren Heranziehungsregelungen für Einkommen und Vermögen wie in der Eingliederungshilfe ab dem Jahr 2020.
- Menschen, die keiner Erwerbstätigkeit nachgehen können und Leistungen der Sozialhilfe erhalten, sollen bessergestellt werden. Hierzu wurde in einem ersten Schritt zum 1.4.2017 durch eine Rechtsverordnung des BMAS das **geschonte Barvermögen** für alle Hilfsbedürftigen von bislang 2.600 EUR auf 5.000 EUR aufgestockt.[10]
- Die Eingliederungshilfe soll künftig mit Blick auf den individuellen Bedarf erbracht werden und echte Wahlfreiheit bei der Unterkunft ermöglichen.

10 Zweite Verordnung zur Änderung der Verordnung zur Durchführung des § 90 Abs. 2 Nr. 9 des Zwölften Buches Sozialgesetzbuch vom 22.3.2017, BGBl. I, 519.

6 **Die Reihenfolge der Reformstufen**

Reformstufe 1

- Ab 1.8.2016: Gleichstellung zur Förderung von Jugendlichen und Verbesserungen für Integrationsprojekte
- Ab 30.12.2016: Vorgezogene Änderungen zur Stärkung der SBV
- Ab 1.4.2017 Erster Schritt: Schonvermögen nach SGB XII steigt von 2.600 EUR auf 5.000 EUR

Reformstufe 2 (1.1.2018)

- Schwerbehindertenrecht wird Teil 3 im SGB IX mit Änderung der Paragrafenfolge
- Neue Namen: „Inklusionsbeauftragte" anstelle von „Arbeitgeberbeauftragte"
- Reha-Recht im SGB IX Teil 1 wird geändert ua durch erweiterten Behindertenbegriff
- Bundesweites Budget für Arbeit in § 61 SGB IX
- Vorgezogene Verbesserungen im Bereich der Eingliederungshilfe (EGH) im SGB XII

Reformstufe 3 (1.1.2020)

- Einfügung der neuen EGH in §§ 90–150 SGB IX
- Zweiter Schritt in Richtung Nichtberücksichtigung von Einkommen und Vermögen für Leistungen der EGH

Reformstufe 4 (1.1.2023)

- Neubestimmung des leistungsberechtigten Personenkreises für EGH nach Art. 25 a BTHG, § 99 SGB IX

IV. Vorschaltgesetz zum Schwerbehindertenrecht

7 Für die Übergangszeit bis einschließlich 31. Dezember 2017 enthält Art. 2 eine Art **Vorschaltgesetz** mit den wesentlichen inhaltlichen Änderungen, die **seit dem Tag nach der Verkündung**, das war der **30.12.2016**, und nicht erst ab 2018 im Schwerbehindertenrecht gelten. Viele dieser vorgezogenen Änderungen sollen der im Koalitionsvertrag angekündigten Stärkung der Rechtsstellung der Schwerbehindertenvertretung (SBV) dienen. Diese Änderungen sind am Tag nach der Verkündung des BTHG in Kraft getreten. Durch die Konstruktion des Vorschaltgesetzes wird bewirkt, dass bis Ende 2017 die bisherige Gliederung des Schwerbehindertenrechts im Teil 2 SGB IX mit den vertrauten „alten" Nummern der §§ 68 bis 160 des SGB IX bestehen bleibt. Allerdings ändert sich in zahlreichen Bestimmungen deren Inhalt. Ab 1. Januar 2018 findet dann die numerische **Verschiebung des Schwerbehindertenrechts** vom Teil 2 auf den Teil 3 des SGB IX statt. Das Schwerbehindertenrecht beginnt dann mit § 151 SGB IX und endet mit der Übergangsregelung in § 241 SGB IX. Diese Neugliederung ist ausschließlich der Einfügung der Eingliederungshilfe geschuldet. Deshalb enthält Art. 1 BTHG einen ab 2018 für Arbeitgeber, Beschäftigte und deren Vertretungen geltenden Normtext, der im Wesentlichen[11] mit dem des Vorschaltgesetzes identisch ist, jedoch neu durchnummeriert ist. Der mit der Neunummerierung verbundene Um-

11 Dazu siehe unter § 9 (Rn. 159 ff.) und § 12 (Rn. 270 ff.) Erläuterungen der ab 2018 die in Kraft tretenden Änderungen im kollektiven und individuellem Schwerbehindertenrecht.

stellungsaufwand ist erheblich. Dieser hätte ohne Weiteres vermieden werden können, wenn die Eingliederungshilfe als Teil 3 ins SGB IX eingefügt worden wäre. Das ist kein Beispiel für eine gute Gesetzgebung.

Zu kritisieren ist ferner, dass der Gesetzgeber sich auf **punktuelle Ausbesserungen** be- 8
schränkte, obwohl die Bearbeitung umfassender Problemfelder immer wieder angemahnt worden waren.[12] Die Chance zur dringend notwendigen Behebung der systematischen und sprachlichen Defizite[13] des historisch gewachsenen Normtextes ist ungenutzt geblieben. Zusätzlich sind in großer Zahl Redaktionsfehler aufgetreten, die auf die Komplexität des gestuften Inkrafttretens, der Neunummerierung und der unzureichenden Überprüfung von Verweisungsnormen bei im laufenden Gesetzgebungsverfahren vorgenommenen Änderungen zurückzuführen sind. Hier wird im Zuge der Änderung des Bundesversorgungsgesetzes[14] eine große Anzahl von Berichtigungen vorgenommen (siehe dazu Katalog der Korrekturen unter Rn 12).

V. Vorgezogene Änderungen durch das Neunte Gesetz zur Änderung des Zweiten Buches Sozialgesetzbuch

Einige Änderungen des Schwerbehindertenrechts sind durch Art. 3 Abs. 12 des Neun- 9
ten Gesetzes zur Änderung des Zweiten Buches Sozialgesetzbuch – Rechtsvereinfachung – sowie zur vorübergehenden Aussetzung der Insolvenzantragspflicht vom 26.7.2016[15] vorgezogen worden. Sie sind bereits **zum 1.8.2016 in Kraft** getreten. Dazu gehören insbesondere die Gleichstellung behinderter Jugendlicher und junger Erwachsener während der Zeit einer Berufsausbildung in Betrieben und Dienststellen oder einer beruflichen Orientierung in § 68 Abs. 4 SGB IX mit der Folgeänderung zur Förderung durch die Integrationsämter in § 102 Abs. 3 Satz 2 SGB IX.[16]

Ferner ist die Einrichtung von **Integrationsprojekten** erleichtert worden.[17] Mit Inte- 10
grationsprojekten (§§ 132 ff. SGB IX) soll durch eine besondere Form der Beschäftigung für schwerbehinderte Menschen eine Brücke zwischen den Werkstätten für behinderte Menschen (§§ 136 ff. SGB IX) und dem allgemeinen Arbeitsmarkt gebaut werden.

VI. Überholende Änderung im Verwaltungsrecht des Bundes

Das Gesetz zum Abbau verzichtbarer Anordnungen der **Schriftform** im Verwaltungs- 11
recht des Bundes vom 29. März 2017[18] soll rechtliche Hindernisse für elektronische Verfahren abzubauen und die elektronische Kommunikation mit der Verwaltung erleichtern. Dazu wird die Möglichkeit, die strenge Schriftform durch **elektronische Verfahren** zu ersetzen, erweitert. Durch Änderungen des Verwaltungsverfahrensgesetzes (VwVfG) und des SGB I, in dem der Allgemeine Teil des Sozialgesetzbuches gere-

12 Edenfeld, NZA 2012, 713; Sachadae, PersV 2015, 170; derselbe ZfPR online 12/2016, 38.
13 Dazu Edenfeld, Neuerungen im Schwerbehindertenrecht, PersV 2016, 364, 367.
14 BT-Drs. 258/17.
15 BGBl. I, 1824.
16 Nähere Einzelheiten unter § 12 III Gleichstellung, Rn. 273 f.
17 Näheres dazu unter § 13 Vom Integrationsprojekt zum Inklusionsbetrieb, Rn. 303 ff.
18 BGBl. I Nr. 16, 626.

gelt ist, werden neben der qualifizierten elektronischen Signatur zwei weitere elektronische Verfahren zum Ersatz der Schriftform zugelassen und die Möglichkeit vorgesehen, zukünftige sichere Verfahren durch Rechtsverordnung entsprechend zu bestimmen (§ 3 a Abs. 2 Satz 4 und 5 VwVfG, § 36 a Abs. 2 Satz 4 und 5 SGB I). Von dieser Regelung ist auch die in § 87 Abs. 1 Satz 1 SGB IX enthaltene strenge Schriftform des Antrags auf Zustimmung zur Kündigung betroffen. Nach Art. 165 des Gesetzes vom 29. März 2017 ist § 87 Abs. 1 Satz 1 SGB IX mit Wirkung zum 5.4.2017 geändert, indem ergänzend zu dem Wort *„schriftlich"* die Wörter *„oder elektronisch"* eingefügt sind. Allerdings hat der Gesetzgeber versäumt, auch die ab 1.1.2018 geltende Fassung der Vorschrift, die dann nach Art. 1 BTHG die Bezeichnung § 170 SGB IX trägt, entsprechend zu ändern. Das wird mit einem Berichtigungsgesetz nachgeholt (vgl. § 2, Rn. 13). Die Änderung ist nicht unerheblich. Da der Gesetzgeber bewusst nur die elektronische, nicht aber die Textform (§ 126 b BGB) zugelassen hat, muss zwingend ein per Fax beim Integrationsamt gestellter Zustimmungsantrag als formnichtig angesehen werden.[19] Gilt wie bei dem Antrag auf Zustimmung zur außerordentlichen Kündigung nach § 91 Abs. 2 Satz 1 eine Frist, so kann die Möglichkeit der Nachholung der Schriftform verbaut sein.

19 So schon zum alten Recht LPK-SGB IX/Düwell, 4. Aufl. 2014, § 87 Rn. 6.

§ 2 Synopse Änderungen im SGB IX und Katalog der Korrekturen

I. Änderungen durch das Bundesteilhabegesetz

Kommentierte Gegenüberstellung der wesentlichen Änderungen des SGB IX durch Art. 1 und 2 des BTHG v. 23.12.2016 (BGBl. I S. 3234) mit Hervorhebungen durch den Autor.[20] 12

Gültig bis 31.12.2017	Gültig ab 2018	Regelungs-gegenstand	Änderungen ab 30.12.2016
§ 68 Abs. 4 Satz 1	§ 151 Abs. 4 Satz 1	Geltungsbereich des Schwerbehindertenrechts	*„Schwerbehinderten Menschen gleichgestellt sind auch behinderte Jugendliche und junge Erwachsene (§ 2 Absatz 1) während der Zeit ihrer Berufsausbildung in Betrieben und Dienststellen oder einer beruflichen Orientierung, auch wenn der Grad der Behinderung weniger als 30 beträgt oder ein Grad der Behinderung nicht festgestellt ist."* Diese Ergänzung soll die nachrangige Förderung der beruflichen Orientierung für behinderte Schülerinnen und Schüler durch das Integrationsamt nach § 102 Abs. 3 Ziffer 5 SGB IX eröffnen.
§ 69 Abs. 1 Satz 1	§ 152 Abs. 1 Satz 1	Feststellung der Behinderung, Ausweise	*„Auf Antrag des behinderten Menschen stellen die für die Durchführung des Bundesversorgungsgesetzes zuständigen Behörden das Vorliegen einer Behinderung und den Grad der Behinderung zum Zeitpunkt der Antragstellung fest."*
§ 69 Abs. 1 Satz 2	§ 152 Abs. 1 Satz 2	Feststellung der Behinderung, Ausweise	*„Auf Antrag kann festgestellt werden, dass ein Grad der Behinderung oder gesundheitliche Merkmale bereits zu einem früheren Zeitpunkt vorgelegen haben, wenn dafür ein besonderes Interesse glaubhaft gemacht wird."*
§ 70 Abs. 2	§ 153 Abs. 2	Verordnungsermächtigung	*„Das Bundesministerium für Arbeit und Soziales wird ermächtigt, durch Rechtsverordnung mit Zustimmung des Bundesrates die Grundsätze aufzustellen, die für die Bewertung des Grades der Behinderung, die Kriterien für die Bewertung der Hilflosigkeit und die Voraussetzungen für die Vergabe von Merkzeichen maßgebend sind, die nach Bundesrecht im Schwerbehindertenausweis einzutragen sind."*

20 Der Bundesarbeitsgemeinschaft der Integrationsämter und Hauptfürsorgestellen (BIH) wird für die freundliche Erlaubnis zur Nutzung von Teilen der von ihr erstellten Tabellen gedankt.

Gültig bis 31.12.2017	Gültig ab 2018	Regelungs-gegenstand	Änderungen ab 30.12.2016
§ 82	§ 165 fügt ab 1.1.2018 Satz 2 hinzu: „*Mit dieser Meldung gilt die Zustimmung zur Veröffentlichung der Stellenangebote als erteilt.*“	Besondere Pflichten der öffentlichen Arbeitgeber	„*Die Dienststellen der öffentlichen Arbeitgeber melden den Agenturen für Arbeit frühzeitig nach einer erfolglosen Prüfung zur internen Besetzung des Arbeitsplatzes frei werdende und neu zu besetzende sowie neue Arbeitsplätze.*“ Die Ergänzung soll die haushaltsrechtlichen Vorschriften des Öffentlichen Dienstes berücksichtigen. Es ist zunächst zu prüfen, ob offene Stellen mit vorhandenem Personal besetzt werden können.
§ 82 Satz 4	§ 165 Satz 4	Besondere Pflichten der öffentlichen Arbeitgeber	**Redaktionelle Änderung:** Der Begriff „*Integrationsvereinbarung*“ wird durch „*Inklusionsvereinbarung*“ ersetzt.
§ 83	§ 166	Inklusionsvereinbarung	**Redaktionelle Änderung:** Der Begriff „*Integrationsvereinbarung*“ wird durch „*Inklusionsvereinbarung*“ ersetzt.
§ 83 Abs. 1 Satz 5	§ 166 Abs. 1 Satz 5	Inklusionsvereinbarung	„*Das Integrationsamt soll dabei insbesondere darauf hinwirken, dass unterschiedliche Auffassungen überwunden werden.*“ Das Integrationsamt erhält die neue, zusätzliche Aufgabe, als Moderator tätig zu werden. Es soll bei den Verhandlungen zwischen Arbeitgeber, Personal-, Betriebsrat, Arbeitgeberbeauftragten und Schwerbehindertenvertretung auf Bitten der Beteiligten vermitteln. Ein Einigungszwang fehlt.
§ 83 Abs. 2 Satz 1	§ 166 Abs. 2 Satz 1	Inklusionsvereinbarung	„*Dabei ist die gleichberechtigte Teilhabe schwerbehinderter Menschen am Arbeitsleben bei der Gestaltung von Arbeitsprozessen und Rahmenbedingungen von Anfang an zu berücksichtigen.*“ Inklusionsvereinbarungen sollen nicht nur Regelungen umfassen, die aufgrund bestehender Barrieren im Zusammenhang mit der Eingliederung schwerbehinderter Menschen notwendig sind. Vielmehr soll auf eine von vornherein barrierefreie Gestaltung des Arbeitsumfeldes hingewirkt werden, indem die besonderen Belange von Menschen mit Behinderung bereits bei der Konzeption und Umsetzung innerbetrieblicher Strukturen und Prozesse bewusst und umfassend berücksichtigt werden.

Gültig bis 31.12.2017	Gültig ab 2018	Regelungs-gegenstand	Änderungen ab 30.12.2016
§ 94 Abs. 1 Satz 1	§ 177 Abs. 1 Satz 1	Wahl und Amtszeit der Schwerbehindertenvertretung	*„In Betrieben und Dienststellen, in denen wenigstens fünf schwerbehinderte Menschen nicht nur vorübergehend beschäftigt sind, werden eine Vertrauensperson und wenigstens ein stellvertretendes Mitglied gewählt, das die Vertrauensperson im Falle der Verhinderung vertritt."* Die Einschränkung, dass das stellvertretende Mitglied der SBV die Vertrauensperson nur bei „Abwesenheit oder Wahrnehmung anderer Aufgaben" vertritt, entfällt.
§ 94 Abs. 4	§ 177 Abs. 4	Wahl und Amtszeit der Schwerbehindertenvertretung	*„In Dienststellen der Bundeswehr sind auch schwerbehinderte Soldatinnen und Soldaten wahlberechtigt und auch Soldatinnen und Soldaten wählbar."* Einführung des passiven und aktiven Wahlrechts von Soldatinnen und Soldaten in allen Dienststellen, die die Wahlvoraussetzungen nach § 94 Abs. 1 Satz 1 erfüllen durch Streichung der Begrenzung auf „personalratsfähige" Dienststellen.
§ 94 Abs. 8	§ 177 Abs. 8	Wahl und Amtszeit der Schwerbehindertenvertretung	*„In Betrieben gilt § 21 a BetrVG entsprechend."* Einführung eines Übergangsmandats für die SBV. Die Regelung findet keine Anwendung im öffentlichen Dienst und bei kirchlichen Arbeitgebern.
§ 95 Abs. 1 Satz 4	§ 178 Abs. 1 Satz 4	Aufgaben der Schwerbehindertenvertretung	*„Ab jeweils 100 weiteren beschäftigten schwerbehinderten Menschen kann auch das mit der nächsthöheren Stimmenzahl gewählte stellvertretende Mitglied herangezogen werden."* Die Regelung zur Heranziehung von stellvertretenden Mitgliedern wird neugefasst und eine Staffelung eingeführt. Bei jedem Überschreiten des Schwellenwerts (von *100 weiteren beschäftigten schwerbehinderten Menschen*) kann ein weiteres stellvertretendes Mitglied zu Entlastung der Vertrauensperson herangezogen werden.

Gültig bis 31.12.2017	Gültig ab 2018	Regelungs-gegenstand	Änderungen ab 30.12.2016
§ 95 Abs. 2 Satz 3	§ 178 Abs. 2 Satz 3	Beteiligung der Schwerbehinderten-vertretung	„*Die Kündigung eines schwerbehinderten Menschen, die der Arbeitgeber ohne eine Beteiligung nach Satz 1 ausspricht, ist unwirksam.*“ Die Unwirksamkeitsklausel wird für den Fall als Sanktion eingeführt, dass der Arbeitgeber die Kündigung des Arbeitsverhältnisses eines schwerbehinderten Menschen ohne vorherige ordnungsgemäße Beteiligung der SBV ausspricht.
§ 96 Abs. 4 Satz 2	§ 179 Abs. 4 Satz 2	Persönliche Rechte und Pflichten der Vertrauens-personen der schwerbehinderten Menschen	„*Sind in den Betrieben und Dienststellen in der Regel wenigstens 100 schwerbehinderte Menschen beschäftigt, wird die Vertrauensperson auf ihren Wunsch freigestellt; weiter gehende Vereinbarungen sind zulässig.*“ Absenkung des Schwellenwerts für das Recht auf vollständige Freistellung von der beruflichen Tätigkeit von 200 auf 100 im Betrieb oder Dienststelle beschäftigte schwerbehinderte Menschen.
§ 96 Abs. 4 Satz 3	§ 179 Abs. 4 Satz 3	Persönliche Rechte und Pflichten der Vertrauens-personen der schwerbehinderten Menschen	„*Satz 1 gilt entsprechend für die Teilnahme der Vertrauensperson und des mit der höchsten Stimmenzahl gewählten stellvertretenden Mitglieds sowie in den Fällen des § 95 Absatz 1 Satz 5 auch des jeweils mit der nächsthöheren Stimmenzahl gewählten weiteren stellvertretenden Mitglieds an Schulungs- und Bildungsveranstaltungen, soweit diese Kenntnisse vermitteln, die für die Arbeit der Schwerbehindertenvertretung erforderlich sind.*“ Die Einschränkungen, die bislang dem Recht auf Teilnahme an Schulungsveranstaltungen für das mit der höchsten Stimmenzahl gewählte stellvertretende Mitglied sowie für die stellvertretenden Mitglieder, die gemäß § 95 Abs. 1 Satz 4 (neu § 178 Abs. 1 Satz 4) herangezogen werden, entgegen standen, sind weggefallen.

Gültig bis 31.12.2017	Gültig ab 2018	Regelungsgegenstand	Änderungen ab 30.12.2016
§ 96 Abs. 7 Nr. 1	Ab 1.1.2018 neu: § 179 Abs. 7 Satz 1 Nr. 1 SGB IX: *„Die Vertrauenspersonen sind verpflichtet,* *1. ihnen wegen ihres Amtes anvertraute oder sonst bekannt gewordene fremde Geheimnisse, namentlich zum persönlichen Lebensbereich gehörende Geheimnisse, nicht zu offenbaren ...“*	Verschwiegenheit	Seit Inkrafttreten des SGB IX im Jahre 2001 gilt: „Die Vertrauenspersonen sind verpflichtet, 1. über ihnen wegen ihres Amtes bekannt gewordene persönliche Verhältnisse und Angelegenheiten von Beschäftigten im Sinne des § 73, die ihrer Bedeutung oder ihrem Inhalt nach einer vertraulichen Behandlung bedürfen, Stillschweigen zu bewahren und ...“ Diese Fassung gilt bis zum 31.12.2017 weiter. Durch die **Beschränkung auf Angelegenheiten von Beschäftigten, die auf Arbeitsplätze iSv § 73** eingesetzt werden, ist eine Lücke in der Verschwiegenheitsverpflichtung entstanden. Diese wird erst durch die in Art. 1 BTHG enthaltene Änderung zum 1.1.2018 geschlossen.
§ 96 Abs. 8 Satz 1	§ 179 Abs. 8 Satz 1	Kosten der Amtstätigkeit der SBV	*„Die durch die Tätigkeit der Schwerbehindertenvertretung entstehenden Kosten trägt der Arbeitgeber; für öffentliche Arbeitgeber gelten die Kostenregelungen für Personalvertretungen entsprechend.“* Die SBV im öffentlichen Dienst erhalten entsprechend den Personalvertretungen eine pauschale Aufwandsentschädigung, die der Abgeltung von Repräsentationskosten dient. Soweit Regelungen im Bundespersonalvertretungsgesetz und den Personalvertretungsgesetzen in den Bundesländern bestehen, gelten diese auch zugunsten der SBV.
§ 96 Abs. 8 Satz 3	§ 179 Abs. 8 Satz 3	Kosten der Amtstätigkeit der SBV	*„Satz 1 umfasst auch eine Bürokraft für die Schwerbehindertenvertretung in erforderlichem Umfang.“* Der Arbeitgeber hat der SBV eine Bürokraft zur Verfügung zu stellen, wenn und soweit diese Art der Unterstützung für die SBV erforderlich ist.

Gültig bis 31.12.2017	Gültig ab 2018	Regelungs-gegenstand	Änderungen ab 30.12.2016
§ 97 Abs. 6 Satz 1	§ 180 Abs. 6 Satz 1	Konzern-, Gesamt-, Bezirks- und Hauptschwerbehindertenvertretung	**Redaktionelle Anpassung.** Der Begriff „Integrationsvereinbarung“ wird durch „Inklusionsvereinbarung“ ersetzt.
§ 97 Abs. 7	§ 180 Abs. 7	Wahlen zu der Konzern-, Gesamt-, Bezirks- und Hauptschwerbehindertenvertretung	*„§ 94 Absatz 6 mit der Maßgabe, dass bei den Wahlen zu überörtlichen Vertretungen der zweite Halbsatz des Satzes 3 nicht anzuwenden ist.“* Die Neuregelung eröffnet die Möglichkeit, das vereinfachte Verfahren bei der Wahl zur GSBV, KSBV und den Stufenvertretungen des öffentlichen Dienstes unabhängig davon anzuwenden, ob die einzelnen Organisationseinheiten weit oder nah zueinander liegen.
§ 98	§ 181 **ab 1.1.2018: Inklusionsbeauftragter*	Beauftragter des Arbeitgebers	**Keine Änderung bis zum 31.12.2017:** *Der Arbeitgeber bestellt einen Beauftragten*, der ihn in Angelegenheiten schwerbehinderter Menschen verantwortlich vertritt; falls erforderlich, können mehrere Beauftragte* bestellt werden. Der Beauftragte* soll nach Möglichkeit selbst ein schwerbehinderter Mensch sein. Der Beauftragte* achtet vor allem darauf, dass dem Arbeitgeber obliegende Verpflichtungen erfüllt werden.*
§ 102 Abs. 2 Satz 3	§ 185 Abs. 2 Satz 3 **ab 1.1.2018: Inklusionsbetriebe*	Aufgaben des Integrationsamts	*„Dabei gelten als Arbeitsplätze auch Stellen, auf denen Beschäftigte befristet oder als Teilzeitbeschäftigte in einem Umfang von mindestens 15 Stunden, in Integrationsprojekten* mindestens zwölf Stunden wöchentlich beschäftigt werden.“* Der Schwellenwert für Förderungen im Rahmen der begleitenden Hilfe durch das Integrationsamt wird auf 12 Stunden für schwerbehinderte und gleichgestellte Beschäftigte in Inklusionsprojekten* abgesenkt.

Gültig bis 31.12.2017	Gültig ab 2018	Regelungsgegenstand	Änderungen ab 30.12.2016
§ 102 Abs. 3 Ziffer 1 bis 3	§ 185 Abs. 3 Einfügung Ziffer 5 bis 6 *„Das Integrationsamt kann im Rahmen seiner Zuständigkeit für die begleitende Hilfe im Arbeitsleben aus den ihm zur Verfügung stehenden Mitteln auch Geldleistungen erbringen, insbesondere …* *4. zur Durchführung von Aufklärungs-, Schulungs- und Bildungsmaßnahmen,* *5. nachrangig zur beruflichen Orientierung,* *6. zur Deckung eines Teils der Aufwendungen für ein Budget für Arbeit.“ …* Inhaltlich neu ist nur der Leistungstatbestand Nr. 6. Nr. 4 und 5 waren bereits in der am 29.12.2016 geltenden Fassung in Abs. 3 Satz 2 erfasst. Die nachnachrangige (finanzielle) Förderung der beruflichen Orientierung ist bereits zum 1.8.2016 eingeführt. Vorrangige Leistungsträger sind die Bundesagentur für Arbeit und die Schulministerien der Länder.	Aufgaben des Integrationsamts	
§ 128 Abs. 4 Satz 1	§ 211 Abs. 3 Satz 1	Schwerbehinderte Beamtinnen und Beamte, Richterinnen und Richter, Soldatinnen und Soldaten	*„Für die persönliche Rechtsstellung schwerbehinderter Soldatinnen und Soldaten gelten die §§ 2, 152, 176 bis 182, 199 Absatz 1 sowie die §§ 206, 208, 209 und 228 bis 230. Im Übrigen gelten für Soldatinnen und Soldaten die Vorschriften über die persönliche Rechtsstellung der schwerbehinderten Menschen, soweit sie mit den Besonderheiten des Dienstverhältnisses vereinbar sind.“* Die Einschränkung, die der Beantragung einer Gleichstellung durch Soldaten und Soldatinnen im aktiven Dienst entgegenstand, ist gestrichen.

Gültig bis 31.12.2017	Gültig ab 2018	Regelungsgegenstand	Änderungen ab 30.12.2016
§ 131	§ 214	Statistik	*„(1) Über schwerbehinderte Menschen wird alle zwei Jahre eine Bundesstatistik durchgeführt. Sie umfasst die folgenden Erhebungsmerkmale:* *1. die Zahl der schwerbehinderten Menschen mit gültigem Ausweis,* *2. die schwerbehinderten Menschen nach Geburtsjahr, Geschlecht, Staatsangehörigkeit und Wohnort,* *3. Art, Ursache und Grad der Behinderung.* *(2) Hilfsmerkmale sind:* *1. Name, Anschrift, Telefonnummer und Adresse für elektronische Post der nach Absatz 3 Satz 2 auskunftspflichtigen Behörden,* *2. Name und Kontaktdaten der für Rückfragen zur Verfügung stehenden Personen,* *3. die Signiernummern für das Versorgungsamt und für das Berichtsland.* *(3) Für die Erhebung besteht Auskunftspflicht. Auskunftspflichtig sind die nach § 69 Absatz 1 und 5 zuständigen Behörden. Die Angaben zu Absatz 2 Nummer 2 sind freiwillig.“* Die schon bisher zu führende Statistik wird um Hilfsmerkmale unter anderem in Form von Signiernummern für das Versorgungsamt und für das Berichtsland ergänzt, um eine Vollzähligkeit der Datenmeldung eindeutig feststellen zu können und bei inhaltlichen Unstimmigkeiten Nachfragen an die Berichtsstellen zu ermöglichen. Zudem wird die Regelung der Auskunftspflicht nach Abs. 3 verschoben und die Freiwilligkeit der Angaben zu Namen und Kontaktdaten der für Rückfragen zur Verfügung stehenden Personen geregelt.
§ 132 Abs. 2 Ziffer 4	§ 215 Abs. 2 Ziffer 4 **ab 1.1.2018: Inklusionsbetriebe*	Personenkreis für Integrationsprojekte	*„Schwerbehinderte Menschen nach Absatz 1 sind insbesondere … sowie* *4. schwerbehinderte Menschen, die langzeitarbeitslos im Sinne des § 18 des Dritten Buches sind.“* Der förderfähige Personenkreises in Integrationsprojekten* wird um schwerbehinderte Menschen, die langzeitarbeitslos im Sinne von § 18 SGB III sind, erweitert.

Gültig bis 31.12.2017	Gültig ab 2018	Regelungsgegenstand	Änderungen ab 30.12.2016
§ 132 Abs. 4	§ 215 Abs. 4 **ab 1.1.2018: Inklusionsbetriebe*	Begriff und Personenkreis	„*Auf die Quoten nach Absatz 3 wird auch die Anzahl der psychisch kranken beschäftigten Menschen angerechnet, die behindert oder von Behinderung bedroht sind und deren Teilhabe an einer sonstigen Beschäftigung auf dem allgemeinen Arbeitsmarkt aufgrund von Art oder Schwere der Behinderung oder wegen sonstiger Umstände auf besondere Schwierigkeiten stößt.*“ Psychisch kranke Menschen, die in Integrationsprojekten* beschäftigt werden, die nicht schwerbehindert, sondern nur behindert oder von Behinderung bedroht sind, werden sowohl auf die Mindest- als auch auf die Höchstbeschäftigungsquote angerechnet, wenn deren Teilhabe an einer sonstigen Beschäftigung auf dem allgemeinen Arbeitsmarkt auf besondere Schwierigkeiten stößt.
§ 133 Satz 2	§ 216 Satz 2 **ab 1.1.2018: Inklusionsbetriebe*	Aufgaben der Integrationsprojekte	„*Satz 1 gilt entsprechend für psychisch kranke Menschen im Sinne des § 132 Absatz 4.*“ Danach sind in den Integrationsprojekten* Maßnahmen der betrieblichen Gesundheitsförderung und arbeitsbegleitenden Betreuung sowie Maßnahmen der beruflichen Weiterbildung auch psychisch Kranken iSd § 132 aF/§ 215 nF anzubieten.
§ 134 Abs. 2	§ 217 Abs. 2	Finanzielle Leistungen der Reha-Träger	„*Die Finanzierung von Leistungen nach § 133 Satz 2 erfolgt durch den zuständigen Rehabilitationsträger.*“ Für Leistungen zur betrieblichen Gesundheitsförderung, arbeitsbegleitende Betreuung und Maßnahmen der beruflichen Weiterbildung, die für die psychisch kranken Menschen iSd § 132 aF/§ 215 nF erbracht werden, sind die Rehabilitationsträger zuständig, weil ohne Vorliegen einer Schwerbehinderung oder Gleichstellung das Integrationsamt aus Mitteln der Ausgleichsabgabe keine Leistungen erbringen darf.
§ 139	§ 222	Frauenbeauftragte	Einfügung Abs. 5: „*(5) Behinderte Frauen im Sinne des § 138 Absatz 1 wählen in jeder Werkstatt eine Frauenbeauftragte und eine Stellvertreterin. In Werkstätten mit mehr als 700 wahlberechtigten Frauen wird eine zweite Stellvertreterin gewählt, in Werkstätten mit mehr als 1.000 wahlberechtigten Frauen werden bis zu drei Stellvertreterinnen gewählt.*“

Gültig bis 31.12.2017	Gültig ab 2018	Regelungs-gegenstand	Änderungen ab 30.12.2016
			Zusätzlich zum bisherigen Recht der Beteiligung von Werkstatträten wird die Einführung von **Frauenbeauftragten** in Werkstätten für behinderte Menschen (WfbM) geregelt.
§ 144	§ 227	Verordnungsermächtigungen	Ergänzungen: „*(2) Das Bundesministerium für Arbeit und Soziales bestimmt durch Rechtsverordnung mit Zustimmung des Bundesrates im Einzelnen die Errichtung, Zusammensetzung und Aufgaben des Werkstattrats, die Fragen, <u>auf die sich Mitbestimmung</u> und Mitwirkung erstrecken, <u>einschließlich Art und Umfang der Mitbestimmung</u> und Mitwirkung, die Vorbereitung und Durchführung der Wahl einschließlich der Wahlberechtigung und der Wählbarkeit, die Amtszeit sowie die Geschäftsführung des Werkstattrats einschließlich des Erlasses einer Geschäftsordnung und der persönlichen Rechte und Pflichten der Mitglieder des Werkstattrats und der Kostentragung. <u>In der Rechtsverordnung werden auch Art und Umfang der Beteiligung von Frauenbeauftragten, die Vorbereitung und Durchführung der Wahl einschließlich der Wahlberechtigung und der Wählbarkeit, die Amtszeit, die persönlichen Rechte und die Pflichten der Frauenbeauftragten und ihrer Stellvertreterinnen sowie die Kostentragung geregelt</u>.* Die *Rechtsverordnung kann darüber hinaus bestimmen, dass die in ihr getroffenen Regelungen keine Anwendung auf Religionsgemeinschaften und ihre Einrichtungen finden, soweit sie gleichwertige Regelungen getroffen haben.*“ Die Verordnungsermächtigung ist ergänzt worden, um eine ausreichende Ermächtigungsnorm für die Einführung der Mitbestimmung und das neue Amt der Frauenbeauftragten sicherzustellen. In Art. 22 BTHG hat der Gesetzgeber anstelle des Verordnungsgebers dazu Änderungen und Einfügungen in §§ 3, 5, 6, 13, 32, 37, 39, 39 a, 39 b, 39 c der Werkstätten-Verordnung (WVO) vorgenommen.
§ 146 Abs. 3	§ 229 Abs. 3	Persönliche Voraussetzungen für Vorteilsausgleich und Merkzeichen	„*<u>Schwerbehinderte Menschen mit außergewöhnlicher Gehbehinderung sind Personen mit einer erheblichen mobilitätsbezogenen Teilhabebeeinträchtigung, die einem Grad der Behinderung von mindestens 80 entspricht. Eine erhebliche mobilitätsbezogene Teilhabe-</u>*

Gültig bis 31.12.2017	Gültig ab 2018	Regelungs-gegenstand	Änderungen ab 30.12.2016
			beeinträchtigung liegt vor, wenn sich die schwerbehinderten Menschen wegen der Schwere ihrer Beeinträchtigung dauernd nur mit fremder Hilfe oder mit großer Anstrengung außerhalb ihres Kraftfahrzeuges bewegen können. Hierzu zählen insbesondere schwerbehinderte Menschen, die aufgrund der Beeinträchtigung der Gehfähigkeit und Fortbewegung – dauerhaft auch für sehr kurze Entfernungen – aus medizinischer Notwendigkeit auf die Verwendung eines Rollstuhls angewiesen sind. Verschiedenste Gesundheitsstörungen (insbesondere Störungen bewegungsbezogener, neuromuskulärer oder mentaler Funktionen, Störungen des kardiovaskulären oder Atmungssystems) können die Gehfähigkeit erheblich beeinträchtigen. Diese sind als außergewöhnliche Gehbehinderung anzusehen, wenn nach versorgungsärztlicher Feststellung die Auswirkung der Gesundheitsstörungen sowie deren Kombination auf die Gehfähigkeit dauerhaft so schwer ist, dass sie der unter Satz 1 genannten Beeinträchtigung gleich kommt.“ Die Neufassung erweitert die Definition von „schwerbehinderten Menschen mit außergewöhnlicher Gehbehinderung“. Sie tritt an die Stelle des bisherigen Verweises auf Bestimmungen des Straßenverkehrsgesetzes und erleichtert die Inanspruchnahme von Parkerleichterungen und Behindertenparkplätzen. Sie stellt zudem klar, dass unterschiedliche Gesundheitsstörungen und nicht nur orthopädische Ausfälle für eine Beeinträchtigung der Gehfähigkeit maßgeblich sein können.
§ 148	§ 231	Erstattung der Fahrgeldausfälle im Nahverkehr	Änderung in § 148 Abs. 4 Nr. 1: „*... Wertmarken mit einer Gültigkeitsdauer von einem halben Jahr und Wertmarken für ein Jahr, die vor Ablauf eines halben Jahres ihrer Gültigkeitsdauer zurückgegeben werden, werden zur Hälfte gezählt.*“ Die Anrechnung von zurückgegebenen Jahres-Wertmarken wird nicht mehr nach dem Zwölftelungsprinzip durchgeführt, sondern es wird zur Hälfte angerechnet, wenn die Rückgabe vor Ablauf eines halben Jahres ihrer Gültigkeitsdauer erfolgt.

Gültig bis 31.12.2017	Gültig ab 2018	Regelungs-gegenstand	Änderungen ab 30.12.2016
§ 149	Änderung § 232 Abs. 2 Satz 3*: *„Der Prozentsatz ist nach folgender Formel zu berechnen:* $\frac{\textit{nach Nummer 1 errechnete Zahl}}{\textit{nach Nummer 2 errechnete Zahl x 100.}}$ “ *Hier lag ein offensichtlicher Redaktionsfehler bei der Abfassung des Gesetzentwurfs durch Vertauschen von Dividend mit Divisor vor, der im gesamten Gesetzgebungsverfahren nicht bemerkt worden ist und berichtigt wird. Dazu vergleiche Rn. 13.	Erstattung der Fahrgeldausfälle im Nahverkehr	*„Der Prozentsatz ist nach folgender Formel zu berechnen:* $\frac{\textit{nach Nummer 1 errechnete Zahl}}{\textit{nach Nummer 2 errechnete Zahl}}$ *x 100.“* Hinweis: Diese Fassung gilt seit Inkrafttreten des SGB IX. Art. 2 BTHG hat diese Fassung nicht zum 30.12.2016 geändert. Die Darstellung in dieser Spalte soll nur den Unterschied, der zum 1.1.2018 auftritt, sichtbar machen. Im Korrekturgesetz, siehe Rn. 13, wird der grobe Fehler behoben.
§ 150 Abs. 1 Satz 3	§ 233	Erstattungsverfahren	*„<u>Der Antrag ist innerhalb von drei Jahren nach Ablauf des Abrechnungsjahres zu stellen, ...</u>“* Die Frist für die Anträge auf **Erstattung von Fahrgeldausfällen** für Personenbeförderungsunternehmen ist verlängert worden.
§ 154	§ 237	Verordnungsermächtigungen	Redaktionelle Änderung
§ 156	§ 238 Abs. 1 Von dem Katalog der Ordnungswidrigkeiten entfällt ab 1.1.2018 Nr. 8 ersatzlos	Ordnungswidrigkeiten	Seit Inkrafttreten des SGB IX gilt: *„(1) Ordnungswidrig handelt, wer vorsätzlich oder fahrlässig* *1. entgegen § 71 Abs. 1 Satz 1, auch in Verbindung mit einer Rechtsverordnung nach § 79 Nr. 1, oder § 71 Abs. 1 Satz 3 schwerbehinderte Menschen nicht beschäftigt,* *2. entgegen § 80 Abs. 1 ein Verzeichnis nicht, nicht richtig, nicht vollständig oder nicht in der vorgeschriebenen Weise führt oder nicht oder nicht rechtzeitig vorlegt,* *3. entgegen § 80 Abs. 2 Satz 1 oder Abs. 4 eine Anzeige nicht, nicht richtig, nicht vollständig, nicht in der vorgeschriebenen Weise oder nicht rechtzeitig erstattet,* *4. entgegen § 80 Abs. 5 eine Auskunft nicht, nicht richtig, nicht vollständig oder nicht rechtzeitig erteilt,*

Gültig bis 31.12.2017	Gültig ab 2018	Regelungsgegenstand	Änderungen ab 30.12.2016
			5. entgegen § 80 Abs. 7 Einblick in den Betrieb oder die Dienststelle nicht oder nicht rechtzeitig gibt, *6. entgegen § 80 Abs. 8 eine dort bezeichnete Person nicht oder nicht rechtzeitig benennt,* *7. entgegen § 81 Abs. 1 Satz 4 oder 9 eine dort bezeichnete Vertretung oder einen Beteiligten nicht, nicht richtig, nicht vollständig oder nicht rechtzeitig unterrichtet,* *8. entgegen § 81 Abs. 1 Satz 7 eine Entscheidung nicht erörtert, oder* *9. entgegen § 95 Abs. 2 Satz 1 die Schwerbehindertenvertretung nicht, nicht richtig, nicht vollständig oder nicht rechtzeitig unterrichtet oder nicht oder nicht rechtzeitig hört."*
§ 158 Abs. 2	§ 240 Abs. 2	Sonderregelung für den Militärischen Abschirmdienst	Anhängung: „*(2) Der Militärische Abschirmdienst mit seinem Geschäftsbereich gilt als einheitliche Dienststelle*." Hier sind alle Dienststellen des Militärischen Abschirmdienstes **per Fiktion** zu einer Dienststelle zusammengefasst worden.
§ 159 Abs. 8	§ 241 Abs. 8	Übergangsregelung	„*Bestehende Integrationsvereinbarungen im Sinne des § 83 in der bis zum 30. Dezember 2016 geltenden Fassung gelten als Inklusionsvereinbarungen fort.*" Damit bedarf es für die Aufnahme von Änderungsverhandlungen entweder eines Einvernehmens oder einer Kündigung.

II. BVG-Änderungsgesetz als Korrekturgesetz

Da zahlreiche Redaktionsfehler bei der Abfassung des BTHG aufgetreten sind, wird ein laufendes Gesetzgebungsverfahren als sogenanntes Omnibusgesetz genutzt, um zumindest die für praktisch bedeutsam gehaltenen Fehler zu berichtigen. Zu diesem Zweck werden die Fraktionen der Koalition durch eine „Formulierungshilfe" der Fachabteilung des BMAS veranlasst, zu dem Entwurf eines Gesetzes zur Änderung des Bundesversorgungsgesetzes und anderer Vorschriften[21] einen Änderungsantrag einzubringen. Dieser wird dann aufgrund einer Beschlussempfehlung des Ausschusses vom Bundestag beschlossen. Danach wird nach der am 10. Mai 2017 erfolgten zu- 13

21 BR-Drs. 258/17.

stimmenden Befassung im Bundeskabinett das BTHG an Stellen korrigiert. Hier werden sechs für die Praxis des Schwerbehindertenrechts vorgestellt und erläutert:

Korrekturen des zum 1.1.2018 durch Art. 1 BTHG neu gefassten SGB IX	
1. Berichtigung **Elektronische Schriftform** insbesondere für den Antrag auf Zustimmung des Integrationsamts zur Kündigung	In § 6 Abs. 3 Satz 6 SGB IX werden nach dem Wort „*schriftlich*“ die Wörter „*oder elektronisch*“ eingefügt. In § 19 Abs. 1 SGB IX werden nach dem Wort „*schriftlich*“ die Wörter „*oder elektronisch*“ eingefügt. In § 170 Abs. 1 Satz 1 SGB IX werden nach dem Wort „*schriftlich*“ die Wörter „*oder elektronisch*“ eingefügt. Begründung: Folgeänderungen zum Gesetz zum Abbau verzichtbarer Anordnungen der Schriftform im Verwaltungsrecht des Bundes vom 29. März 2017 (BGBl. I S. 626). In der für die Antragstellung bis 31.12.2017 geltenden Fassung des § 87 SGB IX ist schon durch Gesetz vom 29. März 2017 die elektronische Form eingeführt. Art. 1 BTHG war dabei übersehen worden.
2. Berichtigung **Ausnahmen vom Kündigungsverbot**	§ 173 Abs. 1 SGB IX wie folgt gefasst: „*(1) Die Vorschriften dieses Kapitels gelten nicht für schwerbehinderte Menschen,* *1. deren Arbeitsverhältnis zum Zeitpunkt des Zugangs der Kündigungserklärung ohne Unterbrechung noch nicht länger als sechs Monate besteht oder* *2. die auf Stellen im Sinne des § 156 Absatz 2 Nummer 2 bis 5 beschäftigt werden oder* *3. deren Arbeitsverhältnis durch Kündigung beendet wird, sofern sie* *a) das 58. Lebensjahr vollendet haben und Anspruch auf eine Abfindung, Entschädigung oder ähnliche Leistung auf Grund eines Sozialplanes haben oder* *b) Anspruch auf Knappschaftsausgleichsleistung nach dem Sechsten Buch oder auf Anpassungsgeld für entlassene Arbeitnehmer des Bergbaus haben,* *wenn der Arbeitgeber ihnen die Kündigungsabsicht rechtzeitig mitgeteilt hat und sie der beabsichtigten Kündigung bis zu deren Ausspruch nicht widersprechen.*“ Begründung: Korrektur von redaktionellen Versehen: § 173 SGB IX in der ab dem 1. Januar 2018 geltenden Fassung soll dem § 90 SGB IX in der bis 31. Dezember 2017 geltenden Fassung entsprechen. Es liegt damit ein doppeltes Versehen vor. Erstens wurde in Art. 1 BTHG der unterstrichene Aufzählungspunkt 3 vollständig weggelassen. Zweitens ist der Abschlusshalbsatz („*wenn …*“) so ausgerückt formatiert, dass er auch für die Nummern 1 und 2 Bedingungen aufstellt. Diese Bedingungen gelten jedoch nur für die Fallgruppe 3.
3. Berichtigung **Anerkennungsverfahren der Werkstätten für behinderte Menschen**	In § 225 Satz 2 SGB IX werden die Wörter „*überörtlichen Träger der Sozialhilfe*“ durch die Wörter „*Träger der Eingliederungshilfe*“ ersetzt.

Korrekturen des zum 1.1.2018 durch Art. 1 BTHG neu gefassten SGB IX	
	Begründung: Aufgrund einer gesetzlichen Klarstellung in § 241 Abs. 8 SGB IX, wonach die Träger der Sozialhilfe als Rehabilitationsträger im Zeitraum vom 1.1.2018 bis zum 31.12.2019 an die Stelle der Träger der Eingliederungshilfe treten, muss auch in § 225 Satz 2 SGB IX bereits zum 1.1.2018 die neue Zuständigkeitsbezeichnung „Eingliederungshilfe", wie sie in § 6 SGB IX auf Grundlage des Bundesteilhabegesetzes vorgesehen ist, verwandt werden.
4. Berichtigung **Erstattung der Fahrgeldausfälle im Nah- und im Fernverkehr**	§ 231 Abs. 4 Satz 3 SGB IX wird wie folgt gefasst: *„Der Prozentsatz ist nach folgender Formel zu berechnen:* $\frac{\textit{nach Nummer 1 errechnete Zahl}}{\textit{nach Nummer 2 errechnete Zahl}} \; x\ 100.$ *"* Begründung: Korrektur eines redaktionellen Versehens. § 231 SGB IX in der ab dem 1. Januar 2018 geltenden Fassung soll dem § 148 in der bis zum 31. Dezember 2017 geltenden Fassung entsprechen. Durch ein Versehen wurde der Multiplikator 100 zum Divisor. § 232 Absatz 2 Satz 3 wird wie folgt gefasst: *„Der Prozentsatz ist nach folgender Formel zu berechnen:* $\frac{\textit{nach Nummer 1 errechnete Zahl}}{\textit{nach Nummer 2 errechnete Zahl}} \; x\ 100.$ *"* Begründung: Korrektur eines redaktionellen Versehens. § 232 SGB IX in der ab dem 1. Januar 2018 geltenden Fassung sollte dem § 149 in der bis zum 31. Dezember 2017 geltenden Fassung entsprechen. Durch ein Versehen wurde der Multiplikator 100 zum Divisor gemacht. Bliebe die Korrektur dieser redaktionellen Fehler aus, wäre damit eine starke wirtschaftliche Belastung der Nah- und Fernverkehrsunternehmen verbunden. Sie erhielten nur einen Bruchteil von 1/10.000 des richtigen Erstattungsbetrags.
5. Berichtigung **Übergangsbestimmung für Integrationsvereinbarungen**	§ 241 Abs. 6 SGB IX wird wie folgt gefasst: *„(6) Bestehende Integrationsvereinbarungen im Sinne des § 83 in der bis zum 30. Dezember 2016 geltenden Fassung gelten als Inklusionsvereinbarungen fort."* Begründung: Bemühung um die Korrektur redaktioneller und gedanklicher Fehler: Es ist in Art. 1 BTHG fehlerhaft bestimmt worden: *„Bestehende Integrationsvereinbarungen im Sinne des § 166 in der bis zum 1. Januar 2018 geltenden Fassung gelten als Inklusionsvereinbarungen fort."* Zugrunde liegt kein Anpassungs-, sondern ein Gedankenfehler. Die Übergangsregelung, die nach Art. 2 BTHG in § 159 Abs. 8 SGB IX für die bis 31.12.2017 geltende Fassung des SGB IX getroffen wurde, beinhaltet, dass Integrationsvereinbarungen nach § 83 *„in der bis zum 30. Dezember 2016 geltenden Fas-*

Korrekturen des zum 1.1.2018 durch Art. 1 BTHG neu gefassten SGB IX	
	sung" als Inklusionsvereinbarungen fortgelten sollen. Schon dieser Übergangsbestimmung in Art. 2 liegt ein Gedankenfehler zugrunde; denn es bedurfte nur für Integrationsvereinbarungen, die bis zum 29.12.2016 getroffen wurden, einer Übergangsregelung; denn wenn eine Vereinbarung nach Inkrafttreten des Art. 2 BTHG am 30.12.2016 getroffen wurde, hätte sie schon als Inklusionsvereinbarung abgeschlossen werden müssen. Die erneute Übergangsregelung in Art. 1 BTHG soll die alten Integrationsvereinbarungen, die auch nach dem 31.12.2017 noch nicht geändert worden sind, weiter gelten lassen und ihnen zur Verdeckung ihrer mangelnden Ausrichtung auf das Inklusionsziel dennoch die Bezeichnung „*Inklusionsvereinbarung*" sichern. Das ist Ziel der „Korrektur".
6. Berichtigung **Vergessene Übergangsbestimmung für Träger der Sozialhilfe**	In § 241 SGB IX wird nach Abs. 7 folgender Abs. 8 neu angefügt: „*(8) Bis zum 31. Dezember 2019 treten an die Stelle der Träger der Eingliederungshilfe als Rehabilitationsträger im Sinne dieses Buches die Träger der Sozialhilfe nach § 3 des Zwölften Buches, soweit sie zur Erbringung von Leistungen der Eingliederungshilfe für Menschen mit Behinderungen nach § 8 Nr. 4 des Zwölften Buches bestimmt sind.*" Begründung: Die Regelung dient der „Klarstellung", dass die Träger der Sozialhilfe bis zum 31.12.2019 weiterhin Rehabilitationsträger sind. Die Aufgaben der Eingliederungshilfe werden bis zum 31.12.2019 noch von den Trägern der Sozialhilfe nach § 3 SGB XII wahrgenommen. Erst ab dem 1.1.2020 werden die Träger der Eingliederungshilfe nach dem neuen Teil 2 des SGB IX bundesgesetzlich definiert. Bis zu diesem Zeitpunkt treten deshalb die Träger der Sozialhilfe, soweit sie Aufgaben der Eingliederungshilfe wahrnehmen, als Rehabilitationsträger an die Stelle der Träger der Eingliederungshilfe.

§ 3 Änderungen im Ausweisrecht

In § 1 Abs. 5 der Schwerbehindertenausweisverordnung (SchbAwV) ist klargestellt, dass der Ausweis als Identifikationskarte nur noch nach dem neuen Scheckkartenmuster ausgestellt werden darf. In § 3 Abs. 1 SchbAwV wird für das Merkzeichen „aG“ in Nr. 1 die bestehende Bezugnahme auf straßenverkehrsrechtliche Bestimmungen aufgehoben. Nach der Nr. 7 wird das weitere Merkzeichen für Taubblind (TBl) hinzugefügt (Einzelheiten siehe unter § 12 VI 3, Rn. 290). 14

§ 4 Änderung Versorgungsmedizinverordnung

Die Versorgungsmedizin-Verordnung ist die Grundlage für die Aufstellung der Grundsätze, die für die medizinische **Bewertung des Grades der Behinderung** und die medizinischen Voraussetzungen für die Vergabe von Merkzeichen maßgebend sind. 15

Dem § 3 der Versorgungsmedizin-Verordnung wird nun folgender Absatz 6 angefügt: 16

[1]Die Verbände von Menschen mit Behinderungen und Berechtigten nach dem sozialen Entschädigungsrecht auf Bundesebene erhalten ein Mitberatungsrecht im Beirat. [2]Der Deutsche Behindertenrat benennt dem Bundesministerium für Arbeit und Soziales hierzu zwei sachverständige Personen für den Zeitraum der Berufungsperiode des Beirats. [3]Er berücksichtigt dabei die Anliegen von Verbänden, die die Belange von Berechtigten nach dem sozialen Entschädigungsrecht vertreten, auch soweit sie nicht Mitglieder des Deutschen Behindertenrates sind. [4]Das Mitberatungsrecht beinhaltet auch das Recht zur Anwesenheit bei der Beschlussfassung. [5]Absatz 5 Satz 2 bis 4 gilt entsprechend. [6]Die Geschäftsordnung des Beirats gilt auch für die vom Deutschen Behindertenrat benannten Personen.

Einzelheiten unter § 12 VII, Rn. 298.

§ 5 Änderungen im BetrVG

Durch Art. 18 BTHG ist auch das Betriebsverfassungsgesetz (BetrVG) bereits zum 30. Dezember 2016 geändert worden:[22] 17

§ 80 BetrVG

Der Betriebsrat hat folgende allgemeine Aufgaben:

...

4. die Eingliederung schwerbehinderter Menschen einschließlich der Förderung des Abschlusses von Inklusionsvereinbarungen nach § 83 des Neunten Buches Sozialgesetzbuch und sonstiger besonders schutzbedürftiger Personen zu fördern;

...

In § 88 BetrVG, der die möglichen Gegenstände freiwilliger Betriebsvereinbarungen beispielhaft aufzählt, ist als weitere Nummer aufgenommen: 18

5. Maßnahmen zur Eingliederung schwerbehinderter Menschen.

Schließlich ist § 92 BetrVG, der die Beteiligung an der Personalplanung regelt, in Abs. 3 folgender Satz angefügt worden: 19

Gleiches gilt für die Eingliederung schwerbehinderter Menschen nach § 80 Absatz 1 Nummer 4.

Zwischenzeitlich ist eine erneute Änderung durch Art. 3 Nr. 3 des Gesetzes zur Änderung des AÜG und anderer Gesetze vom 21.2.2017[23] mit Wirkung zum 1.4.2017 hinzugekommen. Der konsolidierte Text lautet: 20

§ 92 Personalplanung

(1) [1]Der Arbeitgeber hat den Betriebsrat über die Personalplanung, insbesondere über den gegenwärtigen und künftigen Personalbedarf sowie über die sich daraus ergebenden personellen Maßnahmen einschließlich der geplanten Beschäftigung von Personen, die nicht in einem Arbeitsverhältnis zum Arbeitgeber stehen, und Maßnahmen der Berufsbildung an Hand von Unterlagen rechtzeitig und umfassend zu unterrichten. [2]Er hat mit dem Betriebsrat über Art und Umfang der erforderlichen Maßnahmen und über die Vermeidung von Härten zu beraten.

(2) Der Betriebsrat kann dem Arbeitgeber Vorschläge für die Einführung einer Personalplanung und ihre Durchführung machen.

(3) Die Absätze 1 und 2 gelten entsprechend für Maßnahmen im Sinne des § 80 Abs. 1 Nr. 2 a und 2 b, insbesondere für die Aufstellung und Durchführung von Maßnahmen zur Förderung der Gleichstellung von Frauen und Männern. [2]Gleiches gilt für die Eingliederung schwerbehinderter Menschen nach § 80 Absatz 1 Nummer 4.[24]

22 Erläuterungen der Änderungen unter § 10, Rn. 252 ff.

23 BGBl. I, 258.

24 Die Unterstreichungen des Autors zeigen im Abs. 3 die Änderung durch das BTHG und im Abs. 1 Satz 1 die Änderung durch Art. 3 Nr. 3 des Gesetzes zur Änderung des AÜG und anderer Gesetzes vom 21.2.2017 (BGBl. I 258) mWv 1.4.2017.

§ 6 Die Stärkung der SBV durch Art. 2 BTHG

I. § 83 Inklusionsvereinbarung

§ 83 SGB IX (§ 166 SGB IX nF)[25] regelt die Inklusionsvereinbarung. Obwohl sich sowohl der Gesetzgeber also auch die Integrationsämter von Anfang an viel von dieser gesetzlichen Bestimmung erhofft haben, hat sie in der Praxis bisher nicht die Bedeutung erlangt, die ihr eigentlich zukommen müsste. 21

1. Entstehungsgeschichte

Die Regelung geht zurück auf § 14 b SchwbG, der zum 1.10.2000 in das Gesetz eingefügt worden ist. Er wurde 2001 nahezu unverändert in das SGB IX übernommen.[26] Ergänzend wurde lediglich die Bestimmung eingeführt, dass die Integrationsvereinbarung auch an das Integrationsamt zu übermitteln war. Nach §§ 101, 102 SGB IX waren mit Inkrafttreten des SGB IX bestimmte Aufgaben aus dem Zuständigkeitsbereich der Hauptfürsorgestellen herausgenommen und den neu geschaffenen Integrationsämtern übertragen worden. 22

Durch das Gesetz zur Förderung der Ausbildung und Beschäftigung schwerbehinderter Menschen[27] wurde mit Wirkung vom 1.5.2004 der Absatz 2 a eingefügt. Zur Begründung heißt es:[28] 23

„Das Instrument der Integrationsvereinbarung ist hervorragend geeignet, betriebliche Belange im Zusammenhang mit der Eingliederung behinderter Menschen einvernehmlich zu regeln, den betrieblichen Erfordernissen Rechnung zu tragen, zum Betriebsfrieden beizutragen und damit störungsfreie Betriebsabläufe zu ermöglichen. Um dieses Instrument zu stärken, werden über die obligatorisch zu vereinbarenden Inhalte hinaus weitere sinnvolle Regelungsgegenstände genannt, die die Verhandlungen über die Inhalte von Integrationsvereinbarungen erleichtern sollen."

§ 83 SGB IX hatte bis zur Verabschiedung des Bundesteilhabegesetzes[29] am 23.12.2016 folgenden Wortlaut: 24

§ 83 Integrationsvereinbarung

(1) Die Arbeitgeber treffen mit der Schwerbehindertenvertretung und den in § 93 genannten Vertretungen in Zusammenarbeit mit dem Beauftragten des Arbeitgebers (§ 98) eine verbindliche Inklusionsvereinbarung. Auf Antrag der Schwerbehindertenvertretung wird unter Beteiligung der in § 93 genannten Vertretungen hierüber verhandelt. Ist eine Schwerbehindertenvertretung nicht vorhanden, steht das Antragsrecht den in § 93 genannten Vertretungen zu. Der Arbeitgeber oder die Schwerbehindertenvertretung können das Integrationsamt einladen, sich an den Verhandlungen über die Inklusionsvereinbarung zu beteiligen. Der Agentur für Arbeit und dem Integrationsamt, die für den Sitz des Arbeitgebers zuständig sind, wird die Vereinbarung übermittelt.

(2) Die Vereinbarung enthält Regelungen im Zusammenhang mit der Eingliederung schwerbehinderter Menschen, insbesondere zur Personalplanung, Arbeitsplatzgestaltung, Gestaltung des Ar-

25 Soweit im Text Paragrafen mit „nF" gekennzeichnet werden, ist dies die ab dem 1.1.2018 gültige Fassung des SGB IX.
26 BT-Drs. 14/5531.
27 BGBl. I S. 606.
28 BT-Drs. 15/1783, S. 15.
29 BGBl. I, 3234.

beitsumfelds, Arbeitsorganisation, Arbeitszeit sowie Regelungen über die Durchführung in den Betrieben und Dienststellen. Bei der Personalplanung werden besondere Regelungen zur Beschäftigung eines angemessenen Anteils von schwerbehinderten Frauen vorgesehen.

(2 a) In der Vereinbarung können insbesondere auch Regelungen getroffen werden

1. zur angemessenen Berücksichtigung schwerbehinderter Menschen bei der Besetzung freier, frei werdender oder neuer Stellen,
2. zu einer anzustrebenden Beschäftigungsquote, einschließlich eines angemessenen Anteils schwerbehinderter Frauen,
3. zu Teilzeitarbeit,
4. zur Ausbildung behinderter Jugendlicher,
5. zur Durchführung der betrieblichen Prävention (betriebliches Eingliederungsmanagement) und zur Gesundheitsförderung,
6. über die Hinzuziehung des Werks- oder Betriebsarztes auch für Beratungen über Leistungen zur Teilhabe sowie über besondere Hilfen im Arbeitsleben.

(3) In den Versammlungen schwerbehinderter Menschen berichtet der Arbeitgeber über alle Angelegenheiten im Zusammenhang mit der Eingliederung schwerbehinderter Menschen.

25 Aufgrund Art. 2 des BTHG, der bereits am Tag nach der Verkündung und damit am 30.12.2016 in Kraft getreten ist, hat § 83 folgende aktuelle, in ihren Änderungen hervorgehobene Fassung:

§ 83 Inklusionsvereinbarung

(1) Die Arbeitgeber treffen mit der Schwerbehindertenvertretung und den in § 93 genannten Vertretungen in Zusammenarbeit mit dem Beauftragten des Arbeitgebers (§ 98) eine verbindliche Inklusionsvereinbarung. Auf Antrag der Schwerbehindertenvertretung wird unter Beteiligung der in § 93 genannten Vertretungen hierüber verhandelt. Ist eine Schwerbehindertenvertretung nicht vorhanden, steht das Antragsrecht den in § 93 genannten Vertretungen zu. Der Arbeitgeber oder die Schwerbehindertenvertretung können das Integrationsamt einladen, sich an den Verhandlungen über die Inklusionsvereinbarung zu beteiligen. <u>Das Integrationsamt soll dabei insbesondere darauf hinwirken, dass unterschiedliche Auffassungen überwunden werden.</u> Der Agentur für Arbeit und dem Integrationsamt, die für den Sitz des Arbeitgebers zuständig sind, wird die Vereinbarung übermittelt.

(2) Die Vereinbarung enthält Regelungen im Zusammenhang mit der Eingliederung schwerbehinderter Menschen, insbesondere zur Personalplanung, Arbeitsplatzgestaltung, Gestaltung des Arbeitsumfelds, Arbeitsorganisation, Arbeitszeit sowie Regelungen über die Durchführung in den Betrieben und Dienststellen. <u>Dabei ist die gleichberechtigte Teilhabe schwerbehinderter Menschen am Arbeitsleben bei der Gestaltung von Arbeitsprozessen und Rahmenbedingungen von Anfang an zu berücksichtigen.</u> Bei der Personalplanung werden besondere Regelungen zur Beschäftigung eines angemessenen Anteils von schwerbehinderten Frauen vorgesehen.

(2 a) In der Vereinbarung können insbesondere auch Regelungen getroffen werden

1. zur angemessenen Berücksichtigung schwerbehinderter Menschen bei der Besetzung freier, frei werdender oder neuer Stellen,
2. zu einer anzustrebenden Beschäftigungsquote, einschließlich eines angemessenen Anteils schwerbehinderter Frauen,
3. zu Teilzeitarbeit,
4. zur Ausbildung behinderter Jugendlicher,
5. zur Durchführung der betrieblichen Prävention (betriebliches Eingliederungsmanagement) und zur Gesundheitsförderung,
6. über die Hinzuziehung des Werks- oder Betriebsarztes auch für Beratungen über Leistungen zur Teilhabe sowie über besondere Hilfen im Arbeitsleben.

(3) In den Versammlungen schwerbehinderter Menschen berichtet der Arbeitgeber über alle Angelegenheiten im Zusammenhang mit der Eingliederung schwerbehinderter Menschen.

In der Gesetzesbegründung zum BTHG[30] heißt es zu den drei Änderungen ihrer Reihenfolge nach im Einzelnen: 26

„1. Die Änderung verdeutlicht den Paradigmenwechsel von der Integration hin zur Inklusion von Menschen mit Behinderung.
2. Auf Antrag der Schwerbehindertenvertretung wird mit dem Arbeitgeber über eine Inklusionsvereinbarung verhandelt (§ 83). Dabei können die Schwerbehindertenvertretung oder der Arbeitgeber das Integrationsamt einladen, sich an den Verhandlungen über die Inklusionsvereinbarung zu beteiligen (§ 83 Abs. 1 Satz 4 SGB IX). In diesem Rahmen ist es künftig Aufgabe des Integrationsamtes darauf hinzuwirken, dass unterschiedliche Auffassungen über den Inhalt einer Inklusionsvereinbarung möglichst überwunden werden. Aufgrund seiner neutralen Position ist das Integrationsamt besonders geeignet, durch das Aufzeigen von Lösungsvorschlägen Pattsituationen auszuräumen und den Abschluss einer Inklusionsvereinbarung zu befördern. Das wird mit der gesetzlichen Regelung klargestellt.
3. Die UN-Behindertenrechtskonvention beinhaltet als zentralen Leitgedanken das Prinzip der Inklusion. Inklusion zielt auf eine gleichberechtigte Teilhabe von Menschen mit und ohne Behinderung in allen Lebensbereichen von Anfang an. Sie beendet das Wechselspiel von Exklusion und Integration und erfordert, dass die Umwelt für alle Menschen gleichermaßen offen, zugänglich und verständlich ist. Mit der Änderung wird die bisherige Integrationsvereinbarung um den Aspekt der möglichst barrierefreien Gestaltung von Arbeitsprozessen und Rahmenbedingungen von Anfang an erweitert. Inklusionsvereinbarungen sollen nicht nur Regelungen umfassen, die aufgrund bestehender Barrieren im Zusammenhang mit der Eingliederung schwerbehinderter Menschen notwendig sind. Vielmehr soll auf eine von vornherein barrierefreie Gestaltung der Arbeitswelt hingewirkt werden, indem die besonderen Belange von Menschen mit Behinderung bereits bei der Konzeption und Umsetzung innerbetrieblicher Strukturen bewusst und umfassend berücksichtigt werden. Potenziell exkludierend wirkende Faktoren sollen frühzeitig erkannt und vermieden werden, um Teilhabebeeinträchtigungen bereits vor deren Entstehen entgegenzuwirken.“

Durch Art. 18 des BTHG ist ebenfalls zum 30.12.2016 das BetrVG, § 80, geändert worden. Sein Abs. 1 Nr. 4 lautet nun: 27

Der Betriebsrat hat folgende Aufgaben: … Die Eingliederung schwerbehinderter Menschen einschließlich der Förderung des Abschlusses von Inklusionsvereinbarungen nach § 83 des Neunten Buches Sozialgesetzbuch und sonstiger besonderer schutzbedürftiger Personen zu fördern;

In der Begründung[31] heißt es: 28

„Mit der Änderung wird die Begrifflichkeit an die des SGB IX angepasst und ergänzend klargestellt, dass zu den allgemeinen Aufgaben des Betriebsrates auch die Förderung des Abschlusses von Inklusionsvereinbarungen nach § 83 SGB IX gehört.“

30 BT-Drs. 18/9522, S. 313 f.
31 BT-Drs. 18/9522, S. 349.

29 Außerdem wurde in § 88 BetrVG eine neue Nr. 5 angefügt:

5. Maßnahmen zur Eingliederung schwerbehinderter Menschen.

30 Zur Begründung[32] wird ausgeführt: „*Die Ergänzung stellt klar, dass auch Maßnahmen zur Eingliederung schwerbehinderter Menschen Gegenstand einer freiwilligen Betriebsvereinbarung sein können.*"

31 Gleichzeitig wurde § 92 Abs. 3 BetrVG folgender Satz angefügt:

Gleiches gilt für die Eingliederung schwerbehinderter Menschen nach § 80 Abs. 1 Nr. 4.

32 In der Begründung[33] heißt es hierzu: „*Durch die Ergänzung wird verdeutlicht, dass Gegenstand der Personalplanung auch Maßnahmen zur Eingliederung schwerbehinderter Menschen sind.*"

2. Anwendungsbereich

33 Mit den Änderungen sowohl im SGB IX als auch im BetrVG und ihren Begründungen wird erneut deutlich, dass der Gesetzgeber mit dem Instrument der Inklusionsvereinbarung eine Reihe hochgesteckter Ziele verbindet.

34 Die Inklusionsvereinbarung ist ein vorbehaltlos zu begrüßendes Instrument einer kollektivrechtlichen Regelung zur Förderung der Inklusion in den Betrieben und Dienststellen. Sie wird seit ihrer Aufnahme zuerst im Jahr 2000 in das SchwbG und im Anschluss 2001 in das SGB IX von den Integrationsämtern daher auch vorbehaltlos begrüßt und durch Seminare, Schulungen und Öffentlichkeitsarbeit unterstützt. Nach einem anfänglichen Interesse ist der Abschluss neuer Vereinbarungen in den letzten Jahren jedoch spürbar zurückgegangen. Eine Reihe gerade von größeren Unternehmen hat vor dem Hintergrund der UN-BRK und dem Gedanken der Diversity wieder verstärkt von diesem Instrument Gebrauch gemacht, zuletzt unter der Überschrift eines „Aktionsplanes".[34]

35 Aktivitäten und Verweise auf abgeschlossene Inklusionsvereinbarungen finden sich auf der Internetseite der **Bundesarbeitsgemeinschaft der Integrationsämter und Hauptfürsorgestellen (BIH)** sowie der dort verlinkten Seiten der einzelnen Integrationsämter (www.integrationsaemter.de). Die Datenbank „**Rehadat**", die ebenfalls mit der Seite der Integrationsämter verlinkt ist, dokumentierte Ende 2016 mehr als 110 ausgewählte Integrationsvereinbarungen (www.rehadat.info).

36 Festzustellen ist, dass es eine Reihe von Betrieben gibt, in denen im Wesentlichen die gesetzlichen Bestimmungen übernommen und umschrieben werden.[35] Damit wurden zwar die Möglichkeiten, die in einer Inklusionsvereinbarung stecken, nicht vollständig umgesetzt. Es ist aber ein anderes Phänomen zu beobachten: Selbst wenn eine Vereinbarung nur den Gesetzeswortlaut wiedergibt, fühlen sich die Akteure im Be-

32 BT-Drs. 18/9522, S. 349.
33 BT-Drs. 18/9522, S. 349.
34 Z.B. der Aktionsplan Inklusion im RWE-Konzern, abrufbar unter www.rwe.com/web/cms/de/2492666/rwe/verantwortung/diversity-inklusion-bei-rwe/.
35 Vgl. Berichte der Bundesregierung BT-Drs. 15/4575, S. 103; 16/6044, S. 22.

trieb oder in der Dienststelle häufig an diese mehr gebunden und den Zielen verpflichtet, weil sie ihre Unterschrift unter die Vereinbarung gesetzt haben.

Hinsichtlich der Dienststellen ist außerdem auf § 82 Satz 4 SGB IX hinzuweisen. 37
Demnach bedarf es einer Integrationsvereinbarung nach § 83 SGB IX nicht, wenn für die Dienststelle dem § 83 entsprechende Regelungen bereits bestehen und durchgeführt werden. Dementsprechend existieren bei den Bundes-, Landes- und kommunalen Behörden vielfach Richtlinien und Dienstanweisungen, die sich mit der Inklusion schwerbehinderter Beschäftigter befassen.[36]

Über die Inklusionsvereinbarung wird gemäß § 83 Abs. 1 Satz 2 SGB IX auf Antrag 38
der Schwerbehindertenvertretung unter Beteiligung der im § 93 genannten Vertretungen (Betriebs-, Personal-, Richter-, Staatsanwalts- und Präsidialrat) mit dem Arbeitgeber verhandelt. Schon bisher konnten der Arbeitgeber oder die Schwerbehindertenvertretung das Integrationsamt einladen, sich an den Verhandlungen zu beteiligen (Satz 4). Neu ist nun die in Satz 5 enthaltene Aufforderungen an das Integrationsamt, darauf hinzuwirken, dass **unterschiedliche Auffassungen überwunden** werden. Wie das geschehen soll, ist jedoch weder dem Gesetz noch der Begründung zu entnehmen. Es ist schon nicht klar, ob eine Verpflichtung des Integrationsamtes zur Beteiligung besteht. Liest man Satz 5 im Zusammenhang mit Satz 4, ist nach wie vor von einer „*Einladung zur Beteiligung*“ die Rede. Kommt das Integrationsamt dieser nach, „*soll*“ es dabei auf einen Ausgleich hinwirken. Schon vom Wortlaut kann daher nicht ohne Weiteres davon gesprochen werden, dass die Integrationsämter verpflichtet sind, sich am Zustandekommen einer Vereinbarung nach § 83 Abs. 1 SGB IX zu beteiligen. Hinzu kommen zwei weitere Überlegungen: Die Integrationsämter werden nach § 102 Abs. 1 Satz 2 SGB IX so ausgestattet, dass sie ihre Aufgaben umfassend und qualifiziert erfüllen können. Hierfür wird besonders geschultes Personal mit Fachkenntnissen des Schwerbehindertenrechts eingesetzt (Satz 3). Eine Verpflichtung zur Mitwirkung beim Abschluss von Inklusionsvereinbarungen würde die Ämter rasch an ihre personellen Grenzen führen. Die fachliche Qualifizierung sowohl als Fachberater als nunmehr auch als **Moderator** bzw. **Mediator** muss von Mitarbeitern erworben werden. Gerade Letztere geht deutlich über die bisherigen Ausbildungs- und Schulungsstandard in den Integrationsämtern hinaus. Hinzu kommt, dass die Aufgaben der Integrationsämter nach 102 SGB IX von diesen nur wirkungsvoll wahrgenommen werden können, wenn sie die Interessen von Arbeitgebern und schwerbehinderten Beschäftigten gleichermaßen berücksichtigen und versuchen, in einen Ausgleich zu bringen. Diese Rolle nehmen die Integrationsämter ua auch bei den Verfahren nach § 84 Abs. 1 und Abs. 2 SGB IX ein. Dem widerspräche es, wäre das Integrationsamt zu einer Teilnahme verpflichtet, vor allem wenn bei streitigen Verhandlungen die Teilnahme nur von einer Partei angestrebt wird. Aus gutem Grund sieht das Gesetz auch keine weiteren Einfluss-, erst recht keine Sanktionsmöglichkeiten, für das Integrationsamt vor als seine Fachkunde. Dem Integrationsamt kommen damit nicht

36 ZB die Richtlinie zur Durchführung der Rehabilitation und Teilhabe behinderter Menschen (SGB IX) im öffentlichen Dienst im Lande Nordrhein-Westfalen, RdErl. des Innenministeriums vom 14.11.2003 – 25-5.35.00-5/03 in ihrer aktuellen Fassung.

die Kompetenzen einer Einigungsstelle bzw. des Vorsitzenden einer Einigungsstelle zu (vgl. § 76 Abs. 6 BetrVG). Festzuhalten bleibt somit, dass die Integrationsämter wie bisher an den Verhandlungen teilnehmen können. Sie werden einer entsprechenden Einladung nachkommen, wenn diese einvernehmlich von Arbeitgeber und Schwerbehindertenvertretung ausgesprochen wird und sie die personellen Kapazitäten haben. Dass Ziel einer solchen Teilnahme stets der Ausgleich unterschiedlicher Ansichten zu einzelnen Punkten einer Vereinbarung ist, stellt eine Selbstverständlichkeit dar. Sind beide Seiten an einem Ausgleich und Abschluss der Inklusionsvereinbarung interessiert, kann ein alle Beteiligten zufriedenstellender Ausgleich in der Regel auch erreicht werden.

3. Inhalte einer Inklusionsvereinbarung

39 **§ 83 Abs. 2 SGB IX** stellt klar, dass die Vereinbarung der Eingliederung schwerbehinderter Menschen dienen soll. Hierfür listet Satz 1 nicht abschließend einzelne Regelungen auf, die vereinbart werden sollen. Diese finden sich bis auf die Personalplanung bereits in § 81 Abs. 4 Satz 1 Nr. 4 SGB IX. Die dort formulierten individualrechtlichen Ansprüche des einzelnen Beschäftigten sollen möglichst in eine kollektivrechtliche Regelung überführt werden. Bei der Personalplanung sind gemäß § 83 Abs. 2 Satz 2 SGB IX verpflichtend besondere Regelungen zur Beschäftigung eines angemessenen Anteils von schwerbehinderten Frauen vorzunehmen. Dies entspricht § 71 Abs. 1 Satz 2 SGB IX (§ 154 Abs. 1 Satz 2 SGB IX nF), wonach private und öffentliche Arbeitgeber bei ihrer Pflicht zur Beschäftigung schwerbehinderter Menschen schwerbehinderte Frauen besonders zu berücksichtigen haben. Rechtlich interessant ist in diesem Zusammenhang eine Entscheidung des Europäischen Gerichtshofes aus dem Jahr 2008 in dem Verfahren „Coleman". Demnach umfasst das Verbot der Diskriminierung wegen Behinderung auch die Diskriminierung am Arbeitsplatz, die sich auf die Eltern behinderter Kinder bezieht.[37] In Übereinstimmung mit § 3 Abs. 3 der Rahmenvereinbarung zur RL 2010/18/EU sind daher auch die Bedürfnisse der im Betrieb oder in der Dienststelle beschäftigten Eltern von Kindern mit einer Behinderung zu prüfen und die Arbeitsbedingungen gegebenenfalls anzupassen. Nicht aufgegriffen hat der Gesetzgeber im Rahmen des BTHG die Forderung, Gleichstellungs- oder Frauenbeauftragte, so sie bestellt sind, an der Erarbeitung der Integrationsvereinbarung zwingend zu beteiligen.

40 **§ 83 Abs. 2 a SGB IX** (§ 166 Abs. 3 SGB IX nF) wurde im Gesetzgebungsverfahren zum BTHG nicht geändert. Der Absatz enthält weiterhin sechs Sachverhalte, die insbesondere geregelt werden können. Hier wäre es wünschenswert, dass künftig eine gesetzliche Verpflichtung besteht, die genannten Sachverhalte zu regeln.

41 **Nr. 1** sieht die angemessene Berücksichtigung schwerbehinderter Menschen bei der Besetzung freier, frei werdender oder neuer Stellen vor. In einer Vereinbarung geregelt werden kann zB die obligatorische Hinzuziehung der Schwerbehindertenvertretung bereits bei der Erstellung von Stellenbeschreibungen und Anforderungsprofilen. So

37 EuGH, Urteil vom 17.7.2008 – C-303/06.

kann sichergestellt werden, dass die erwarteten Anforderungen auch von schwerbehinderten Menschen erfüllt werden können und erforderliche Hilfsmittel und technische Arbeitshilfen von Anfang an mit berücksichtigt werden. Ebenfalls geregelt werden kann die Möglichkeit, bei der Einstellung schwerbehinderter Beschäftigter unter bestimmten Voraussetzungen die Erprobungszeit über die grundsätzlich üblichen sechs Monate hinaus zu verlängern. Anlass zu einer entsprechenden Regelung geben zwei Entscheidungen des Bundesarbeitsgerichts, von denen die eine schon etwas älteren Datums ist. Der 8. Senat ließ in einem Verfahren die Frage offen, ob das beklagte Land der Klägerin dadurch eine angemessene Vorkehrung im Sinne von Art. 5 Satz 1 der Richtlinie 2000/78/EG in Verbindung mit Art. 27 Abs. 1 Satz 2 Buchstabe i, Art. 2 Unterabschnitt 4 UN-BRK vorenthalten hatte, dass es ihr keine längere Einarbeitungs- bzw. Bearbeitungszeit zugebilligt hatte.[38] Der 7. Senat hatte bereits im Jahr 2010 entschieden, dass eine längere Befristung zur Erprobung aufgrund besonderer Einzelfallumstände und vorbehaltlich entgegenstehender einschlägiger und für das Arbeitsverhältnis geltender Tarifvorschriften möglich ist. Im vorliegenden Fall hatte der Senat eine zwölfmonatige Erprobung als durch § 14 Abs. 1 Satz 2 Nr. 5 TzBfG in Verbindung mit § 30 Abs. 1 Satz 1 TV-L gerechtfertigt angesehen. Der Klägerin wurden im Verlauf des Beschäftigungsverhältnisses unter Einschaltung des Integrationsamtes zwei Arbeitsassistenzen für die Einarbeitung zur Seite gestellt. Vor Ablauf der Probezeit schlossen die Parteien einen Vertrag über die Auflösung des unbefristeten Arbeitsverhältnisses und daran anschließend einen auf ein halbes Jahr befristeten neuen Arbeitsvertrag.[39]

Nr. 2 spricht von einer anzustrebenden Beschäftigungsquote und geht damit bereits 42
von seinem Wortlaut über die Pflichtquote von 5 Prozent nach § 71 Abs. 1 SGB IX hinaus. Zu berücksichtigen ist stets, dass die Zahlung der Ausgleichsabgabe die Pflicht zur Beschäftigung schwerbehinderter Menschen gemäß § 77 Abs. 1 Satz 2 SGB IX (§ 160 Abs. 1 Satz 2 SGB IX nF) nicht aufhebt.

Nr. 3 erklärt Regelungen zur Teilzeitarbeit für erstrebenswert. Nach § 81 Abs. 5 43
Satz 1 bis 3 SGB IX (§ 164 Abs. 5 SGB IX nF) fördern die Arbeitgeber die Einrichtung von Teilzeitarbeitsplätzen. Sie werden dabei von den Integrationsämtern unterstützt. Schwerbehinderte Menschen haben einen Anspruch auf Teilzeitbeschäftigung, wenn die kürzere Arbeitszeit wegen Art und Schwere der Behinderung notwendig und für den Arbeitgeber nicht unzumutbar oder mit unverhältnismäßigen Aufwendungen verbunden ist.

Nr. 4 bezieht sich auf die Ausbildung behinderter Jugendlicher. Hierauf sollte künftig 44
beim Abschluss von Inklusionsvereinbarungen ein besonderes Augenmerk gelegt werden. Dies hat nicht nur mit dem demografischen Wandel und Fachkräftemangel zu tun. Die Inklusion in den Schulen muss in den Betrieben und Dienststellen ihre Fortsetzung finden. Neben der dualen Ausbildung (vielfach mit Unterstützung durch die

38 BAG, Urteil vom 21.4.2016 – 8 AZR 402/14, hierüber hatte der Senat mangels Antrags nicht zu entscheiden, die Frage erschien ihm gleichwohl erwähnenswert.
39 BAG, Urteil vom 2.6.2010 – 7 AZR 85/09.

Arbeitsagentur) gibt es noch eine Reihe von weiteren Möglichkeiten, wie Jugendlichen mit einer Einschränkung der Einstieg in den allgemeinen Arbeitsmarkt gelingen kann, zB durch eine Fachpraktikerausbildung oder Anlerntätigkeiten. Die Ausbildungsquote liegt in den allermeisten Betrieben und Dienststellen nach wie vor weit unter der Beschäftigungsquote.

45 **Nr. 5** nennt die Durchführung der betrieblichen Prävention (betriebliches Eingliederungsmanagement – bEM) und die betriebliche Gesundheitsförderung. In der Rechtsprechung des BAG ist inzwischen anerkannt, dass eine bEM-Verfahrensordnung auch in einer Betriebsvereinbarung nach § 87 BetrVG normiert werden kann.[40] Zur betrieblichen Gesundheitsförderung sind in letzter Zeit das Gesetz zur Stärkung der Gesundheitsförderung und Prävention (Präventionsgesetz – PrävG) vom 17.7.2015[41] sowie das Gesetz zur Flexibilisierung des Übergangs vom Erwerbsleben in den Ruhestand und zur Stärkung von Prävention und Rehabilitation im Erwerbsleben (Flexirentengesetz) vom 8.12.2016[42] erlassen worden. In beiden Gesetzen vertieft bzw. erweitert der Gesetzgeber die Möglichkeiten der Rentenversicherung (SGB VI) sowie der Krankenversicherung (SGB V), präventiv in Betrieben und Dienststellen tätig zu werden. Dies kann im Rahmen der betrieblichen Gesundheitsförderung genutzt und Verfahrensregelungen in eine Inklusionsvereinbarung aufgenommen werden.

46 **Nr. 6** benennt schließlich Regelungen über die Hinzuziehung des Werks- oder Betriebsarztes auch für Beratungen über Leistungen zur Teilhabe sowie über besondere Hilfen im Arbeitsleben. Dem Werks- oder Betriebsarzt kommt unter anderem an der Schnittstelle zwischen (stationärer) Rehabilitationsleistung und Rückkehr an den Arbeitsplatz eine wesentliche Funktion zu. Seine Einbindung bereits frühzeitig in den Reha-Prozess ermöglicht hier einen nahtlosen Übergang von der medizinischen zur beruflichen Rehabilitation. Er kann dafür Sorge tragen, dass die Rehabilitation bereits auf die konkreten Anforderungen am Arbeitsplatz abgestimmt und gleichzeitig der Arbeitsplatz mit den notwendigen technischen Arbeitshilfen ausgestattet wird.

47 **§ 83 Abs. 3 SGB IX** stellt klar, dass der Arbeitgeber in den Versammlungen schwerbehinderter Menschen über alle Angelegenheiten im Zusammenhang mit der Eingliederung schwerbehinderter Menschen berichtet.

4. Weiterhin bestehende Fragen

48 Neben all diesen durchaus umfangreichen Regelungsmöglichkeiten ist der Gesetzgeber die Kernprobleme des § 83 SGB IX im Rahmen des BTHG jedoch nicht bzw. nur halbherzig angegangen. Diese sind damit nach wie vor vorhanden. Im Einzelnen sind dies:

1. Auf Antrag der Schwerbehindertenvertretung ist der Arbeitgeber zur Verhandlung über den Abschluss einer Inklusionsvereinbarung verpflichtet. Daraus folgt ein im Beschlussverfahren nach § 2 a Abs. 1 Nr. 3 a ArbGG durchsetzbarer Verhand-

40 BAG, Urteil vom 22.3.2016 – 1 ABR 14/14.
41 BGBl. I, 1368.
42 BGBl. I, 2838.

lungsanspruch.[43] Nicht klar ist, ob die neue Regelung des § 83 Abs. 1 Satz 5 SGB IX zu einem notwendigen Zwischenschritt führt. Es spricht viel dafür, dass die Schwerbehindertenvertretung zuerst das Integrationsamt bitten muss, auf den blockierenden Arbeitgeber einzuwirken. Unterlässt sie dies, kann einem Beschlussverfahren entweder bereits das Rechtsschutzbedürfnis fehlen oder das Arbeitsgericht erachtet die Beauftragung eines Rechtsanwalts für die Durchführung des Verfahrens nicht als erforderlich im Sinne des § 96 Abs. 8 SGB IX.

2. Die Schwerbehindertenvertretung hat keinen gesetzlichen Anspruch auf Abschluss einer Integrationsvereinbarung.[44] Der vom Arbeitgeber trotz Initiative der Schwerbehindertenvertretung oder des Betriebsrates verweigerte Abschluss einer Inklusionsvereinbarung stellt weiterhin keinen Ordnungswidrigkeit nach § 156 SGB IX (§ 238 SGB IX nF) dar.

3. Der Rechtscharakter einer Inklusionsvereinbarung ist nach wie vor nicht geklärt. Dies wird deutlich in einer Entscheidung des LAG Frankfurt, in der das Gericht ausführt:

   „Grundsätzlich ist der Arbeitgeber nach § 83 Abs. 1 SGB IX verpflichtet eine Integrationsvereinbarung mit der im Betrieb gebildeten Schwerbehindertenvertretung zu treffen. Vertragspartei des Arbeitgebers einer solchen Integrationsvereinbarung ist die Schwerbehindertenvertretung. Die Rechtsnatur einer solchen Integrationsvereinbarung ist umstritten. Sie wird als Betriebsvereinbarung betrachtet (vgl. Neumann in Neumann/Pahlen/Mejerski-Pahlen, SGB IX, § 83 Rn. 8), als mehrseitiger kollektivrechtlicher Vertrag eigener Art (vgl. Wenner in Müller-Wenner/Schorn, SGB IX § 83 Rn. 7; Schröder in Hauck/Noftz, SGB IX, § 83 Rn. 22; Feldes in Feldes/Kothe/Stevens-Bartol, SGB IX, § 83 Rn. 19) oder als bloße Regelungsabrede (vgl. Knittel, SGB IX § 83 Rn. 19; Düwell, SGB IX, § 83 Rn. 8). Nach Auffassung der Kammer handelt es sich bei der nach § 83 SGB IX bei der Beklagten geschaffenen Integrationsvereinbarung um einen kollektivrechtlichen Vertrag eigener Art. Einerseits ist der Arbeitgeber zur Schaffung verpflichtet, so dass es sich nicht um eine Regelungsabrede handeln kann. Andererseits verhandelt vorrangig nicht der Betriebsrat, sondern die Schwerbehindertenvertretung mit dem Arbeitgeber. Da dies § 77 BetrVG nicht vorsieht, liegt darin ein erster Unterschied zu einer Betriebsvereinbarung. Da § 83 SGB IX der Integrationsvereinbarung auch – anders als § 77 Abs. 4 BetrVG – keine unmittelbare und zwingende Wirkung zuordnet und – anders als § 77 Abs. 5 und 6 BetrVG – des Weiteren keine Kündbarkeit und Nachwirkung vorsieht, liegen darin weitere nach Auffassung der Kammer erhebliche Unterschiede zu einer Betriebsvereinbarung. Im Übrigen soll durch die Übermittlung der Vereinbarung an die Agentur für Arbeit und das Integrationsamt diesen Stellen ein Überblick über die innerbetrieblichen Gegebenheiten im Zusammenhang mit der Einstellung und Beschäftigung Schwerbehinderter gegeben werden, um zB der Bundesagentur eine gezieltere Beratung der je-

43 LAG Köln, Beschluss vom 3.5.2005 – 9 TaBV 76/04.
44 LAG Hamm, Beschluss vom 19.1.2007 – 13 TaBV 58/06.

weiligen Arbeitgeber und erleichterte Vorbereitung einer zielgerichteten Vermittlung arbeitsloser Schwerbehinderter durch entsprechende Qualifizierungsmaßnahmen zu ermöglichen (vgl. zur Vorgängernorm § 14 b SchwbG: BT-Drs. 14/3372 S. 19).“[45]

4. Ein subjektiver Anspruch eines schwerbehinderten Beschäftigten aus einer Inklusionsvereinbarung kommt wenn überhaupt nur in Betracht, wenn die Inklusionsvereinbarung konkrete Regelungen zugunsten der schwerbehinderten Menschen im Sinne eines Vertrages zugunsten Dritter enthält.[46] Dies ist zumeist nicht der Fall. Subjektive Rechte der schwerbehinderten Beschäftigten leiten sich vor allem aus den gesetzlichen Bestimmungen wie § 81 Abs. 4 und § 84 Abs. 1 und 2 SGB IX ab. Jedoch geben die bereits aufgezeigten Änderungen im BetrVG Anlass, auch diesen Standpunkt zu überdenken. Mit den Änderungen des § 80 Abs. 1 Nr. 4 BetrVG sowie des § 88 BetrVG wird die Inklusionsvereinbarung stärker in das betriebsverfassungsrechtliche System eingebunden. Sind in der vom Betriebsrat unterzeichneten Inklusionsvereinbarung Maßnahmen zur Eingliederung schwerbehinderter Menschen geregelt, wird diese Vereinbarung als freiwillige Betriebsvereinbarung im Sinne von § 88 BetrVG anzusehen sein. Das führt, soweit subjektive Rechtspositionen begründet werden, zu deren unmittelbarer und zwingender Wirkung im Sinne von § 77 Abs. 4 BetrVG.[47]
5. Die Frage, ob § 83 SGB IX eine kollektivrechtliche Vereinbarung im Sinne von § 15 Abs. 3 AGG darstellt, der zufolge der Arbeitgeber bei der Anwendung kollektivrechtlicher Vereinbarungen nur dann zur Entschädigung verpflichtet, wenn er vorsätzlich oder grob fahrlässig gehandelt hat, ist ebenfalls nicht geklärt.[48] Wäre dies klargestellt worden, hätte es einen echten Anreiz der Arbeitgeber zum Abschluss einer Inklusionsvereinbarung gegeben.

5. Fortgelten bestehender Integrationsvereinbarungen

49 § 241 Abs. 6 SGB IX nF bestimmt: **Bestehende Integrationsvereinbarungen im Sinne des § 166 in der bis zum 1. Januar 2018 geltenden Fassung gelten als Inklusionsvereinbarungen fort.**

Gleichzeitig hat der Gesetzgeber in Art. 2 des BTHG eine Übergangsregelung getroffen. Nach § 159 Abs. 8 SGB IX **gelten bestehende Integrationsvereinbarungen als Inklusionsvereinbarungen weiter**. Damit hat er sichergestellt, dass bestehende Vereinbarungen nicht ihre Gültigkeit verlieren.[49] Aufgrund der bereits in § 159 Abs. 8 SGB IX

45 LAG Frankfurt, Urteil vom 17.1.2012 – 15 Sa 549/11; die zugelassene Revision – 9 AZR 264/12 – hat sich durch Rücknahme erledigt.

46 Vgl. LAG Bremen, Urteil vom 9.9.2003 – 1 Sa 77/03; LAG Frankfurt, aaO; VG Düsseldorf, Beschluss vom 20.8.2014 – 13 L 982/14.

47 Vgl. schon zum Recht der Integrationsvereinbarung LPK-SGB IX/Düwell § 83 Rn. 10.

48 Offen gelassen von BAG, Urteil vom 16.2.2012 – 8 AZR 697/10.

49 In der Begründung, BT-Drs. 18/9522, S. 319, heißt es: „Insbesondere soll die Neufassung nicht bewirken, dass zwingend erneut über bereits bestehende Vereinbarungen zu verhandeln ist.“.

getroffenen Regelung ist § 241 Abs. 6 SGB IX nF nicht korrekt gefasst und sollte entsprechend angepasst werden.[50]

Natürlich können die beteiligten Parteien sich auf neue Verhandlungen und damit eine Überarbeitung der Vereinbarung verständigen. Andernfalls bleibt einer Partei nur der Weg der Kündigung einer bestehenden Inklusionsvereinbarung, möchte sie vor Ablauf ihrer Laufzeit eine Änderung herbeiführen.

II. Neuregelung des Vertretungsfalles

In § 94 Abs. 1 Satz 1 SGB IX sind die Wörter *„durch Abwesenheit oder Wahrnehmung anderer Aufgaben“* gestrichen. Der konsolidierte Text der Norm lautet dann mit Kennzeichnung der Änderung durch Unterstreichung: *„In Betrieben und Dienststellen, in denen wenigstens fünf schwerbehinderte Menschen nicht nur vorübergehend beschäftigt sind, werden eine Vertrauensperson und wenigstens ein stellvertretendes Mitglied gewählt, das die Vertrauensperson im Falle der Verhinderung vertritt.“* Durch die die Streichung der einschränkenden Gründe soll auch eine **Vertretung** durch ein stellvertretendes Mitglied in den Fällen vorgeschrieben werden, in denen die Vertrauensperson **befangen** sein könnte. Damit wird eine Entscheidung des BAG aus 2013 korrigiert. Das BAG hatte damals nämlich wegen der fehlenden Entscheidungsbefugnis der Schwerbehindertenvertretung erkannt: *„Erwägungen der Gesetzessystematik (sprechen) gegen eine „Befangenheit der Schwerbehindertenvertretung im Rechtssinn“*.[51] Deshalb hatte das BAG im Streitfall den Einwand eines Arbeitgebers zurückgewiesen, er sei von seiner Verpflichtung entbunden gewesen, die Vertrauensperson nach § 81 Abs. 1 Satz 4 SGB IX zu unterrichten, weil diese wegen einer Eigenbewerbung befangen gewesen sei. Obwohl das BAG gegen die Annahme einer Befangenheit die systematischen Bedenken[52] geäußert hatte, nahm der Gesetzgeber die Änderung vor. Damit ist seit dem 30.12.2016 die Einschränkung der Verhinderungsgründe weggefallen. Deshalb muss die Vertrauensperson in den Fällen, in denen sie individuell und unmittelbar betroffen ist und damit *„befangen“* sein könnte,[53] durch das zuständige stellvertretende Mitglied vertreten werden. 50

Sind mehrere stellvertretende Mitglieder gewählt, so vertritt das mit der höchsten Stimmenzahl gewählte stellvertretende Mitglied. Ist kein stellvertretendes Mitglied gewählt oder zwar eines gewählt, aber dessen Amt erloschen, weil zB das stellvertretende Mitglied infolge Versetzung aus dem Betrieb ausgeschieden ist, so entfällt die Unterrichtung und Anhörung. Das zeigt, wie wichtig die Wahl einer ausreichenden Anzahl von stellvertretenden Mitgliedern ist. 51

Beispielsfall zum alten Recht:[54] Nach §§ 81 Abs. 1 Satz 4, 95 Abs. 2 SGB IX ist die SBV am Auswahlverfahren zu beteiligen, wenn sich wenigstens ein schwerbehinderter Mensch be- 52

50 § 241 Abs. 6 SGB IX nF muss heißen: „Bestehende Integrationsvereinbarungen im Sinne des § 83 in der bis zum 30. Dezember 2016 geltenden Fassung gelten als Inklusionsvereinbarungen fort.“
51 BAG 22.8.2013 – 8 AZR 574/12 – Rn. 45 – ZTR 2014, 175.
52 So Düwell, jurisPR-ArbR 38/2016, Anm. 1.
53 So BR-Drs. 428/16, S. 322.
54 BAG 22.8.2013 – 8 AZR 574/12 – ZTR 2014, 175.

worben hat. Das BAG hatte darüber zu entscheiden, ob dies auch dann gilt, wenn sich die Vertrauensperson selbst um diese Stelle bewirbt oder ob diese dann wegen Befangenheit nicht zu beteiligen sei. Davon ging der betroffene Arbeitgeber aus. Er hatte die SBV nicht beteiligt, weil sowohl die Vertrauensperson als auch deren einziger Stellvertreter sich auf die zu besetzende Stelle beworben hatten. Das BAG stellte in seiner Entscheidung fest, dass das SGB IX mögliche Interessenkollisionen nicht mit der Folge der Verhinderung regele. Daher hätte der Arbeitgeber die SBV beteiligen müssen, obwohl sowohl Vertrauensperson und Stellvertreter unmittelbar betroffen waren.

53 Nach der zum 30.12.2016 vorgenommenen Änderung wird man nun wohl davon ausgehen können und müssen, dass wie beim Betriebsrat nun auch in Beteiligungssachverhalten der SBV zu prüfen ist, ob deren Mitglieder befangen sind. Für das Beispiel unter Rn. 52 bedeutet dies, dass die SBV nicht zu beteiligen wäre, wenn kein weiterer, nicht wegen eigener Bewerbung befangener Stellvertreter zur Verfügung stünde. Daran zeigt sich, dass es nun noch wichtiger ist, nicht nur einen Stellvertreter, sondern auch zumindest noch einen zweiten Stellvertreter zu wählen, um für Befangenheitsfälle die Vertretung der SBV sicherzustellen.

54 Es verbleibt auch im Rahmen der Neuregelung wie bisher dabei, dass ein Verhinderungsfall regelmäßig bei zeitweiliger Abwesenheit, zB wegen Krankheit, gegeben ist, wenn die SBV nicht ausdrücklich mitteilt, dass sie ihr Amt trotz ihrer Krankheit wahrnehme. Ein Verhinderungsfall liegt auch vor, wenn die SBV zwar im Betrieb anwesend ist, aber in ihrer Eigenschaft als SBV **andere Aufgaben** auszuführen hat. Diese regelmäßig vorübergehenden zeitlichen Verhinderungsfälle sind meist unproblematisch festzustellen und zu behandeln. Schwieriger ist mitunter die Beurteilung der persönlichen Verhinderung, die zukünftig in entsprechenden Fällen einer möglichen persönlichen Betroffenheit vorzunehmen ist.

55 Die seit dem 30.12.2016 geltende Regelung der Verhinderung und Vertretung entspricht der im Betriebsverfassungs- und Personalvertretungsrecht. Mit der vergleichbaren Formulierung *„zeitweilig verhindert“* ist in § 25 Abs. 1 Satz 2 BetrVG die Vertretung des Betriebsratsmitglieds durch ein Ersatzmitglied geregelt. Die zu dieser Bestimmung ergangene Rechtsprechung, nach der aus rechtlichen oder tatsächlichen Gründen jemand objektiv nicht in der Lage oder es ihm subjektiv nicht zumutbar ist, sein Amt auszuüben, kann deshalb auch für die Beantwortung der Frage herangezogen werden, wann die Vertrauensperson verhindert ist. Für ein teilzeitbeschäftigtes Betriebsratsmitglied mit einer täglichen Arbeitszeit von 8 bis 13 Uhr hat das BAG erkannt, dass für das Betriebsratsmitglied kein Hinderungsgrund vorliege, an einer Betriebsratssitzung teilzunehmen, die gegen 15 Uhr stattfindet. Weder sei es generell tatsächlich verhindert, an Sitzungen außerhalb der persönlichen Arbeitszeit teilzunehmen, noch hindere der Umstand, dass eine erneute Fahrt vom Wohnort zum Betrieb anfalle.[55] Zu berücksichtigen sind jedoch im Einzelfall besondere Gründe, die eine ehrenamtliche Tätigkeit außerhalb der persönlichen Arbeitszeit unzumutbar machen, wie zB die Sorge für ein erkranktes Familienmitglied. Liegt keine subjektive Unzu-

55 BAG 16.1.2008 – 7 ABR 71/06 – BAGE 125, 242 = NZA 2008, 546 mit zustimmender Anm. Rudolph, AiB 2008, 423.

mutbarkeit vor, kann der Arbeitgeber gehalten sein, auch die erforderlichen Fahrtkosten zu tragen.[56]

III. Übergangsmandat für betriebliche SBV

1. Schließung einer Vertretungslücke

§ 94 SGB IX ist der Abs. 8 angefügt: „*In Betrieben gilt § 21 a des Betriebsverfassungsgesetzes entsprechend.*“ In der amtlichen Begründung heißt es dazu: „*Durch diese Ergänzung wird in Betrieben ein Übergangsmandat auch für die Schwerbehindertenvertretung geschaffen.*“ Damit hat der Gesetzgeber die im Schrifttum vertretene Auffassung gesetzlich abgesichert, eine Vertretungslücken schließende **analoge Anwendung** des in § 21 a BetrVG geregelten **Übergangsmandats** sei geboten.[57] Es ergeben sich daraus zwei Auswirkungen: 56

1. Die Amtszeit der SBV endet nicht mit der Auflösung des Betriebs durch **Spaltung**, **Zusammenfassung** oder **Zusammenlegung** von Betrieben.
2. Die Beteiligungsrechte der SBV bleiben auch in der für die schwerbehinderten Beschäftigten schwierigen Zeit der Umstrukturierungsprozesse erhalten.

2. Voraussetzungen des Übergangsmandats

Das Übergangsmandat setzt voraus, dass die nach Spaltung oder Zusammenfassung entstehende Organisationseinheit Betrieb ihrerseits „**schwerbehindertenvertretungsfähig**“ iSv § 94 Abs. 1 Satz 1 SGB IX („*wenigstens fünf schwerbehinderte Menschen*“) ist. Nach § 21 a Abs. 1 Satz 1 BetrVG wird kein Übergangsmandat begründet, wenn ein Betrieb oder ein Betriebsteil in einen Betrieb **eingegliedert** wird, für den bereits eine SBV gewählt ist. Das ergibt sich aus dem dem Übergangsmandat zugrundeliegenden Subsidiaritätsprinzip, das nur ein Eingreifen gebietet, soweit nicht auf andere Weise eine Vertretung der Belegschaft gesichert wird.[58] 57

Werden Betriebe oder Betriebsteile zu einem neuen Betrieb zusammengefasst oder zusammengelegt, so steht nach § 21 a Abs. 2 Satz 1 BetrVG das Übergangsmandat der SBV zu, die in dem nach der Zahl der wahlberechtigten schwerbehinderten Beschäftigten **größten Betrieb** gewählt worden ist.[59] Eine Zusammenfassung setzt voraus, dass mehrere Betriebe oder Betriebsteile zu einem einheitlichen neuen, betriebsratsfähigen Betrieb vereint werden. Zusammenlegung ist eine Sonderform der Zusammenfassung, bei der die vereinten Organisationseinheiten zusätzlich auch verlegt werden. In beiden Fällen verlieren zuvor selbstständige Einheiten ihre Betriebsratsfähigkeit, so dass es zur Schließung der Lücke in der betriebsrätlichen Vertretung eines Übergangsmandats bedarf.[60] 58

56 BAG 16.1.2008 – 7 ABR 71/06 – BAGE 125, 242 = NZA 2008, 546 mit zustimmender Anm. Rudolph, AiB 2008, 423.
57 Allgemein anwendbar: Bischoff, Das Übergangsmandat des Betriebsrats, S. 189; Jung, Übergangsmandat S. 183; Rieble, NZA 2002, 233, 240; differenzierend nur für unternehmensübergreifende Umstrukturierungen: LPK-SGB IX/Düwell § 94 Rn. 104; HaKo-BetrVG/Düwell, 4. Aufl. 2014, § 21 a Rn. 41.
58 ErfK/Koch § 21 a BetrVG Rn 3; Richardi/Thüsing BetrVG § 21 a Rn 4.
59 So auch Esser/Isenhardt, jurisPK-SGB IX, 2. Aufl. 2015, § 94 SGB IX Rn. 44.1.
60 ArbG Cottbus 24.1. 2013 – 3 BVGa 1/13 – Rn. 37 – juris.

3. Begrenzung auf Vertretungslücken

59 Wegen der Besonderheiten des im SGB IX geregelten Organisationsrechts entsteht nicht in allen Fällen der Betriebsänderung für die Gruppe der schwerbehinderten Beschäftigten eine Vertretungslücke, wenn diese beim Betriebsrat auftritt. So fehlt häufig ein Bedarf für ein Übergangsmandat, wenn unternehmensinterne Umstrukturierungen stattfinden. Ist nämlich eine **Gesamtschwerbehindertenvertretung** gewählt, gehört es nach § 97 Abs. 6 Satz 1 SGB IX zu ihrer Aufgabe, auch die Vertretung der schwerbehinderten Beschäftigten zu übernehmen, die sich in einem zum Unternehmen gehörenden Betrieb ohne Schwerbehindertenvertretung befinden. Gleiches gilt, wenn nur eine Schwerbehindertenvertretung im Unternehmen besteht. Dann nimmt diese Schwerbehindertenvertretung nach § 97 Abs. 1 Satz 2 SGB IX zusätzlich die Aufgabe der Gesamtschwerbehindertenvertretung wahr. Dazu gehört auch die Repräsentanz der schwerbehinderten Beschäftigten in vertretungslosen Betrieben.[61] Diese beinhaltet ein kraft gesetzlichen Auftrags **erstrecktes Mandat**.

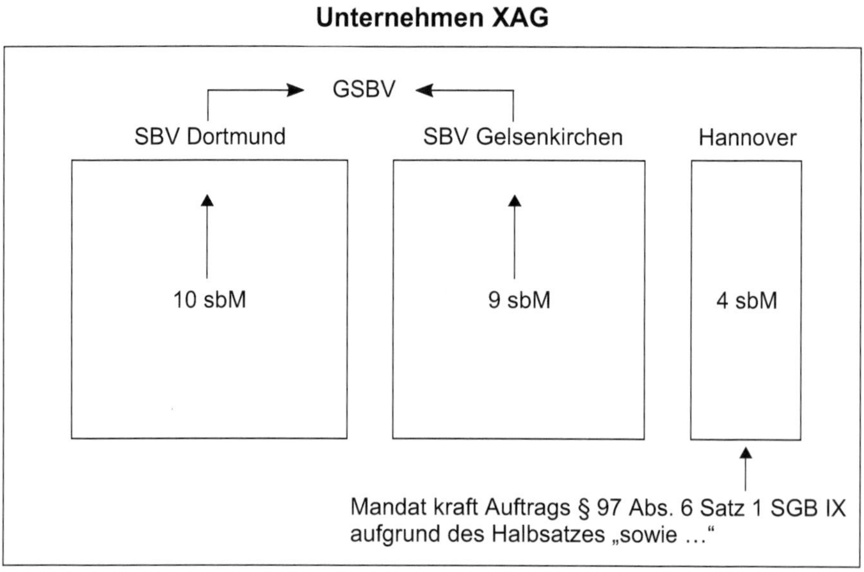

61 BAG 4.11.2015 – 7 ABR 62/13 – Rn. 17 – BAGE 153, 187; weitere Einzelheiten vgl. LPK-SGB IX/Düwell § 94 Rn. 63 f. mwN.

Spaltung im Unternehmen mit GSBV

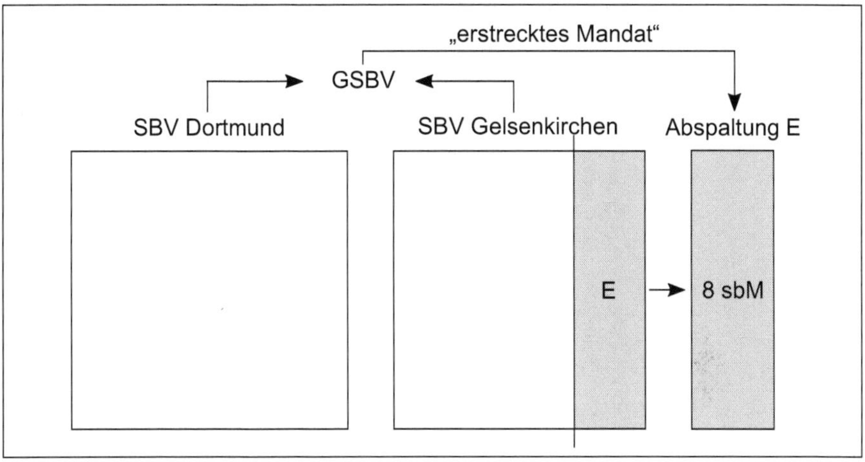

sbM = schwerbehinderte Menschen
SBV = Schwerbehindertenvertretung

Es kommen zwei Lösungen zur Vertretung der im abgespaltenen Betriebsteil E beschäftigten 8 schwerbehinderten Menschen in Betracht:
1. Ein Übergangsmandat für die SBV, die im Betrieb Gelsenkirchen gewählt ist, gemäß § 21 a Abs. 1 BetrVG.
2. Ein Mandat kraft Auftrags für die im Unternehmen gewählte GSBV gemäß § 97 Abs. 6 Satz 1 SGB IX *„sowie die Interessen der schwerbehinderten Menschen, die in einem Betrieb oder einer Dienststelle tätig sind, für die eine Schwerbehindertenvertretung nicht gewählt ist.“*

Nach dem hier vertretenen Lösungsansatz gilt § 21 a BetrVG nur subsidiär. Deshalb ist bei der unternehmensinternen Spaltung kein Raum für das Übergangsmandat.

Auch für eine nach § 97 Abs. 2 SGB IX gewählte **Konzernschwerbehindertenvertretung besteht** eine erweiterte Vertretungsbefugnis.[62] Diese vertritt kraft des ihr in § 97 Abs. 6 Satz 2 erteilten gesetzlichen Auftrags auch die schwerbehinderten Beschäftigten in den Betrieben der konzernangehörenden Unternehmen, in denen keine Schwerbehindertenvertretungen gewählt sind. Auch hier hat der Gesetzgeber ein **erstrecktes Mandat** zugewiesen, das das betriebsverfassungsrechtliche Prinzip der betriebsbezogenen Repräsentation durchbricht.[63] Diese besondere, auf Dauer und nicht nur auf eine Übergangszeit angelegte Repräsentanz soll weder durch eine richterrechtliche Analogie zu § 21 a BetrVG noch durch die gesetzliche Verweisung in § 94 Abs. 8 SGB IX auf das subsidiäre Recht des § 21 a BetrVG aufgehoben werden. Das wird auch durch die Einschränkung der in § 94 Abs. 8 SGB IX getroffenen Geltungsanordnung durch das Adverb *„entsprechend“* deutlich. Daher kommt das Übergangsmandat nur in den Fällen von **unternehmens- und konzernübergreifenden Umstrukturie-** 60

62 Nach BAG 4.11.2015 – 7 ABR 62/13 – Rn. 18 ff., BAGE 153, 187 soll diese Repräsentationserstreckung jedoch wegen des Fehlens einer § 97 Abs. 1 Satz 2 SGB IX entsprechenden Fiktion nicht für die einzige im Konzern bestehende Schwerbehindertenvertretung gelten; mit guten Gründen aA Kossens, ZBVR online 2016, Nr. 4, 4.
63 Einzelheiten: LPK-SGB IX/Düwell § 94 Rn. 63 f. mwN.

rungen zur Anwendung, in denen die schwerbehindertenrechtsspezifische Erweiterung des Vertretungsmandats der der GSBV und KSBV nicht eingreift. Dafür spricht, dass sich im Gesetzgebungsverfahren kein Anhalt dafür findet, die erweiterte Vertretungsbefugnis der GSBV und KSBV aus § 97 Abs. 6 Satz 1 und 2 SGB IX einzuschränken. Deshalb muss davon ausgegangen werden, dass der in § 94 Abs. 8 SGB IX aufgenommene Verweis auf das betriebsrätliche Übergangsmandat die besonderen im Schwerbehindertenrecht geregelten Vertretungsstrukturen nicht ablösen sollte.

61 Dieses Ergebnis kann rechtspolitisch bedauert werden; denn in den mit der Umstrukturierung verbundenen Zeiten der Verunsicherung werden GSBV und KSBV in ihrer Aufgabe, nach § 95 Abs. 1 Satz 1 SGB IX den schwerbehinderten Beschäftigten beratend und helfend zur Seite zu stehen, besonders beansprucht. Das kann schon leicht zu einer Überforderung führen, weil von dem Sitz der GSBV oder KSBV zu den zu betreuenden Betrieben erhebliche Entfernungen zurückzulegen sind.[64] In der Gesetzesbegründung wird dieser Gesichtspunkt leider nicht angesprochen. Er ist offensichtlich übersehen worden.

62 Wegen der oben erläuterten besonderen Vertretungsstrukturen des kollektiven Schwerbehindertenrechts kommt das durch Art. 2 BTHG eingeführte Übergangsmandat nur in Betracht, wenn:

1. ein Betriebsteil abgespalten wird und
2. der abgespaltene Teil auf einen anderen Unternehmer übergeht und
3. der abgespaltene Betriebsteil bei dem Dritten nicht in einen Betrieb mit SBV eingegliedert wird.

63 Bezeichnend ist, dass in der Gesetzesbegründung allein der Fall der Abspaltung aufgeführt wird.[65] Dazu passt auch, dass in der Erläuterung des federführenden Ministeriums zu den am 30.12.2016 in Kraft getretenen Änderungen angegeben wurde: „*Es wird ein Übergangsmandat bei Betriebsübergang für SBV in der gewerblichen Wirtschaft geschaffen …*“.[66]

64 Dieses Ergebnis ist konsistent: Ist in einem Unternehmen mehr als ein Betrieb vorhanden und ein Gesamtbetriebsrat gewählt, so existiert eine GSBV, gleich ob diese nach § 97 Abs. 1 Satz 1 SGB IX durch Wahl oder kraft Fiktion nach § 97 Abs. 1 Satz 2 SGB IX entstanden ist. Das nach § 97 Abs. 6 Satz 1 SGB IX sich auf alle schwerbehinderten Beschäftigte in vertretungslosen Betrieben erstreckende Mandat der GSBV erfasst sowohl neu entstehende Betriebe des Unternehmens als auch diejenigen, die durch Zusammenlegung oder Zusammenfassung iSv § 21 a Abs. 2 und 3 BetrVG gebildet werden. Zusätzlich ist auch der Fall erfasst, dass ein Unternehmen ursprünglich nur aus einen Betrieb besteht. Werden aus diesem Betrieb Teile abgetrennt und zu einem neuen, zweiten Betrieb zusammengefasst, so wird kraft der in § 97 Abs. 1

64 Vgl. dazu die rechtspolitisch bessere Lösung im Gesetz zur Umsetzung der Polizeistrukturreform vom 23.7.2013 des Landes Baden-Württemberg, dazu Einzelheiten unter § 6 III 6., Rn. 73.

65 BR-Drs. 428/16 zu Art. 2 Nummer 5 b (§ 94) S. 322.

66 www.bmas.de/DE/Presse/Pressemitteilungen/2016/das-aendert-sich-im-neuen-jahr.html#doc573372bodyText4, Aufruf 2.1.2017.

Satz 2 SGB IX angeordneten Fiktion die im ersten (Rest-)Betrieb amtierende SBV zur GSBV umgewandelt, die bis zu den nächsten Wahlen alle schwerbehinderten Menschen nach § 97 Abs. 6 Satz 1 SGB IX vertritt. Unerheblich ist dabei, ob die zu vertretenden Beschäftigten aus den Teilen des Ursprungsbetriebs, die dem neuen Betrieb zugeordnet wurden, stammen oder neu eingestellt werden. Gehören zu einem Unternehmen mehrere Betriebe, für die nach § 97 Abs. 1 Satz 1 SGB IX eine GSBV gewählt wurde, so werden die infolge einer Betriebszusammenfassung einem neuen Betrieb zugeordneten schwerbehinderten Menschen nur dann nicht vom erstreckten Mandat aus § 97 Ab. 6 Satz 1 SGB IX erfasst, wenn sie unternehmensübergreifend einem Dritten, also außerhalb des Zuständigkeitsbereichs der GSBV, zugeordnet worden sind. Da die Übertragung eines ganzen Betriebes an einen Dritten das Amt der SBV nicht berührt, kann in diesem Fall schon denkgesetzlich kein Übergangsmandat in Betracht kommen. Übrig bleibt folglich als möglicher Anwendungsbereich des Übergangsmandats nur diese Fallgestaltung: Aus einem Unternehmen wird ein Betriebsteil abgetrennt und an ein anderes Unternehmen übertragen, das diesen Teil entweder zu einem Betrieb verselbstständigt oder mit anderen, eigenen Teilen oder Betrieben zusammenlegt. Bei der Verselbstständigung kommt das Übergangsmandat zum Zuge, soweit keine Eingliederung in einen Betrieb mit SBV erfolgt. Bei der unternehmensübergreifenden Zusammenfassung kommt das Übergangsmandat wegen der Regelung in § 97 Abs. 6 Satz 1 SGB IX nur dann zur Anwendung, wenn in dem Unternehmen, dem der neue Betrieb angehört, weder eine GSBV gewählt ist noch eine SBV besteht, die nach § 97 Abs. 1 Satz 2 SGB IX auch ohne Wahl die Funktion der GSBV wahrnimmt.

Mit der Verweisung auf § 21 a BetrVG ist auch der von der Bundesarbeitsgemein- 65
schaft der Integrationsämter und Hauptfürsorgestellen beklagte Lückenfall[67] gelöst, dass in zwei oder mehr Betrieben zwar Vertrauenspersonen gewählt worden sind, diese aber unter Verletzung ihrer Amtspflicht nichts tun, um eine GSBV zu wählen. Gleiches gilt, wenn zwar mehrere Betriebsräte gewählt sind, diese jedoch keinen Gesamtbetriebsrat errichten und so die in § 97 Abs. 1 Satz 1 SGB IX aufgestellte Voraussetzung für die Wahl einer GSBV blockieren. In diesen Fällen greift jetzt lückenfüllend die Verweisung auf § 21 a BetrVG ein.

4. Inhalt des Übergangsmandats

Das Übergangsmandat ist ein befristetes **Vollmandat.**[68] Der das Übergangsmandat 66
wahrnehmenden SBV stehen daher uneingeschränkt **alle für den neuen Betrieb geltenden Beteiligungsrechte** zu. Das schließt die Befugnis zum Abschluss von Inklusionsvereinbarungen, zur Teilnahme an der Wahl von Gesamt- und Konzernschwerbehindertenvertretungen und zur Antragstellung in Beschlussverfahren ein.

Die SBV, die das Übergangsmandat für die ihr bisher zugeordneten Teile der schwer- 67
behinderten Belegschaft oder für die Gruppe der schwerbehinderten Beschäftigten in

67 Vgl. BIH (Herausgeber), SBV Wahlbroschüre 2014, ZB Spezial, Würzburg 2013 S. 63.
68 ErfK/Koch § 21 a BetrVG Rn. 5; Fitting § 21 a BetrVG Rn. 20; GK/Kreutz § 21 a BetrVG Rn. 77; Richardi/Thüsing § 21 a BetrVG Rn. 16; DKKW/Buschmann § 21 a BetrVG Rn. 54.

dem durch Zusammenfassung entstandenen neuen Betrieb ausübt, hat in erster Linie die Aufgabe, für die erstmalige **Wahl der SBV** in der neu entstandenen betriebsverfassungsrechtlichen Einheit zu sorgen. Dazu hat sie entsprechend § 21 a Abs. 1 Satz 2 und Abs. 2 Satz 2 BetrVG unverzüglich Wahlvorstände zu bestellen. Damit wird in der Betriebsverfassung die ansonsten für zwar betriebsratsfähige, aber zurzeit betriebsratslose Einheiten geltende Bestellungsbefugnis des Gesamt- bzw. Konzernbetriebsrats aus § 17 BetrVG für das förmliche und aus § 17a BetrVG für das vereinfachte Wahlverfahren verdrängt.[69] Für die das Übergangsmandat wahrnehmende SBV ist diese Bestimmung funktionslos; denn gibt es nach § 97 Abs. 6 Satz 1 oder Satz 2 SGB IX eine Vertretung der schwerbehinderten Menschen in dem neuen Betrieb durch die Gesamt- oder Konzernschwerbehindertenvertretung, so bedarf es keines Übergangsmandats (§ 6 III 3., Rn. 59 ff). **Unverzüglich** heißt nach der für das Anfechtungsrecht getroffenen Legaldefinition in § 121 BGB „*ohne schuldhaftes Zögern*“. Das bedeutet: Die das Übergangsmandat wahrnehmende SBV hat, so schnell es ihr bei gehöriger Sorgfalt möglich ist, nach dem Wortlaut des § 21 a Abs. 1 Satz 2 BetrVG einen **Wahlvorstand** zu bestellen. Das ist problematisch, wenn der Wahlbezirk „Betrieb“ nur bis zu 49 Wahlberechtigte umfasst und nicht auf weit auseinanderliegende Teile zergliedert ist; denn dann ist nach dem Schwerbehindertenrecht gemäß § 94 Abs. 6 Satz 3 SGB IX im vereinfachten Verfahren ohne Wahlvorstand auf einer Wahlversammlung zu wählen. Das ergibt sich aus §§ 18 bis 20 SchwbVWO. Zwar besteht ein vergleichbares vereinfachtes Wahlverfahren auch in § 17a BetrVG für die Betriebsratswahl. Dort ist jedoch für den Fall der erstmaligen Wahl die Bestellung eines Wahlvorstandes in § 17 Abs. 2 BetrVG zwingend, weil zwei Wahlversammlungen vorgeschrieben sind. Auf der ersten Versammlung wird nach § 17a Nr. 3 BetrVG ein Wahlvorstand gewählt, dieser lädt dann zur zweiten Wahlversammlung ein, auf der der Betriebsrat gewählt wird. Dieses gestufte Wahlverfahren ist im Schwerbehindertenrecht nicht vorgesehen. Das ist bei der Aufnahme des Verweises auf § 21 a BetrVG in § 94 Abs. 8 SGB IX übersehen worden. Insoweit liegt auch hier ein Redaktionsversehen vor. Leider haben die Verfasser der Korrekturen im BVG-Änderungsgesetz dieses Problem nicht gesehen. Der Fehler ist jedoch offensichtlich. Folglich muss der Verweis auf § 21 a BetrVG so ausgelegt werden, dass § 21 a Abs. 1 Satz 2 BetrVG nicht ein neues, von §§ 18 bis 20 SchwbVWO abweichendes vereinfachtes Wahlverfahren schaffen sollte. Vielmehr ist § 21 a Abs. 1 Satz 2 BetrVG korrigierend anzuwenden: Die das Übergangsmandat wahrnehmende SBV lädt nach § 19 Abs. 2 SchwbVWO zu einer Wahlversammlung ein, auf der zunächst nach § 20 Abs. 1 SchwbVWO ein Wahlleiter und danach in einem ersten Wahlgang die Vertrauensperson sowie in einem zweiten Wahlgang die stellvertretenden Mitglieder gewählt werden.

5. Dauer des Übergangsmandats

68 Die regelmäßige Höchstdauer beträgt nach § 21 a Abs. 1 Satz 3 BetrVG **sechs Monate**. Eine Verlängerung um weitere sechs Monate ist durch Betriebsvereinbarung oder

69 Fitting § 21 a BetrVG Rn. 22.

Tarifvertrag zugelassen. Das Ereignis, das den Lauf der Höchstfrist auslöst, ist nach § 21 a Abs. 2 Satz 3 und Abs. 2 Satz 2 BetrVG das „Wirksamwerden" der Betriebsspaltung oder der Betriebszusammenfassung. Damit wird auf die **tatsächliche Übernahme der Leitungsmacht** durch den neuen Betriebsinhaber abgestellt.[70] Es ist folglich weder auf gesellschaftsrechtliche Vorgänge noch auf Änderungen in der Organisation des Unternehmens abzustellen.[71] Solange die SBV entgegen § 95 Abs. 2 Satz 1 SGB IX vom Arbeitgeber nicht über die betriebliche Spaltung bzw. Zusammenfassung unterrichtet wird, ist von einer Hemmung des Fristlaufs auszugehen.[72] Vor Ablauf der Höchstdauer endet das Übergangsmandat auflösungsbedingt durch die Bekanntgabe der Gewählten. Nach § 15 SchwbVWO erfolgt diese Bekanntmachung, sobald das Wahlergebnis feststeht und die Gewählten sich nach § 14 SchwbVWO erklärt haben, dass sie die Wahl annehmen. Dann steht fest, wer die für diesen Betrieb gewählte Vertretung, bestehend aus der Vertrauensperson und den stellvertretenden Mitgliedern, ist. Zur Vermeidung von Schutzlücken bedarf es dann keines Übergangsmandats mehr. Nach § 94 Abs. 5 Satz 3 SGB IX führt die außerhalb des regelmäßigen Wahlturnus gewählte SBV ihr Amt bis zu dem Zeitraum der nächsten regelmäßigen Wahlen. Betrüge die Amtszeit dann weniger als ein Jahr, so findet nach § 94 Abs. 5 Satz 4 SGB IX eine Verlängerung der Amtszeit bis zum Zeitraum der übernächsten regemäßigen Wahlen statt.

6. Übergangsmandat für öffentlichen Dienst und Kirchen

„Für Arbeitgeber, die nicht unter den Anwendungsbereich des Betriebsverfassungsgesetzes fallen, also insbesondere im öffentlichen (und kirchlichen)[73] *Dienst, kommt es nicht zu einem Übergangsmandat der Schwerbehindertenvertretung.*"[74] Die ministeriale Gesetzesbegründung nennt keinen Grund dafür, dass im öffentlichen Dienst kein Bedarf bestehen soll, während der schwierigen Zeit der Umstrukturierung ohne eine Übergangsvertretung auskommen zu können.[75] Es handelt sich um eine bewusst in Kauf genommene **Schlechterstellung** der im öffentlichen Dienst beschäftigten schwerbehinderten Beschäftigten. Grund dafür ist die Komplexität der Regelungsaufgabe. So rechtfertigt die zuständige Fachabteilung des BMAS diese Auslassung damit, der Gesetzgeber könne das Übergangsmandat nur auf die SBV erstrecken, deren Arbeitgeber in den Anwendungsbereich des BetrVG falle. Für die SBVen des öffentlichen Dienstes seien im Bund das Bundespersonalvertretungsgesetz (BPersVG) und für die Länder die entsprechenden jeweiligen Landesgesetze maßgeblich. Da das BPersVG kein Übergangsmandat für Personalräte vorsehe, fehle es an einer auf die SBV übertragbaren Regelung.[76] Eine analoge Anwendung des § 21 a BetrVG komme ebenfalls 69

70 Löwisch/Schmidt-Kessel, BB 2001, 2162, 2163; so schon Düwell, NZA 1996, 393, 398 für die Vorgängervorschrift des § 321 UmwG; GK/Kreutz BetrVG § 21 a Rn. 47.

71 DKKW/Buschmann § 21 a BetrVG Rn. 42; Fitting § 21 a BetrVG Rn. 24; Richardi/Thüsing BetrVG § 21 a Rn. 18.

72 Für das Übergangsmandat des Betriebsrats ArbG Frankfurt 24.9.2001 – 15/18 BV 187/01 – AiB 2002, 629; DKKW/Buschmann BetrVG § 21 a Rn. 43.

73 Klammerzusatz vom Verfasser.

74 Vgl. BR-Drs. 428/16, S. 322.

75 Vgl. BR-Drs. 428/16, S. 322.

76 So auch LAG Düsseldorf 16.1.2012 – 14 TaBV 83/11 – BB 2012, 572.

nicht in Betracht, „*weil es an der erforderlichen planwidrigen Regelungslücke fehlt*".[77] Im öffentlichen Dienst der Länder seien Übergangsmandate für Personalräte eigenständig zu regeln, zum Beispiel in den Landespersonalvertretungsgesetzen oder in jedem einzelnen Gesetz, welches eine Neustrukturierung der Verwaltung konkret regelt. Zumindest sei ein Erlass der jeweils obersten Dienstbehörde erforderlich.[78] Im Übrigen verweist das BMAS auf die in einigen Personalvertretungsgesetzen der Länder enthalten Regelungen, so zB in § 32 sowie §§ 99–100 a des PersVG Brandenburg. Das BMAS sah keinen Handlungsbedarf, sondern gab einer nachfragenden SBV folgenden Rat: „*Wenn Sie eine eindeutige, rechtlich verankerte Übertragung des Übergangsmandats für die Brandenburgische Personalräte auf die SBVen des öffentlichen Dienstes des Landes Brandenburg erreichen möchten, empfehle ich, dass Sie dieses Anliegen an das für das Personalvertretungsrecht zuständige Ministerium herantragen*".[79] Somit liegt eine **bewusste Regelungslücke** vor.

70 Fehlt für alle Einrichtungen und Dienststellen, die nach § 130 BetrVG nicht unter den Anwendungsbereich des Betriebsverfassungsgesetzes fallen, ein gesetzliches Übergangsmandat, dann liegt insbesondere in den Fällen ein unionsrechtliches Umsetzungsdefizit vor, in denen mit der Umstrukturierung eine rechtsgeschäftliche Übertragung auf einen privaten Rechtsträger verbunden wird. Das verstößt gegen Art. 6 Abs. 1 Unterabs. 4 der **Betriebsübergangs-Richtlinie** 2001/23/EG vom 12.3.2001 (ebenso schon Verstoß gegen Vorgängerrichtlinie: Richtlinie 77/187/EWG vom 14.2.1977).[80]

71 Im Schrifttum wird das Fehlen des Übergangsmandats in Dienststellen kritisiert, weil es dafür keinen Sachgrund gibt.[81] Richtig ist, dass es im Bundespersonalvertretungsgesetz kein allgemeines Übergangsmandat gibt,[82] auf das hätte verwiesen werden können. Wäre gleichwohl ein gesetzliches Übergangsmandat der SBV angeordnet worden, träte die denkwürdige Situation auf, dass zwar der SBV ein Übergangsmandat zustünde, der Personalrat aber wegen der fehlenden landesrechtlichen Regelungen ohne Übergangsmandat bliebe. Wollte der Gesetzgeber ein allgemeines Übergangsmandat auch im öffentlichen Dienst, müsste somit regelungstechnisch richtigerweise im Personalvertretungsrecht angesetzt werden. Die Ausdehnung eines solchen Übergangsmandats auf die Schwerbehindertenvertretung würde zusätzlich eine Harmonisierung mit den Personalvertretungsgesetzen der Länder erfordern.

72 Angesichts dieser Schwierigkeiten ist auf absehbare Zeit nicht mit einer bundesgesetzlichen Regelung zu rechnen. In dieser Situation hilft sich die Praxis damit, die Regelungslücke dadurch zu überbrücken, dass ein entsprechendes Übergangsmandat im Rahmen einer Personalüberleitungsvereinbarung geschaffen wird. Die Rechtsgrundlage für eine derartige Vereinbarungsbefugnis ist zwar rechtlich zweifelhaft, ist aber

77 BMAS Va2 Emailschreiben vom 22. Juli 2016 13:35.
78 BMAS Va2 Emailschreiben vom 22. Juli 2016 13:35.
79 BMAS Va2 Emailschreiben vom 22. Juli 2016 13:35.
80 So auch Knittel SGB IX, 10. Aufl., § 94 Rn. 192.
81 Sachadae, ZfPR online 12/2016, 41, so zum alten Recht schon: Frohner, PersR 1995, 99, 104.
82 Vgl. Wollenschläger/v. Harbou, NZA 2005, 1090; Besgen/Langer, NZA 2003, 1240.

vom Achten Senat des BAG nicht beanstandet worden.[83] Weitergehend geht der Siebte Senat des BAG ohne jedes Eingehen auf die Besonderheiten des Schwerbehindertenrechts davon aus, dass landesrechtliche Regelungen des Übergangsmandats für Personalräte „*nach ihrem Sinn und Zweck auf die in den bisherigen Dienststellen gewählten Schwerbehindertenvertretungen entsprechend anzuwenden*“ seien.[84]

Ein Musterbeispiel für eine durchdachte landesrechtliche Regelung zum Übergangsmandat der SBV findet sich in Art. 4 des Gesetzes zur Umsetzung der Polizeistrukturreform vom 23.7.2013 des Landes Baden-Württemberg.[85] Dort sind detaillierte Regeln für die Bildung von sogenannten „Übergangsschwerbehindertenvertretungen“ aufgestellt. Dort werden die Vertrauenspersonen, die infolge der Zusammenfassung von Dienststellen ihr Amt verlieren, bis zur Neuwahl in den neuen Organisationseinheiten zu einem Kollegialorgan zusammengefasst. Diese besondere Ausgestaltung schließt die in § 97 Abs. 6 Satz 1 und 2 SGB IX geregelte Erstreckung des Mandats der Stufenvertretung für die Dauer der Umstrukturierung aus. Dafür sprechen gute Gründe; denn insbesondere in den schwierigen Zeiten der Umstrukturierung kann die Mandatserstreckung schnell zu einer Überforderung der aus einer Person bestehenden Stufenvertretung führen. Diese Überforderung sollte bewusst vermieden werden.[86] Bedauerlich ist, dass der Bundesgesetzgeber bei der Schaffung des BTHG nicht das Baden-Württembergische Modell berücksichtigt und den Geltungsbereich der Erstreckungsvorschriften in § 97 Abs. 6 Satz 1 und 2 SGB IX eingeschränkt hat. 73

IV. Heranziehung von stellvertretenden Mitgliedern

1. Heranziehung für örtliche SBV

In § 95 Abs. 1 Satz 4 bis 6 SGB IX ist die Befugnis der für den Betrieb oder die Dienststelle gewählten Vertrauensperson zur Heranziehung neugefasst: 74

[4]In Betrieben und Dienststellen mit in der Regel mehr als 100 beschäftigten schwerbehinderten Menschen kann sie (die Vertrauensperson)[87] nach Unterrichtung des Arbeitgebers das mit der höchsten Stimmenzahl gewählte stellvertretende Mitglied zu bestimmten Aufgaben heranziehen. [5]Ab jeweils 100 weiteren beschäftigten schwerbehinderten Menschen kann auch das mit der nächsthöheren Stimmenzahl gewählte stellvertretende Mitglied herangezogen werden. [6]Die Heranziehung zu bestimmten Aufgaben schließt die Abstimmung untereinander ein.

Mit der Neufassung wird die Ansicht des Siebten Senats des BAG korrigiert. Nach dessen Entscheidung sollte die Heranziehung von mehr als zwei stellvertretenden Mitgliedern ausgeschlossen sein.[88] Das Gesetz stellt nun ausdrücklich klar, dass eine unbegrenzte Heranziehung nach der Maßgabe von Staffelwerten zulässig ist. Bei jedem Überschreiten des **Schwellenwerts** von 101 um jeweils 100 weitere idR beschäftigte schwerbehinderte Menschen kann ein stellvertretendes Mitglied zur Entlastung der Vertrauensperson herangezogen werden. 75

83 Vgl. BAG 25.5.2000 – 8 AZR 416/99 – Rn. 69, NZA 2000, 1118.
84 BAG 7.4.2004 – 7 ABR 35/03 – Rn. 31, BAGE 110, 146 = Behindertenrecht 2004, 204.
85 GBl. vom 30.7.2013 S. 233.
86 LT Baden-Württemberg Drs. 15 / 3496 S. 51.
87 Klammerzusatz vom Verfasser.
88 BAG 7.4.2004 – 7 ABR 35/03 – BAGE 110, 146.

76 **Beispiel:** Der Betrieb zählt 301 schwerbehinderte und gleichgestellte Beschäftigte. Dann kann die Vertrauensperson ab 101 das erste, ab 201 das zweite und ab 301 das dritte stellvertretende Mitglied heranziehen. Es ergibt sich folgende Reihung:

Ab 101 sbM	➔	1. Stellvertreter
Ab 201 sbM	➔	2. Stellvertreter
Ab 301 sbM	➔	3. Stellvertreter
Ab 401 sbM	➔	4. Stellvertreter
Ab 501 sbM	➔	5. Stellvertreter usw.

77 Soweit für die Heranziehung auf den Schwellenwert „*wenigstens 100*" abgestellt wird,[89] ist das falsch. Nach dem eindeutigen Wortlaut des Gesetzes ist „*mehr als 100*" erforderlich. Die Verbreitung der falschen Schwellenwerte für die Heranziehungsstaffeln geht auf einen Fehler in der ministerialen Begründung im BTHG-Arbeitsentwurf 12/2015 zurück. Dort heißt es auszugsweise:

„*Zu Nummer 7 (§ 95)*
Die Schwerbehindertenvertretung vertritt die Interessen der schwerbehinderten Menschen in Betrieben und Dienststellen mit wenigstens fünf schwerbehinderten Menschen. Die Schwerbehindertenvertretung besteht aus einer einzelnen Vertrauensperson. Sind wenigstens 100 schwerbehinderte Menschen beschäftigt, kann die Vertrauensperson nach geltendem Recht die erste Stellvertretung zu bestimmten Aufgaben heranziehen, ab 200 schwerbehinderten Beschäftigten auch die zweite Stellvertretung (§ 95 Absatz 1 Satz 4 SGB IX). Diese Heranziehungsregelung hat sich grundsätzlich bewährt. Sie erweist sich aber in größeren Betrieben als unzureichend. Sie wird deshalb dahin gehend fortgeschrieben, dass mit jeweils 100 zusätzlichen schwerbehinderten Menschen im Betrieb jeweils eine weitere Stellvertretung herangezogen werden kann."[90]

78 Den Fehler haben der BMAS Referentenentwurf vom 26.4.2016[91] und die amtliche Begründung des Gesetzentwurfs der Bundesregierung vom 12.8.2016[92] übernommen. Der Unterschied, ob auf 101 oder 100 schwerbehinderte Beschäftigte abzustellen ist, mag zwar marginal erscheinen, ist aber im Einzelfall vor Gericht entscheidend.

79 Voraussetzung für das Gebrauchmachen von der erweiterten Heranziehungsbefugnis ist, dass eine genügende Anzahl von Stellvertretern gewählt worden sind. Ob von dieser Möglichkeit Gebrauch gemacht wird, **entscheidet** allein die durch ihre Wahl legitimierte **Vertrauensperson**. Sie bedarf weder einer Genehmigung durch den Arbeitgeber noch einer Zustimmung des Personal- bzw. Betriebsrats. Jedoch muss die Vertrauensperson vor ihrer Entscheidung nach § 95 Abs. 1 Satz 4 SGB IX den Arbeitgeber unterrichten. Eine vorherige Unterrichtung des Personal- bzw. des Betriebsrats ist

89 So insbesondere BDA Rundschreiben zu den Änderungen des Rechts der Schwerbehindertenvertretung im SGB IX durch das Bundesteilhabegesetz vom 15.12.2016 S. 3.
90 www.schwbv.de/pdf/2015-12-Arbeitsentwurf-BTHG-SGB-IX-Begruendung.pdf.
91 www.teilhabegesetz.org//media/160426_Entwurf_Bundesteilhabegesetz_EghV.pdf.
92 BR-Drs. 428/16 Gesetzentwurf – 12.8.2016 http://dipbt.bundestag.de/dip21/brd/2016/0428-16.pdf; BT-Drs. 18/9522 Gesetzentwurf – 5.9.2016 http://dipbt.bundestag.de/dip21/btd/18/095/1809522.pdf.

zwar nicht vorgeschrieben, sollte jedoch im Interesse der nach § 99 Abs. 1 SGB IX gebotenen engen Zusammenarbeit erfolgen.

Der Arbeitgeber darf die Heranziehung nicht behindern. Es kann ihm gerichtlich untersagt werden, den von der Vertrauensperson ordnungsgemäß herangezogenen stellvertretenden Mitgliedern das Tätigwerden für die SBV zu verbieten oder diese in sonstiger Weise – etwa durch Hinweise auf eine angeblich bestehende Arbeitspflicht oder durch Erklärung, der Freistellung werde nicht zugestimmt – am Einsatz zu hindern. Ein mit Ordnungsmitteln bewehrter Unterlassungsanspruch besteht, wenn der Arbeitgeber gegen das **Behinderungsverbot** des § 96 Abs. 2 SGB IX verstößt.[93] 80

2. Heranziehung für überörtliche Vertretungen

Für die **Stufenvertretungen** im öffentlichen Dienst und die **Gesamtschwerbehindertenvertretung** (GSBV) sowie die **Konzernschwerbehindertenvertretung** (KSBV) in der Privatwirtschaft galt nach § 97 Abs. 7 SGB IX bis zum 29.12.2016 *„95 Abs. 1 Satz 4 … entsprechend"*. Durch diese Verweisung war bestimmt worden, dass die Vertrauenspersonen, die auf den hierarchischen Stufen des Personalvertretungsrechts und auf der Unternehmens- sowie Konzernebene gebildeten Schwerbehindertenvertretungen tätig sind, die stellvertretenden Mitglieder nach der gleichen Staffel heranziehen können wie die Vertrauenspersonen im Betrieb oder in der Dienststelle. Art. 2 BTHG hat mit Wirkung zum 30.12.2016 die Vorschrift nur insoweit geändert, dass zur Eingrenzung des Verweisungsumfangs der weitere Satzteil angehängt worden ist: *„§ 94 Absatz 6 (nur)*[94] *mit der Maßgabe, dass bei den Wahlen zu überörtlichen Vertretungen der zweite Halbsatz des Satzes 3 nicht anzuwenden ist."* Damit ist zum einen für die Stufenvertretungen im öffentlichen Dienst und für die GSBV sowie für die KSBV in der Privatwirtschaft die übergreifende Formulierung *„überörtliche Vertretungen"* eingeführt und zum anderen zur Wahl dieser Vertretungen das vereinfachte Wahlverfahren ohne Beschränkung auf *„räumlich nicht weit auseinanderliegenden Teile"* iSv § 96 Abs. 6 Satz 3 2. Halbsatz zugelassen worden.[95] 81

Da die Verweisung auf § 95 Abs. 1 Satz 4 SGB IX unverändert bestehen blieb, ist auch nach dem ab 30.12.2016 geltenden Recht die Befugnis zur Heranziehung stellvertretender Mitglieder gewährleistet. Allerdings ist in § 97 Abs. 7 1. Satzteil SGB IX nF nicht die Erweiterung der Heranziehungsregelung durch Art. 2 BTHG um Satz 5 in § 95 Abs. 1 SGB IX nF berücksichtigt worden. Der Wortlaut der ab 30.12. 2016 geltenden Fassung verweist nur auf 95 Abs. 1 Satz 4 und deshalb weder 82

1. auf § 95 Abs. 1 Satz 5 SGB IX nF, wo die Heranziehung von stellvertretenden Mitgliedern geregelt ist, wenn mehr als 201 schwerbehinderte Menschen idR beschäftigt werden,
2. noch auf § 95 Abs. 1 Satz 6 SGB IX nF, wohin infolge der Einfügung des neuen Satzes 5 das schon in der alten Fassung des Satzes 5 enthaltene Recht aufgerückt

93 So bereits zum bisher geltenden Recht: ArbG Hamburg 19.5.2016 – 12 BV 7/15 – juris.
94 Klammerzusatz vom Verfasser, der die Einschränkung verdeutlicht.
95 Vgl. Erläuterung unter § 8 II, Rn. 153.

ist, dass sich die Vertrauensperson mit den herangezogenen Mitgliedern abstimmen darf.

83 Es kann angenommen werden, dass es sich insoweit um ein doppeltes Redaktionsversehen handelt; denn die Begründung des Regierungsentwurfs enthält keinen Hinweis, dass das Recht der überörtlichen Vertretungen, stellvertretende Mitglieder heranzuziehen und sich mit diesen intern abzustimmen, beschränkt werden sollte. Der erste Redaktionsfehler ist in der ab 1.1.2018 durch Art. 1 BTHG geltenden und neu nummerierten Nachfolgefassung in § 180 Abs. 7 SGB IX 2018 bereinigt worden: „... *§ 178 Absatz 1 Satz 4 und 5, ... gelten entsprechend*". Damit ist die Befugnis zur Heranziehung für die Zeit ab 2018 klargestellt. Allerdings fehlt weiterhin in der ab 2018 geltenden Fassung der Verweis auf das in § 178 Abs. 1 Satz 6 SGB IX geregelte Recht, sich zwischen heranziehender überörtlicher Vertrauensperson und herangezogenen überörtlichen stellvertretenden Mitgliedern abstimmen zu dürfen. In dieser Auslassung liegt die Beibehaltung eines älteren Redaktionsfehlers. Zwar kann dagegen eingewandt werden, § 97 Abs. 7 in der bis zum 29.12.2016 geltenden Fassung habe vor der Einfügung der neuen Sätze nur auf die Heranziehungsbefugnis in Satz 4 des § 95 Abs. 1 und nicht auf den damaligen die Abstimmungsbefugnis regelnden Satz 5 verwiesen.[96] Daraus kann aber nicht auf ein bewusstes Ausschließen des Rechts zur **internen Abstimmung** geschlossen werden. Dieses Recht zu Informationsaustausch und Terminklärung ergibt sich zwangsläufig aus der Natur der Heranziehung; denn in der Begründung zur Einführung der Abstimmungsbefugnis durch das Gesetz zur Förderung der Ausbildung und Beschäftigung schwerbehinderter Menschen vom 23.4.2004 wird ausgeführt: „*Klarstellung, dass die Heranziehung zu bestimmten Aufgaben auch die Abstimmung über die Aufgaben innerhalb der Schwerbehindertenvertretung einschließt.*"[97] Der Ursprung des Redaktionsfehlers liegt in diesem Gesetz vom 23.4.2004. Dort ist zwar die Klarstellung in § 95 Abs. 1 SGB IX für die örtliche SBV eingefügt, aber deren Aufnahme für die überörtlichen Vertretungen in die Verweisungsnorm des § 97 Abs. 7 SGB IX versäumt worden. Dieses Versäumnis führt nun Art. 1 BTHG in der Neufassung von § 180 Abs. 7 SGB fort. Hier muss die Auslegung den offensichtlichen Redaktionsfehler korrigieren. Unerheblich ist, dass das federführende Ministerium den Berichtigungsbedarf bei seinem Formulierungsvorschlag für das Korrekturgesetz nicht erkannt hat.

V. Freistellung von der beruflichen Tätigkeit

1. Absenkung des Schwellenwerts

84 In § 96 Abs. 4 Satz 2 SGB IX ist der **Schwellenwert** für die **volle Freistellung** von der beruflichen Tätigkeit für die Vertrauensperson mit „*200*" durch die Angabe „*100*" herabgesetzt. Damit hat die Vertrauensperson künftig einen Anspruch darauf, auf ihren Wunsch vollständig von der beruflichen Tätigkeit freigestellt zu werden. Voraussetzung ist, dass im Betrieb oder in der Dienststelle in der Regel wenigstens 100

96 So Mitteilung des Referatleiters Va2 BMAS vom 19.4.2017 an den Autor.
97 BT-Drs. 15/1783, S. 16.

schwerbehinderte Beschäftigte tätig sind. Dabei zählen nach § 68 Abs. 3 SGB IX auch die Beschäftigten mit, die iSv § 2 Abs. 3 SGB IX gleichgestellt sind.

Mit der Änderung wird die Arbeit der Vertrauenspersonen in Betrieben und Dienststellen von weniger als 200 schwerbehinderten Beschäftigten erleichtert. Diese hatten bis zum 29.12.2016 nur die Möglichkeit, sich zur Wahrnehmung der ihnen obliegenden Aufgaben nach § 96 Abs. 4 Satz 1 SGB IX **anlassbezogen** freistellen zu lassen. Voraussetzung dieser punktuellen Freistellung ist, dass sie zur Durchführung der Aufgaben der Vertrauensperson erforderlich ist. Der Maßstab für die Beurteilung, ob die Freistellung erforderlich ist, obliegt allein der SBV. Diese trifft ihre Entscheidung nach pflichtgemäßem Ermessen unter Abwägung aller ihr bekannten Umstände. Für eine derartige punktuelle Freistellung bedarf die Vertrauensperson keiner Zustimmung des Arbeitgebers, wenn sie im Rahmen ihres Amtes tätig werden will. Erforderlich ist allein eine ordnungsgemäße und rechtzeitige Abmeldung bei dem Vorgesetzten vor Verlassen des Arbeitsplatzes.[98] Damit entfällt auch die Obliegenheit, die Tätigkeiten vorsorglich für den Fall von Streitigkeiten über deren Erforderlichkeit zu dokumentieren.[99] 85

2. Teilfreistellung

Die Vertrauensperson hat das Recht der vollständigen Freistellung von der beruflichen Tätigkeit nach § 96 Abs. 4 Satz 2 SGB IX. Sie verletzt nicht ihre Amtspflicht, wenn sie nicht davon Gebrauch macht. Da nach § 96 Abs. 3 SGB IX die Vertrauensperson gegenüber dem Arbeitgeber die gleiche persönliche Rechtsstellung besitzt wie ein Mitglied des Betriebs- oder Personalrates, kann sie das Recht zur pauschalen Freistellung entsprechend § 38 Abs. 1 Satz 3 BetrVG auch in Form einer **Teilfreistellung** in Anspruch nehmen.[100] Allerdings muss nach der Rechtsprechung nachgewiesen werden, dass ein derartiger kontinuierlich erforderlicher Zeitaufwand für die Amtsausübung besteht, so dass eine Teilfreistellung die sachgerechte Lösung ist.[101] Die Rechtsprechung lehnt es ab, den zeitlichen Umfang der Teilfreistellung der Vertrauensperson schematisch im Wege einer Verhältnisrechnung zum Schwellenwert zu ermitteln.[102] 86

VI. Schulung für stellvertretende Mitglieder

§ 96 Abs. 4 Satz 4 SGB IX fasst den Schulungsanspruch für Stellvertreter der Vertrauensperson neu: „*Satz 3 gilt auch für das mit der höchsten Stimmenzahl gewählte stellvertretende Mitglied sowie in den Fällen des § 95 Absatz 1 Satz 5 auch jeweils für das mit der nächsthöheren Stimmenzahl gewählte weitere stellvertretende Mitglied.*“ Hier 87

98 Vgl. BAG 29.6.2011 – 7 ABR 135/09 – ZBVR online 1/2012, S. 5; Einzelheiten LPK-SGB IX/Düwell § 96 Rn. 52 mwN.

99 Vgl. Sachadae, ZBVR online 12/2016, 38, 41.

100 Düwell, BB 2001, 2581, 2582; LPK-SGB IX/Düwell § 96 Rn. 39; Pahlen in Neumann/Pahlen/Majerski-Pahlen, SGB IX, § 96 Rn. 10; Esser/Isenhardt in Schlegel/Voelzke, jurisPK-SGB IX, 2. Aufl. 2015, § 96 SGB IX Rn. 25.

101 VG Düsseldorf 6.2.2003 – 34 K 5942/01.PVL – juris; Gagel, jurisPR-ArbR 3/2007 Anm. 4.

102 VG Düsseldorf 6.2.2003 – 34 K 5942/01.PVL – juris Rn. 13 unter Bezug auf die zum Personalvertretungsrecht ergangene Entscheidung: BVerwG 16.5.1980 – 6 P 82/78 – ZBR 1981, 106.

ist die Rechtsstellung der stellvertretenden Mitglieder verbessert worden. Bislang wurde für deren Schulungsanspruch vorausgesetzt, dass entweder eine ständige Heranziehung stattfindet oder häufige Vertretung der Vertrauensperson auf längere Zeit oder das absehbare Nachrücken in das Amt vorliegen. Die Neuregelung räumt dem **ersten Stellvertreter** und allen **herangezogenen Stellvertretern** einen unbedingten Anspruch auf Teilnahme an den erforderlichen Schulungsveranstaltungen ein. Ergänzend ist in § 96 Abs. 8 Satz 2 SGB IX hinsichtlich der **Kostentragungspflicht** des Arbeitgebers für diese Schulungen klargestellt: „*Das Gleiche gilt für die durch die Teilnahme der stellvertretenden Mitglieder an Schulungs- und Bildungsveranstaltungen nach Absatz 4 Satz 3 entstehenden Kosten.*“

88 Der Freistellungsanspruch steht dem stellvertretenden Mitglied zu. Dafür spricht der Standort der Norm unter der amtlichen Überschrift „*Persönliche Rechte*“. Das stellvertretende Mitglied kann als eigenes Recht diesen **Anspruch** gegenüber dem Arbeitgeber geltend machen, ohne dass eine Zustimmung der Vertrauensperson erforderlich ist. Im Übrigen bedarf es – ebenso wie bei der Geltendmachung des Freistellungsverlangens der Vertrauensperson – keiner Vorlage an den Betriebs- oder Personalrat; denn dieser ist für Entscheidungen über Angelegenheiten der SBV unzuständig.[103] Soll die Freistellung für die Schulungs- oder Bildungsveranstaltung gegen den Willen des Arbeitgebers durchgesetzt werden, kommt dazu nach §§ 935, 940 ZPO eine **einstweilige Verfügung im Beschlussverfahren** nach § 2 a Abs. 1 Nr. 3 a, § 85 Abs. 2 ArbGG in Betracht.[104]

VII. Aufwandsentschädigung

89 In § 96 Abs. 8 Satz 1 SGB IX ist ein neuer Halbsatz (kenntlich gemacht durch Unterstreichen) eingefügt worden: „*Die durch die Tätigkeit der Schwerbehindertenvertretung entstehenden Kosten trägt der Arbeitgeber; für öffentliche Arbeitgeber gelten die Kostenregelungen für Personalvertretungen entsprechend.*“ Die Verweisung auf die Kostenregelungen im Bundespersonalvertretungsgesetz und in den Personalvertretungsgesetzen der 16 Bundesländer bewirkt eine große Regelungsvielfalt.

90 Für die Vertrauenspersonen in den Dienststellen des Bundes ist die Verordnung über die Höhe der Aufwandsentschädigung für vom Dienst freigestellte Personalvertretungsmitglieder vom 18. Juli 1974[105] anzuwenden. Sie gilt jetzt auch zugunsten der freigestellten Vertrauenspersonen. Nach § 1 der VO beträgt die Aufwandsentschädigung für ganz von ihrer dienstlichen Tätigkeit freigestellte Mitglieder von Personalräten, Gesamtpersonalräten, Bezirkspersonalräten und Hauptpersonalräten 26 EUR monatlich.

91 Für die Dienststellen der öffentlichen Arbeitgeber in NRW gilt aufgrund der Ermächtigung in § 40 Abs. 2 Satz 2 LPVG NRW die Verordnung über die Höhe der Aufwandsdeckung für Personalvertretungen vom 25. Februar 1976.[106] Nach deren § 1

103 Eberhardt, AiB 2011, 243.
104 Hessisches LAG 4.4.2013 – 16 TaBVGa 57/13 – Behindertenrecht 2013, 158.
105 BGBl. I, 1499, durch Artikel 7 des Gesetzes vom 3. Dezember 2001 (BGBl. I, 3306) geändert.
106 GV. NW. 1976 S. 89, zuletzt geändert durch Verordnung vom 28. April 2015 (GV. NRW, S. 430).

wird der Betrag, der dem Personalrat zur Deckung der als Aufwand entstehenden Kosten jährlich zur Verfügung zu stellen ist, abhängig von der Dienststellengröße wie folgt festgelegt:

1. bis zu 20 Beschäftigte auf 51,20 EUR,
2. mehr als 20 bis zu 100 Beschäftigten auf 76,70 EUR,
3. mehr als 100 bis zu 1000 Beschäftigte auf 76,70 EUR, für die ersten 100 Beschäftigten zugleich 0,60 EUR für jeden weiteren Beschäftigten,
4. mehr als 1.000 Beschäftigte auf 616,70 EUR, für die ersten 1.000 Beschäftigten zuzüglich 0,30 EUR für jeden weiteren Beschäftigten, höchstens jedoch auf 2.556,50 EUR.

Maßgebend soll nach der geänderten Verordnung die Zahl der in der Regel Beschäftigten sein, die aufgrund der Angaben im Wählerverzeichnis berechnet werden soll.[107] § 2 der Verordnung bestimmt, dass Stufenvertretungen und Gesamtpersonalräte zur Deckung der als Aufwand entstehenden Kosten jährlich 25,60 EUR je Mitglied erhalten; diese jedoch nach § 3 der Verordnung mit den Personalräten vereinbaren können, dass unter Berücksichtigung der zwischen ihnen bestehenden Aufgabenverteilung Gesamtpersonalräte zusätzlich einen Anteil der Beträge erhalten, die den Personalräten nach § 1 zustehen. Wie diese auf Mehr-Personen-Vertretungen zugeschnittenen Bemessungsregeln auf die Ein-Personen-Vertretung SBV *„entsprechend"* angewandt werden sollen, muss die Rechtsprechung noch klären. Für die Bestimmung der Höhe der Aufwandsentschädigung ist auf die Zahl der regelmäßig Beschäftigten abzustellen, die schwerbehindert oder gleichstellt sind. Die so bestimmte Höhe der Aufwandsentschädigung soll nach der Regelungsabsicht des Verordnungsgebers der Abgeltung von Repräsentationskosten dienen, worunter auch Geschenke, Bewirtungen und Ähnliches fallen.[108] Die an die Mitgliedszahl der Stufenvertretung anknüpfenden Regelungen in §§ 2 und 3 der Verordnung sind auf die Ein-Personen-Vertretung, die eine SBV darstellt, nicht anwendbar. 92

In Rheinland-Pfalz ist in § 44 Landespersonalvertretungsgesetz (LPersVG) eine Rechtsgrundlage für eine Verordnung geregelt. Die verordnete Aufwandsentschädigung[109] findet sich in § 52 der Wahlordnung zum Landespersonalvertretungsgesetz (WOLPersVG). Danach beträgt für von ihrer dienstlichen Tätigkeit ganz freigestellte Mitglieder von Personalräten, Bezirkspersonalräten, Hauptpersonalräten und Gesamtpersonalräten die Entschädigung 30 EUR monatlich. Für nur teilweise, aber mindestens für die Hälfte der regelmäßigen Arbeitszeit freigestellte Mitglieder von Personalräten, Bezirkspersonalräten, Hauptpersonalräten und Gesamtpersonalräten beträgt sie 15 EUR monatlich. Kraft der bundesgesetzlichen Regelung in § 96 Abs. 8 93

107 Die vorhergehende Fassung, nach die Aufwandsentschädigung auf der Zahl des Stellenplans abzustellen war, ist wegen Verstoßes gegen die Ermächtigungsgrundlage als rechtsunwirksam angesehen worden, BVerwG 3.7.2013 – 6 P 2/13 – ZTR 2013, 579.

108 Vgl. LT-Drs. 7/4343, S. 8 und 17; Cecior/Vallendar/Lechtermann/Klein, Das Personalvertretungsrecht in Nordrhein-Westfalen, § 40 Rn. 54.

109 Verordnung vom 26.1.1993, GVBl. 1993, 89, eingefügt mit Wirkung zum 1.1.2012 durch Ergänzung vom 10.11.2011.

Satz 1 SGB IX besteht eine entsprechende Anspruchsberechtigung für voll- oder teilfreigestellte Mitglieder der Schwerbehindertenvertretungen.

94 Für die übrigen 14 Bundesländer sind keine Regelungen der Aufwandsentschädigungen für Personalräte bekannt. Fehlt eine landesrechtliche Regelung, dann läuft die bundesgesetzliche Bestimmung in § 96 Abs. 8 Satz 1 SGB IX leer.

VIII. Zurverfügungstellung einer Bürokraft

95 Dem § 96 Abs. 8 Satz 2 ist ein dritter Satz angefügt worden: „*Satz 1 umfasst auch eine Bürokraft für die Schwerbehindertenvertretung in erforderlichem Umfang.*" Der neue Satz 3 gibt der Schwerbehindertenvertretung einen Anspruch gegen den Arbeitgeber auf Unterstützung durch eine Bürokraft, sofern die Unterstützung **erforderlich** ist. Das wird in großen Betrieben und Dienststellen mit mehreren hundert schwerbehinderten und gleichgestellten Beschäftigten regelmäßig der Fall sein. Insoweit bestand Übereinstimmung: Die gestiegenen Anforderungen an die Schwerbehindertenvertretung erfordern auch eine bessere personelle Ausstattung.[110] Der Unterstützungsbedarf kann jedoch auch erforderlich werden, weil die Vertrauensperson aufgrund einer Beeinträchtigung oder mangelnder Kenntnisse nicht in der Lage ist, die anfallende Bürotätigkeit zu verrichten.

96 Systematisch ist der Standort der Norm in Abs. 8 verfehlt. Es geht nämlich an sich nicht darum, dass der Arbeitgeber die Kosten für eine von der SBV beauftragte Bürokraft trägt, sondern dass er Personal für die Deckung des Geschäftsbedarfs **zur Verfügung stellt**. Der Gesetzgeber wollte jedoch das in Abs. 9 geregelte Prinzip nicht antasten, nach dem die SBV grundsätzlich nur ein Mitnutzungsrecht an dem dem Betriebs-/Personalrat zur Verfügung gestellten sachlichen und personellen Geschäftsbedarf hat. Deshalb ist die Ausnahmeregelung über die Personalgestellung in den Abs. 8 verschoben worden, der an sich die Kosten der Amtstätigkeit regelt.

IX. Interne Stellenbesetzung bei öffentlichen Arbeitgebern

97 Die öffentlichen Arbeitgeber werden durch eine Änderung von § 82 Satz 1 SGB IX entlastet. Dort wird die **Meldepflicht** für frei werdende und neu zu besetzende sowie neue Arbeitsplätze eingeschränkt. Die Meldung an die **Arbeitsagentur** ist erst „*nach einer erfolglosen Prüfung zur internen Besetzung des Arbeitsplatzes*" erforderlich. Dazu führt die Berichterstatterin des BT-Ausschusses für Arbeit und Soziales in der Begründung der insoweit den Gesetzentwurf ergänzenden Beschlussempfehlung aus: „*Die Einfügung ist erforderlich, weil für öffentliche Arbeitgeber die Meldung frei werdender und neu zu besetzender Arbeitsplätze aufgrund haushaltsrechtlicher Vorschriften problematisch sein kann. Es ist zunächst zu prüfen, ob offene Stellen mit vorhandenem Personal besetzt werden können.*"[111]

110 BT-Drs. 18/9522, S. 315.
111 BT-Drs. 18/10523, S. 64.

Damit ist der Gesetzgeber der verbreiteten Ansicht entgegengetreten, dass auch bei beabsichtigter rein interner Stellenbesetzung die freie Stelle der Arbeitsagentur gemeldet werden muss.[112] Das wird von dem früheren Behindertenbeauftragten der Bundesregierung als integrationsfeindlich angesehen: „*Das bedeutet einen erneuten Rückschritt für den öffentlichen Dienst*".[113] 98

Dafür, dass die Ergänzung auch darauf abzielt, die nach § 81 Abs. 1 Satz 6 SGB IX bestehende Beteiligungspflicht des Arbeitgebers aufzuheben, gibt es keine Anhaltspunkte. Es bleibt deshalb auch eine andere umstrittene Rechtsfrage weiterhin offen. Nach der Rechtsprechungslinie einiger Instanzgerichte werden Melde- und Prüfungsvorgang verknüpft: „*Bei einer internen Stellenbesetzung, bei der nach der Ausschreibung nur interne Versetzungs- oder Beförderungsbewerber in Betracht kommen können, bestehen keine Prüfungs- und Meldepflichten gemäß §§ 81 Abs. 1 Satz 1, 82 Satz 1 SGB IX im Hinblick auf die Einstellung externer Schwerbehinderter.*"[114] Das ist zu restriktiv. Mit dem Wegfall der Prüfungs- und Meldepflicht des Arbeitgebers soll nach dieser Ansicht ebenso die Pflicht entfallen, die SBV am Stellenbesetzungsverfahren zu beteiligen. Dafür, dass die Ergänzung auch darauf abzielt, diese Ansicht gesetzgeberisch zu verfestigen, fehlt jeder Hinweis. 99

Weitergehend wird vom BVerwG angenommen, dass auch mit der Meldepflicht das Teilnahmerecht der SBV am Vorstellungsgespräch in Wegfall käme; denn ohne Meldepflicht könne keine Pflicht des Arbeitgebers bestehen, schwerbehinderte Bewerber zum Vorstellungsgespräch einladen zu müssen.[115] Aufgrund der inhaltlichen Verknüpfung der Sätze 1 und 2 des § 82 SGB IX sei den schwerbehinderten Bewerbern der gesetzliche Vorteil der Einladung zu einem Vorstellungsgespräch nur dann eingeräumt, wenn es um die Besetzung eines Arbeitsplatzes gehe, der von der Meldepflicht erfasst werde. Das BVerwG hat nicht berücksichtigt, dass der Dienstherr auch bei interner Stellenbesetzung das Auswahlverfahren mit einer Vorstellungsrunde verbinden kann. Jedenfalls dann muss auch die Einladungspflicht gelten. Sonst wirkte sich die Regelung zulasten der Kontrollfunktion der SBV aus. Für einen Abbau von Beteiligungsrechten, die mit einer Beeinträchtigung der Einstellchancen von schwerbehinderten Bewerbern verbunden wäre, fehlt jeder Anhaltspunkt im Gesetzgebungsverfahren. Deshalb ist davon auszugehen, dass der dem Inklusionsgedanken verpflichtete Gesetzgeber des BTHG nicht mehr als den Wegfall einer „*aufgrund haushaltsrechtlicher Vorschriften*" für sinnlos gehaltenen Meldepflicht regeln wollte. 100

Folglich muss der öffentliche Arbeitgeber auch dann, wenn er ausschließlich zur internen Besetzung Stellen ausschreibt, 101

112 Mit guten Gründen für die Meldepflicht: Gagel, jurisPR-ArbR 26/2008 Anm. 4; HK-SGB IX/Trenk-Hinterberger, § 82 Rn. 4; LAG Hamm 23.1.2015 – 13 TaBV 44/14 – LAGE § 81 SGB IX Nr. 16; ablehnend: LAG Saarland 13.2.2008 – 1 TaBV 15/07; LAG Köln 8.2.2010 – 5 TaBV 73/09 – juris; BVerwG 15.12.2011 – 2 A 13.10 – juris Rn. 24; differenzierend: LPK-SGB/Düwell § 82 Rn. 6.

113 http://www.kobinet-nachrichten.org/de/1/nachrichten/35818/Bundestagsabgeordneter, Aufruf 14.4.2017.

114 LAG Köln 8.2.2010 – 5 TaBV 73/09 – Behindertenrecht 2011, 114.

115 BVerwG 15.12.2011 – 2 A 13/10 – NVwZ-RR 2012, 320; ablehnend: LPK-SGB IX/Düwell § 82 Rn. 8 und Fabricius in Schlegel/Voelzke, jurisPK-SGB IX, 2. Aufl. 2015, § 82 SGB IX Rn. 19.

1. vor der Besetzung des Arbeitsplatzes, diesen nach § 81 Abs. 1 Satz 6 SGB IX unter Beteiligung der SBV darauf prüfen, ob er für die auf dem internen Arbeitsmarkt verfügbaren schwerbehinderten Beschäftigten geeignet ist,
2. unmittelbar nach Eingang nach § 81 Abs. 1 Satz 4 SGB IX die SBV und den Personalrat von internen Bewerbungen schwerbehinderter Menschen unterrichten,[116]
3. der SBV nach § 95 Abs. 2 Satz 4 SGB IX die Einsichtnahme in die entscheidungserheblichen Teile der Bewerbungsunterlagen gewähren und
4. sobald er sich entscheidet, Auswahlgespräche durchzuführen, die SBV davon unterrichten und ihr nach § 95 Abs. 2 Satz 4 SGB IX Gelegenheit zur Teilnahme geben.[117]

102 Die Änderung ist ausdrücklich wegen „*haushaltsrechtlicher Vorschriften*“[118] erfolgt. Folgerichtig darf sie nicht bei privaten Arbeitgebern angewandt werden. Sie gilt dort selbst dann nicht, wenn Arbeitgeber angeben, eine Stellenbesetzung ausschließlich intern vornehmen zu wollen.[119]

116 So zutreffend: VGH Baden-Württemberg 10.9.2013 – 4 S 547/12 – NZA-RR 2014, 159.
117 Im Ergebnis ebenso Sachadae ZfPR online 12/2016, S. 38, 45.
118 BT-Drs. 18/10523, S. 64.
119 Zu den im alten Recht bestehenden unterschiedlichen Rechtsansichten vgl. LPK-SGB IX/Düwell § 81 Rn. 140 und Joussen Anm. in AP Nr. 46 zu § 99 BetrVG Versetzung.

§ 7 Sicherung der Beteiligung durch Art. 2 BTHG

I. Das Aussetzungsverlangen

Hat der Arbeitgeber die SBV nicht nach § 95 Abs. 2 Satz 1 SGB IX beteiligt, so ist nach § 95 Abs. 2 SGB IX die **Durchführung oder Vollziehung** der ohne sie getroffenen Entscheidung auszusetzen. Die SBV kann jedoch regelmäßig ihr Aussetzungsrecht nicht nutzen. Hat der private Arbeitgeber eine Entscheidung bereits „durchgeführt" oder der öffentliche Arbeitgeber seine Entscheidung „vollzogen", so läuft das Aussetzungsrecht ins Leere.[120] 103

Beispiel Abmahnung: Ist unter Verletzung des § 95 Abs. 2 Satz 1 SGB IX ohne vorherige Beteiligung der SBV vom Arbeitgeber gegenüber einem schwerbehinderten Beschäftigten eine Abmahnung ausgesprochen werden, so ist die Entscheidung bereits durchgeführt. Dazu das BAG:[121] *„Eine einmal ausgesprochene Abmahnung kann nicht mehr ‚ausgesetzt' werden. Hat der Arbeitgeber eine Maßnahme durchgeführt und wird durch den Zugang der Abmahnung bei der Arbeitnehmerin vollzogen, läuft das Aussetzungsrecht ins Leere."* 104

II. Die gerichtliche Rechtsdurchsetzung

1. Einstweiliger Rechtsschutz bei unterlassener Beteiligung

Die Schwerbehindertenvertretung ist Gläubiger des Unterrichtungs- und Anhörungsanspruchs aus § 95 Abs. 2 Satz 1 SGB IX. Dieser Anspruch betrifft eine Angelegenheit im Sinne von § 2 a Abs. 1 Nr. 3 a ArbGG, für die die Gerichte für Arbeitssachen ausschließlich zuständig sind und über die sie bei Meinungsverschiedenheiten nach § 2 a Abs. 2 Nr. 3 a ArbGG im Beschlussverfahren entscheiden. Von Rechts wegen steht der SBV zur Sicherung ihres Anspruchs auf Unterrichtung und Anhörung der einstweilige Rechtschutz im Beschlussverfahren nach § 2 a Abs. 1 Nr. 3 a iVm § 85 Abs. 2 ArbGG zur Verfügung. Mit einem gerichtlichen **Unterlassungsgebot** (sogenannte Stoppverfügung) könnte der Untergang des Anspruchs auf Unterrichtung und Anhörung verhindert werden. Das setzt jedoch voraus, dass die SBV rechtzeitig vor Durchführung der einseitig getroffenen Entscheidung des Arbeitgebers von dritter Seite über das rechtswidrige Verhalten des Arbeitgebers informiert wird. Dieser Hinweisgeber muss so frühzeitig tätig werden, dass noch vor Durchführung der Entscheidung genügend Zeit ist, der Durchführung der Maßnahme zuvorzukommen. Das ist in der Praxis regelmäßig auszuschließen; denn folgende Schritte müssten sämtlich vorher zurückgelegt werden: 105

1. Die SBV muss wegen der prozessualen Schwierigkeiten des einstweiligen Rechtsschutzes in Beschlusssachen einen fachkundigen Anwalt finden und diesen beauftragen,
2. der Anwalt muss nach einem Beratungsgespräch mit der SBV einen Schriftsatz fertigen und eine einstweilige Verfügung beim Arbeitsgericht beantragen,

---

120 BAG 30.4.2014 – 7 ABR 30/12 – Rn. 37 – NZA 2014, 1223.

121 BAG 30.4.2014 – 7 ABR 30/12 – Rn. 37 – NZA 2014, 1223 unter Verweis auf LPK-SGB IX/Düwell, 4. Aufl. 2014, § 95 Rn. 61; Kleinebrink, FA 2012, 194, 195; Pahlen in Neumann/Pahlen/Majerski-Pahlen, SGB IX, 12. Aufl. 2010, § 95 Rn. 16; HK-SGB IX/Trenk-Hinterberger, 3. Aufl. 2010, § 95 Rn. 26.

3. geht beim Arbeitsgericht der Schriftsatz ein, muss er von der Geschäftsstelle der Kammer vorgelegt werden, die für die Angelegenheit nach der Geschäftsverteilung zuständig ist,
4. der zuständige Kammervorsitzende muss den Schriftsatz nach §§ 936, 938, 940 ZPO auf Bestehen eines Verfügungsanspruchs und eines Verfügungsgrundes sowie zusätzlich nach § 937 Abs. 2 ZPO prüfen, ob er wegen der Dinglichkeit ohne mündliche Verhandlung allein entscheiden kann,
5. erlässt der Vorsitzende die einstweilige Verfügung, muss er die Entscheidung schriftlich niederlegen und der Geschäftsstelle übergeben,
6. die Geschäftsstelle hat dann eine Ausfertigung[122] zu erstellen, ohne dass es hier für die Untersagungsverfügung nach § 929 Abs. 1 ZPO zusätzlich einer Vollstreckungsklausel bedarf,[123]
7. und diese dem verfahrensbevollmächtigten Anwalt der SBV zuzustellen,
8. der Anwalt der SBV muss die sogenannte Parteizustellung an den Arbeitgeber veranlassen; denn nur die Parteizustellung bringt den Willen des Antragstellers zum Ausdruck, von einer Eilmaßnahme Gebrauch zu machen, weil eine Amtszustellung durch das Gericht als Vollziehungsmaßnahme bei Unterlassungsverfügungen, die auf einen Beschluss des Vorsitzenden und nicht auf einem nach mündlicher Verhandlung verkündetem Urteil beruhen, von vornherein ungeeignet ist,[124]
9. der die SBV vertretende Anwalt muss die für Vollziehung der Unterlassungsverfügung erforderliche Parteizustellung nach den Vorschriften der §§ 191 ff., 166 ff. ZPO durch den zuständigen Gerichtsvollzieher vornehmen lassen,[125]
10. der vom Anwalt der SBV beauftragte Gerichtsvollzieher muss die Zustellung beim Arbeitgeber vor der Durchführung der Maßnahme bewirken.

106 Die rechtzeitige Erfüllung dieser Vorgaben ist in aller Regel nicht möglich; denn ein Arbeitgeber, der die SBV nicht beteiligt und das Aussetzungsbegehren der SBV ignoriert, wartet nicht mit der Durchführung seiner einsam getroffenen Entscheidungen, bis die SBV ihm eine einstweilige Untersagungsverfügung durch den Gerichtsvollzieher zustellen lässt. Hat der Arbeitgeber bereits vor Zustellung der Unterlassungsverfügung die Maßnahme durchgeführt, muss die SBV als Antragstellerin das Verfahren nach § 83 a Abs. 3 ArbGG für **erledigt erklären**, wenn der Arbeitgeber nach § 924 ZPO Widerspruch einlegt; denn sonst müsste der Antrag auf Erlass der einstweiligen Verfügung aufgehoben werden. Mit Durchführung der Arbeitgebermaßnahme sind nämlich sowohl Verfügungsanspruch (Anspruch auf Beteiligung nach § 95 Abs. 2

122 Eine Ausfertigung besteht in einer Abschrift der Urschrift des Beschlusses, die mit dem Ausfertigungsvermerk versehen ist, § 49 Abs. 1 Satz 1 BeUrkG. Die zuzustellende (Urteils-)Abschrift muss zumindest durch die Unterschrift des Urkundsbeamten, das Gerichtssiegel oder den Dienststempel und Worte wie „Ausfertigung" oder „ausgefertigt" erkennen lassen, dass es sich um eine Ausfertigung in diesem Sinne handeln soll (BGH 28.10.2010 – VII ZB 40/10 – Rn. 6 – MDR 2011, 659).

123 OLG München 25.4.2013 – 29 U 194/13 – Rn. 32, GRUR-RR 2013, 403: Ausfertigung reicht.

124 OLG Karlsruhe 23.3.2016 – 6 U 38/16 – Rn. 17 f. – NJW-RR 2016, 821.

125 Nur soweit sich im Verfügungsverfahren schon eine Anwalt für den Arbeitgeber, zB durch eine beim Arbeitsgericht zur Abwehr von einstweiligen Verfügungen hinterlegte Schutzschrift, gemeldet hat, kommt nach § 195 Abs. 1 Satz 1 ZPO auch eine Zustellung von Anwalt zu Anwalt in Betracht.

Satz 1 SGB IX) als auch Verfügungsgrund (Sicherung des Anspruchs auf Beteiligung nach § 95 Abs. 2 Satz 1 SGB IX vor Gefahr des Untergangs) entfallen. Da es im arbeitsgerichtlichen Beschlussverfahren wegen der Kostenfreiheit nach § 2 Abs. 2 Gerichtskostengesetz (GKG) keine Kostenentscheidung gibt, entfällt sogar auch die Möglichkeit, mit einem Beschluss nach § 91 a ZPO über die Kostentragung zum Ausdruck zu bringen, dass der Arbeitgeber das Recht der SBV verletzt hat. Vielmehr ist dann, wenn das erledigende Ereignis eingetreten ist, das Verfahren vom Gericht einzustellen.[126] Für eine vergleichbare Konstellation sehen dann, wenn sich ein Verwaltungsakt erledigt, die öffentlich-rechtlichen Verfahrensordnungen in § 113 Abs. 1 Satz 4 VwGO, in § 100 Abs. 1 Satz 4 Finanzgerichtsordnung (FGO) und in § 131 Abs. 1 Satz 3 Sozialgerichtsgesetz (SGG) die Fortsetzungsfeststellungsklage vor, damit die Rechtswidrigkeit der Maßnahme trotz zwischenzeitlicher Erledigung dennoch festgestellt werden kann. Der ursprüngliche Prozess wird dort als Feststellungsklage fortgeführt. Diese verfahrensrechtliche Möglichkeit wäre zwar aus Gründen der Rechtschutzgewährleistung angebracht, ist jedoch im arbeitsgerichtlichen Beschlussverfahren nicht vorgesehen.

2. Feststellungsantrag

107 Ist die Entscheidung, über die die SBV zu unterrichten und vor der sie anzuhören war, schon durchgeführt oder vollzogen, so wird von der arbeitsgerichtlichen Rechtsprechung ein von der SBV auf die Feststellung ihrer Ansprüche gerichteter Antrag wegen mangelnden Rechtsschutzinteresses zurückgewiesen; denn eine solche Entscheidung würde auf ein gerichtliches Gutachten herauslaufen, ob ein Verfahrensbeteiligter Recht oder Unrecht gehabt habe. Dazu darf aber ein Gericht nicht angerufen werden.[127] Übersehen wird jedoch häufig von den Gerichten für Arbeitssachen, dass dieser Grundsatz nicht einschränkungslos gilt. Die hinter dem historischen Anlassfall stehende abstrakte kollektivrechtliche Rechtsfrage darf nämlich einer Prüfung zugeführt werden, wenn die mehr als geringfügige Wahrscheinlichkeit besteht, dass es wiederum Streit über die Rechtsfrage geben wird.[128] Solange die arbeitsgerichtliche Rechtsprechung diesen Grundsatz nicht anwendet, ist die gerichtliche Klärung des Unterrichtungs- und Anhörungsrechts aus § 95 Abs. 2 Satz 1 SGB IX übermäßig erschwert.

108 Hinzu kommen überzogene **Bestimmheitsanforderungen**. Streiten Arbeitgeber und SBV darüber, ob überhaupt oder in welchem Umfang der SBV das Recht auf Unterrichtung und Anhörung in einer bestimmten Angelegenheit zusteht, besteht eine weitere prozessuale Hürde, die der Siebte Senat des BAG aufstellt. Das zeigt anschaulich die Entscheidung im Stuttgarter Krankenhausfall.[129] In diesem Fall wollte die SBV festgestellt wissen, dass sie vor dem Abschluss von Aufhebungsverträgen mit schwer-

126 BAG 9.12.2008 – 1 ABR 75/07 – BAGE 128, 358; BAG 19.2.2008 – 1 ABR 65/05 – Rn. 10 mwN – NZA-RR 2008, 490.
127 So BAG 18.5.2016 – 7 ABR 41/14 – NZA 2017, 342; ebenso BVerwG 9.7.2007 – 6 P 9.06 – PersR 2007, 434 mwN.
128 So zutreffend: BVerwG 29.1.1996 – 6 P 45/93 – PersV 1997, 106 mwN.
129 BAG 14.3.2012 – 7 ABR 67/10 – mit ablehnender Anm. von Roetteken jurisPR-ArbR 29/2012 Anm. 2.

behinderten Menschen zu unterrichten und ihr Gelegenheit gegeben zu sei, vor dem Vertragsschluss Stellung zu nehmen. Der Siebte Senat wies den Antrag ab. Der Senat entschied, der Antrag gehe zu weit. Er sei ein unbegründeter **Gobalantrag**; denn weder habe die SBV **in allen Fällen** einen Anspruch darauf, vor dem Abschluss eines Aufhebungsvertrags mit einem schwerbehinderten Menschen unterrichtet zu werden, noch müsse die SBV **stets** vor dem Abschluss eines Aufhebungsvertrags angehört zu werden. Zwar sei der Abschluss eines Aufhebungsvertrags mit einem schwerbehinderten Menschen eine Angelegenheit, die einen einzelnen schwerbehinderten Menschen oder auch die schwerbehinderten Menschen als Gruppe berühre. Der Zeitpunkt der Unterrichtung liege aber nicht notwendig vor dem Abschluss des Aufhebungsvertrags. Jedenfalls in den Fällen, in denen ein Aufhebungsvertrag ohne zeitlich nennenswerte Vorverhandlungen geschlossen werde, genüge die Arbeitgeberin ihrer Unterrichtungspflicht, wenn sie den Schwerbehindertenvertreter unverzüglich nach dem Abschluss des Aufhebungsvertrags informierte. Das vom Senat angewandte Prinzip „Alles oder Nichts“ erfordert eine schwer zu bewältigende Bildung von zumeist theoretischen Fallgruppen, die für die Beteiligten ohne großes praktisches Interesse sind.

109 Ein weiterer Fall aus München belegt anschaulich, in welche nur schwer auflösbare Zwickmühle selbst versierte Fachanwälte kommen, wenn sie Zuständigkeit und Inhalt umstrittener Unterrichtungsrechte für die Schwerbehindertenvertretung im Gemeinschaftsbetrieb feststellen lassen wollen.[130] Dort hat der Fachanwalt den Makel der Unbestimmtheit des Antrags durch acht weitere konkretisierende Hilfsanträge vermeiden wollen. Es hat nicht gereicht. Der Hauptantrag und fast alle Hilfsanträge waren immer noch zu unbestimmt, zB weil die Formulierung „und/oder“ offenlasse, ob die Teilnahme am Vorstellungsgespräch alternativ oder kumulativ zur Unterrichtung über die Bewerbung verlangt werde. Nur ein Antrag ist als hinreichend bestimmt angesehen worden. Dieser war jedoch als Gobalantrag zu weitgehend und ist deshalb als unbegründet zurückgewiesen worden. Die für alle Beteiligten wichtige Klärungsfrage blieb deshalb unbeantwortet. Hier drängt sich auf, dass Gerichte ihrer Pflicht aus § 138 Abs. 1 ZPO, auf sachdienliche Antragsfassungen hinzuwirken, nicht gerecht werden.

3. Vorbeugender Unterlassungsantrag in der Rechtsprechung

110 Will die SBV künftige Beeinträchtigungen ihrer Rechte unterbinden, stellt die Rechtsprechung des Siebten Senats des BAG für die Zulässigkeit eines den Anspruch sichernden vorbeugenden Unterlassungsantrags kaum überwindbare Hürden auf. Danach soll in Anwendung des § 253 Abs. 2 Nr. 2 ZPO der Antrag so bestimmt sein, dass klar sein muss, wie die Unterrichtung und Anhörung im Einzelnen ausgestaltet sein soll, bei deren Fehlen der begehrte Unterlassungstitel zur Anwendung kommen soll. Dazu wird eine Präzisierung hinsichtlich der Form und Frist verlangt, mit welchem Inhalt und in welchem Umfang die Unterrichtung erfolgen und welche Zeit die

130 LAG München 26.3.2015 – 3 TaBV 70/14 nicht veröffentlicht, Entscheidung liegt in beglaubigter Abschrift dem Autor vor.

SBV zu einer Stellungnahme haben soll.[131] Indes ist diese Präzisierung nicht leistbar; denn es gibt keine für alle Einzelfälle gültigen Konkretisierungen der gesetzlichen Generalklausel von „unverzüglich und umfassend“.[132] Versucht ein Antragsteller dennoch eine Konkretisierung, so führt dies zwar zur Zulässigkeit des Antrags; dieser wäre nach der Rechtsprechung des Siebten Senats jedoch als zu weitgehender Globalantrag unbegründet, weil zumindest in einem denkbaren Sonderfall und damit „nicht in allen Fällen“ die vom Antragsteller vorgenommenen Konkretisierungen zur Anwendung gelangen würden.[133]

Weitergehend lehnt die Bayerische Arbeitsgerichtsbarkeit jede **Antragsbefugnis** der SBV für die Geltendmachung eines Unterlassungsanspruchs ab.[134] Es fehle an einer materiellen Rechtsgrundlage, wie sie für den Betriebsrat in § 23 Abs. 3 BetrVG positiv gesetzlich normiert sei. Der Gesetzgeber habe demgegenüber für die SBV in § 95 Abs. 2 Satz 2 SGB IX nur das Aussetzungsrecht vorgesehen. Zwar komme zur Sicherstellung von Beteiligungsrechten gegenüber einem Arbeitgeber, der deren Erfüllung verweigert, auch außerhalb des § 23 Abs. 3 BetrVG ein Unterlassungsanspruch in Betracht. Das gelte jedoch nur in Bezug auf Mitbestimmungsrechte, die wie die sogenannte erzwingbare Mitbestimmung in § 87 Abs. 1 BetrVG so ausgestaltet sei, dass der Arbeitgeber nur mit Zustimmung des Betriebsrats handeln dürfe.[135] 111

Schließlich wurde die Rechtsdurchsetzung im Wege des Unterlassungsverfahrens auch dadurch verhindert, dass einige Gerichte der SBV das Recht absprachen, das zur Vollstreckung der Gerichtsentscheidung erforderliche **Ordnungsgeld** beantragen zu können. Eine solche Befugnis fehle im SGB IX. Sie sei bewusst nur im § 23 Abs. 3 BetrVG für Betriebsräte verankert.[136] 112

4. Die Klarstellung des Gesetzgebers

Der Auffassung der Gerichte, es fehle der SBV die Antragsbefugnis für Unterlassungsanträge und Ordnungsgeldandrohungen sowie Ordnungsgeldfestsetzungen sind die Parlamentarier im Laufe des Gesetzgebungsverfahrens zum BTHG deutlich entgegengetreten.[137] Angesichts dieser gesetzgeberischen Positionierung ist der gegenläufigen Ansicht[138] die Argumentationsgrundlage entzogen. Aufgrund der gesetzgeberischen Klarstellungen ist ein Wandel in der Rechtsprechung geboten.[139] 113

---

131 BAG 14.3.2012 – 7 ABR 67/10 – Rn. 10 mit ablehnender Anm. von Roetteken jurisPR-ArbR 29/2012 Anm. 2.

132 Das räumt der Siebte Senat in seiner Entscheidung selbst ein: „Der konkrete Zeitpunkt richtet sich nach den Umständen des Einzelfalls“, BAG 14.3.2012 – 7 ABR 67/10 – Rn. 23.

133 BAG 14.3.2012 – 7 ABR 67/10 – Rn. 18 mit ablehnender Anm. von Roetteken jurisPR-ArbR 29/2012 Anm. 2.

134 ArbG München 24.9.2014 – 20 BV 737/13; LAG München 11.4.2012 – 11TaBV 18/12 – Rn. 63 juris: „Ein allgemeiner Unterlassungsanspruch entsprechend § 23 BetrVG scheidet aus. Ein solcher Anspruch ist gerade im SGB IX nicht verankert.“.

135 So BAG 3.5.1994 – 1 ABR 24/93.

136 ArbG München 24.9.2014 – 20 BV 737/13; LAG München 11.4.2012 – 11TaBV 18/12 – Rn. 63 juris; LAG Rheinland-Pfalz 19.7.2012 – 10 TaBV 13/12 –, juris = AE 2013, 23.

137 Ausschussbericht, BT-Drs. 18/10523, S. 64.

138 So LAG München 11.4.2012 – 11 TaBV 18/12 –; LAG Mainz 19.7.2012 – 10 TaBV 13/12 – AE 2013, 23.

139 Vgl. Düwell, jurisPR-ArbR 49/2016, Anm. 1; Sachadae, PersR-online 2017, 33, 34.

114 Der federführende Ausschuss für Arbeit und Soziales hat aufzeigt, welche prozessualen Möglichkeiten die Schwerbehindertenvertretung hat, um diese Rechte zu sichern.

„Grundsätzlich gilt hier: ... Zur Durchsetzung dieses Beteiligungsanspruchs kann die Schwerbehindertenvertretung das Arbeitsgericht anrufen (vergleiche § 2a Abs. 1 Nr. 3a ArbGG). Dort kann sie – gegebenenfalls im Wege der einstweiligen Verfügung – geltend machen, die Durchführung oder Vollziehung der Entscheidung auszusetzen, bis die Beteiligung nachgeholt ist. Ein entsprechender Beschluss des Arbeitsgerichts kann Grundlage für eine gerichtliche Vollstreckung sein. Zuwiderhandlungen seitens des Arbeitgebers können Ordnungsgelder von bis zu 250 000 Euro nach sich ziehen (§ 85 Absatz 1 Arbeitsgerichtsgesetz in Verbindung mit § 890 Absatz 1 Zivilprozessordnung).“[140]

115 Die klare Darstellung der Rechtslage durch den Ausschuss ist sehr hilfreich; denn es wurde von den behindertenpolitischen Sprechern der Koalitionsfraktionen öffentlich in Gesprächen mit den Gewerkschaften IGBCE und IG Metall im Beisein des Autors angekündigt, bei Fehlen einer § 23 Abs. 3 BetrVG entsprechenden Rechtsgrundlage einen Änderungsantrag einzubringen. In der Sache ist dem Ausschuss auch zuzustimmen; denn § 23 Abs. 3 BetrVG schafft auch für den Betriebsrat keine neue prozessuale Rechtsgrundlage, sondern modifiziert lediglich die sich sonst aus § 85 Abs. 1 ArbGG in Verbindung mit § 890 Abs. 1 ZPO ergebende weitergehende Antragsbefugnis. Für den Betriebsrat, der im Beschlussverfahren gegen seinen Arbeitgeber vorgeht, wird durch § 23 Abs. 3 BetrVG die Beantragung von Ordnungshaft ausgeschlossen und das Höchstmaß des gegen den Arbeitgeber zu verhängenden Ordnungsgeldes auf 10.000 EUR begrenzt. Demgegenüber hat, wie schon die Bundesregierung in ihrer Gegenäußerung zur Prüfbitte des Bundesrats ausführt,[141] die SBV die weitergehende Befugnis, gegenüber dem ihre Rechte verletzenden Arbeitgeber die Androhung und Verhängung von **Ordnungsgeld bis 250.000 EUR** zu beantragen. Das ergibt sich aus dem Recht des arbeitsgerichtlichen Beschlussverfahrens, dessen Anwendung der Gesetzgeber in § 2a Abs. 1 Nr. 3a mit dem Arbeitsgerichtsbeschleunigungsgesetz klargestellt hat. § 85 Abs. 1 Satz 3 ArbGG verweist zur Vollstreckung ohne Einschränkung auf § 890 Abs. 1 ZPO.[142] Die in § 890 Abs. 1 Satz 1 ZPO objektiv geregelte Rechtslage geht sogar über deren Darstellung in der Gegenäußerung der Bundesregierung hinaus. Das Gericht hat nach § 890 Abs. 1 Satz 1 ZPO für den Fall, dass das Ordnungsgeld nicht beigetrieben werden kann, gegen den Arbeitgeber wie gegen jeden anderen Unterlassungsschuldner **Ordnungshaft bis zu sechs Monaten** festzusetzen.

116 Rechtspolitisch sind diese weitergehenden Sanktionierungsmöglichkeiten fragwürdig. Der BT-Ausschuss als Teil der Gesetzgebung hat jedoch sehenden Auges die unterschiedliche Ausgestaltung der Verfahrensrechte von Betriebsrat und SBV akzeptiert. Das ist besonders bemerkenswert, weil damit das zentrale Argument des BMAS, es

140 BT-Drs. 18/10523, S. 64.
141 BT-Drs. 18/9954, S. 120.
142 Kleinebrink, DB 2017, 126, 131.

müsse eine „**Überprivilegierung**“ vermieden werden, entwertet wurde. Die Fachabteilung des BMAS hatte nämlich seit Beginn der Arbeit an der Umsetzung der Koalitionsvereinbarung vorgebracht, der SBV dürfe, weil sie „*nur für einen Teil der Belegschaft zuständig ist*“[143], nicht durch Klarstellung der Rechtsfolgen, die sich aus einem gesetzlichen Verbot nach § 134 BGB ergeben (sogenannte Unwirksamkeitsklausel), „*eine privilegiertere Stellung eingeräumt (werden),*[144] *als sie der Betriebsrat als Interessenvertretung aller Arbeitnehmerinnen und Arbeitnehmer des Betriebs hat*“.[145] Diese Argumentation ist weder fachlich zutreffend[146] noch von den vom Ausschuss zur Anhörung geladenen Sachverständigen geteilt worden.[147] Darüber hinaus zeigt sich in der Stellungnahme zur Gegenäußerung des Bundesrats die Widersprüchlichkeit der Argumentation; denn wenn es wirklich ein Anliegen des BMAS gewesen wäre, Ungleichgewichte im Verhältnis von SBV und Betriebsrat zu vermeiden, dann hätte eine Angleichung der verfahrensrechtlichen Stellung erfolgen müssen. Da die Angleichung durch Übernahme der in § 23 Abs. 3 BetrVG geregelten Grundsätze bewusst unterblieben ist, darf sie nicht von der Rechtsprechung vorgenommen werden.

III. Die Unwirksamkeitsklausel für Arbeitgeberkündigungen

1. Rechtsprechungskorrektur

In letzter Minute ist aufgrund eines Abänderungsantrags der Koalitionsfraktionen vom 29. November 2016[148] in § 95 Abs. 2 als neuer Satz 3 eingefügt worden: „*Die Kündigung eines schwerbehinderten Menschen, die der Arbeitgeber ohne eine Beteiligung nach Satz 1 ausspricht, ist unwirksam.*“[149] **117**

Mit der Einfügung werden erstmals ausdrücklich im Gesetzestext die Rechtsfolgen einer unterlassenen Beteiligung der Schwerbehindertenvertretung geregelt. Der Gesetzgeber nimmt auch hier eine rechtspolitische Korrekturaufgabe wahr. Der Zweite Senat hatte 1983, der Ansicht der Nipperdey-Schule[150] folgend, den Rechtsatz aufgestellt: **118**

„*Die Kündigung eines Schwerbehinderten, die ein Arbeitgeber ausspricht, ohne zuvor nach § 22 Abs. 2, § 24 Abs. 5 SchwbG den Vertrauensmann oder den Gesamtvertrauensmann der Schwerbehinderten unterrichtet und angehört zu haben, ist aus diesem*

143 Schriftliche Antwort der Parlamentarischen Staatssekretärin Lösekrug-Möller zur Frage 193 der Abgeordneten Rüffer vom 2.12.2014; ebenso http://www.bmas.de/DE/Schwerpunkte/Inklusion/Fragen-und-Antworten/fragen-und-antworten.html, Aufruf 12.12.2016.

144 Klammerzusatz vom Verfasser.

145 http://www.bmas.de/DE/Schwerpunkte/Inklusion/Fragen-und-Antworten/fragen-und-antworten.html, Aufruf 12.12.2016.

146 Vgl. dazu Kohte, Juristisches Kurzgutachten, Möglichkeiten zur Effektivierung des Informations- und Anhörungsrechts der Schwerbehindertenvertretung nach § 95 Abs. 2 SGB IX, veröffentlicht unter: www.reha-recht.de/infothek/beitrag/artikel/gutachten-mit-vorschlaegen-fuer-verbessertes-informations-und-anhoerungsrecht-der-schwerbehindertenver/, Aufruf 25.4.2017.

147 Überblick mit Auswertung bei Kohte/Liebsch http://www.reha-recht.de/fachbeitraege/beitrag/artikel/beitrag-d54-2016/, Aufruf 12.12.2016.

148 BT-Ausschussdrucksache 18(11)857.

149 Zur Entwicklung des parlamentarischen Gesetzgebungsverfahrens siehe Einzelheiten im Nachwort Rn. 338 ff.

150 Vgl. Oetker, Blätter für Steuerrecht, Sozialversicherung und Arbeitsrecht 1983, 193, 195; Wiedemann in Anm. zu AP Nr. 30 zu § 66 BetrVG 1952.

Grunde weder wegen Fehlens einer Wirksamkeitsvoraussetzung noch wegen Verstoßes gegen ein gesetzliches Verbot (§ 134 BGB iVm § 65 Abs. 1 Nr. 8 SchwbG) unwirksam."[151]

119 Der Gesetzgeber hat nach 33 Jahren Wartezeit diesem Rechtssatz endlich die rechtpolitische Zustimmung verweigert. Hier zeigt sich der berühmte „*Federstrich des Gesetzgebers*".[152] Er bewirkt: „*... ganze Bibliotheken werden zu Makulatur*".[153] Der Bundestag hat auf eine Prüfbitte des Bundesrats[154] klargestellt, dass die Verletzung des Unterrichtungs- und Anhörungsrechts der Schwerbehindertenvertretung aus § 95 Abs. 1 Satz 1 SGB IX nicht ohne arbeitsrechtliche Sanktion für den das Recht brechenden Arbeitgeber bleiben darf, sondern zu dessen Lasten die Rechtsfolge aus § 134 BGB eintreten soll.

2. Klarstellung der Unwirksamkeitsfolge

120 Die zum 30.12.2016 in Kraft getretene Einfügung des Satzes 3 in § 95 Abs. 2 SGB IX (ab 2018: 178 Abs. 2 SGB IX) stellt sich bei genauerer Betrachtung als eine Klarstellung dar. § 134 BGB ordnet seit Inkrafttreten des BGB an, dass, soweit in einer Verbotsnorm nichts Abweichendes bestimmt ist, jedes gegen ein **Verbot** verstoßende Rechtsgeschäft als unwirksam angesehen werden muss. Die Neufassung bewirkt, dass dieser in § 134 BGB enthaltene Grundsatz in Abkehr von der 1983 vollzogenen Rechtsprechungswende des BAG jetzt wieder im Schwerbehindertenrecht zur Anwendung kommt. § 95 Abs. 2 Satz 3 nF konkretisiert den in § 134 BGB enthaltenen Grundsatz für die Arbeitgeberkündigung des Arbeitsverhältnisses gegenüber einem schwerbehinderten Menschen: Verstößt der Arbeitgeber gegen das in § 95 Abs. 2 Satz 1 iVm § 156 Abs. 1 Nr. 9 (ab 2018: § 178 Abs. 2 Satz 1 iVm § 238 Abs. 1 Nr. 8) SGB IX enthaltene Verbot, ohne die vorgeschriebene Beteiligung der SBV eine Kündigung gegenüber einem schwerbehinderten oder gleichgestellten behinderten Menschen zu erklären, so ist das Rechtsgeschäft Kündigung nichtig. Das gilt jetzt nicht nur, weil in der Verbotsnorm nichts anderes bestimmt ist, sondern auch, weil diese Rechtsfolge in § 95 Abs. 2 Satz 3 (ab 2018: § 178 Abs. 2 Satz 3) SGB IX ausdrücklich angeordnet wird. Will der Arbeitgeber diese Rechtsfolge vermeiden, muss er die Handlungspflichten aus § 95 Abs. 2 Satz 1 (ab 2018: § 178 Abs. 2 Satz 1) SGB IX beachten:

1. vor Ausspruch der Kündigung die SBV unverzüglich und umfassend unterrichten,
2. sie vor der Entscheidung anhören und
3. ihr die getroffene Entscheidung unverzüglich mitteilen.

---

151 BAG 28.7.1983 – 2 AZR 122/82 – BAGE 43, 210; ablehnend dazu Herschel in Anm. zu AP SchwbG § 22 Nr. 1 und Ritz/Dopatka, Schwerbehindertenvertrauensleute – no future?, ZSR 1986, 412.

152 Von Kirchmann, Die Werthlosigkeit der Jurisprudenz als Wissenschaft, Berlin, 1848. Volltext als PDF in der Digitalen Sammlung der Universitätsbibliothek Frankfurt am Main.

153 Von Kirchmann, Die Werthlosigkeit der Jurisprudenz als Wissenschaft, Berlin, 1848. Volltext als PDF in der Digitalen Sammlung der Universitätsbibliothek Frankfurt am Main.

154 BT-Drs. 18/9954, S. 60.

Das hat auch die Bundesvereinigung der Arbeitgeberverbände BDA erkannt. Sie hat in ihrem Rundschreiben[155] den Arbeitgeberverbänden mitgeteilt: 121

„Mit der Einfügung einer ausdrücklichen Rechtsfolge für den Fall der unterlassenen Beteiligung der Schwerbehindertenvertretung nach § 95 Abs. 2 Satz 1 SGB IX wird es zukünftig unerlässlich, die Schwerbehindertenvertretung vor Kündigung eines schwerbehinderten Menschen zu unterrichten und anzuhören sowie die Entscheidung der Schwerbehindertenvertretung mitzuteilen."

3. Unverzügliche Unterrichtung

Nach § 80 Abs. 2 Satz 1 BetrVG hat der Arbeitgeber den Betriebsrat zur Erfüllung seiner Aufgaben *„rechtzeitig"* zu unterrichten. Als rechtzeitig gilt eine Unterrichtung allgemein dann, wenn aus Sicht des Arbeitgebers die optimale Lösung nach der 6-Stufen-Methode der Systemgestaltung[156] zwar ausgewählt, aber mit deren Umsetzung nicht begonnen worden ist, so dass der Betriebsrat durch eine Äußerung noch Einfluss auf die Entscheidung nehmen kann.[157] Die Möglichkeit der Einflussnahme ist bei der Unterrichtung über beabsichtigte Kündigungen schon deshalb gesichert, weil § 102 Abs. 2 BetrVG dem Betriebsrat Fristen für die Abgabe der Stellungnahme gewährt, deren Ablauf der Arbeitgeber abwarten muss, es sei denn, dass er vorher eine abschließende Stellungnahme des Betriebsrats erhält.[158] Daraus ergibt sich, dass der Arbeitgeber den ihm passenden Zeitpunkt der Mitteilung von Kündigungsabsicht und Kündigungsgründen (§ 102 Abs. 1 Satz 2 BetrVG) selbst bestimmen kann. Anders ist es bei der SBV. Hier darf er nicht den ihm opportunen Zeitpunkt wählen. Nach § 95 Abs. 2 Satz 1 SGB IX hat er die Unterrichtung der Schwerbehindertenvertretung *„unverzüglich"* vorzunehmen, also ohne schuldhaftes Zögern (§ 121 BGB), sobald er den Kündigungsentschluss gefasst hat. Innerhalb welcher Zeitspanne der Arbeitgeber die Unterrichtung vornehmen muss, richtet sich nach den Umständen des Einzelfalles.[159] Es ist zwar dem Arbeitgeber eine Überlegungsfrist zuzubilligen, um zB Rat bei einem Rechtsanwalt einzuholen. Diese darf aber wenige Tage andauern; denn die Unverzüglichkeit der Unterrichtung soll sicherstellen, dass sich der Kündigungsentschluss nicht verfestigt, sondern im Rahmen der engen Zusammenarbeit möglichst früh zum Gegenstand des Meinungsaustausches gemacht wird. Dem widerspricht es, wenn die Information über die beabsichtigte Kündigung die SBV zuerst über Dritte wie Personal-, Betriebsrat oder Integrationsamt erreicht.[160] Deshalb verneint in diesem Fall das Schrifttum die Unverzüglichkeit.[161] Daran ist zutreffend, dass dann, wenn **vorher eine dritte Stelle unterrichtet** worden ist, feststeht, dass ohne entschuld- 122

155 BDA Rundschreiben vom 15. Dezember 2016, Änderungen des Rechts der Schwerbehindertenvertretung im SGB IX durch das Bundesteilhabegesetz.
156 REFA-Standardprogramm Arbeitsgestaltung abgedruckt bei Fitting BetrVG § 80 Rn. 59.
157 Fitting BetrVG § 80 Rn. 55 a unter Bezugnahme auf BAG 27.6.1989 – 1 ABR 19/88 – AP § 89 BetrVG 1972 Nr. 37.
158 BAG 23.10.2014 – 2 AZR 736/13 – Rn. 13 – NZA 2015, 476.
159 Zur Zeitspanne für die Zurückweisung einer Vollmacht: BAG 30.5.1978 – 2 AZR 633/76 – AP Nr. 2 zu § 174 BGB, zu II 2 der Gründe, mwN: vier Kalendertage einschließlich Samstag und Sonntag nicht zu beanstanden.
160 Vgl. dazu BT-Drs. 18/10523, S. 64.
161 Kleinebrink, DB 2017, 126, 128.

baren Grund Zeit vertan wurde, die für eine frühere Unterrichtung des SBV hätte genutzt werden können. Das verkennt das Positionspapier der Bundesarbeitsgemeinschaft der Integrationsämter und Hauptfürsorgestellen (BIH).[162] Dort wird die Auffassung vertreten: „*Die ordnungsgemäße Beteiligung der Schwerbehindertenvertretung nach § 95 Abs. 2 Satz 1 SGB IX kann vor, während oder nach dem Zustimmungsverfahren gemäß §§ 85 ff. SGB IX erfolgen.*"

4. Unterrichtungsvorsprung der SBV

123 Da der Arbeitgeber nach § 102 BetrVG und den entsprechenden Regelungen in den Personalvertretungsgesetzen auch den Betriebs- oder Personalrat als andere Interessenvertretungen iSv § 93 SGB IX vor Kündigungen zu unterrichten und anzuhören hat, stellt sich das Problem der richtigen **Reihenfolge bei der Beteiligung**. Die Reihenfolge der Anhörung von Schwerbehindertenvertretung und Betriebs- oder Personalrat ist im Gesetz nicht bestimmt. Aus dem in § 95 Abs. 2 Satz 1 SGB IX vorgegebenen Zeitpunkt „*unverzüglich*" folgt keine Garantie eines „*Informationsvorsprungs*" der Schwerbehindertenvertretung vor dem Betriebs- oder Personalrat.[163] Der Arbeitgeber ist nicht gehindert, Betriebs- und Personalrat früher als geboten, zB parallel zur SBV, von seinem Kündigungsentschluss zu unterrichten.[164] Jedoch ist er nicht dazu verpflichtet, den Betriebsrat „*unverzüglich*" nach Fassung des Kündigungsentschlusses zu unterrichten. Soweit geltend gemacht wird, dass der Betriebsrat **spätestens parallel** zur SBV unterrichtet werden müsse, fehlt dafür jede Rechtsgrundlage. Diese Meinung wird auf das sprachlich und inhaltlich schiefe Argument gestützt, die Schwerbehindertenvertretung würde im Vergleich zum Betriebsrat privilegiert, wenn sie vor dem Betriebsrat angehört werde, denn der Betriebsrat sei das Mitbestimmungsorgan aller Beschäftigten – auch der schwerbehinderten Menschen – und dürfe als solches auch nicht entwertet werden.[165] Diese Argumentation löst sich von dem Gesetz, das ausdrücklich mit unverzüglich einen frühen Unterrichtszeitpunkt für die SBV vorschreibt. Zudem wird rechtsirrig geltend gemacht, die SBV sei ein konkurrierendes Mitbestimmungsorgan. Das ist grob fehlerhaft: Die SBV hat kein Mitbestimmungs- sondern nur ein Unterrichtungs- und Anhörungsrecht. Gegenüber dem Betriebsrat liegt im Sprachgebrauch der Kritiker somit eine „*Unterprivilegierung*" der SBV vor. Richtig ist jedoch, dass die SBV weitergehende Unterrichtungsrechte als der Betriebsrat hat. Das zeigt schon § 95 Abs. 2 Satz 1 SGB IX, der der SBV das Unterrichtungsrecht **in allen Angelegenheiten** einräumt, während das Unterrichtungsrecht des Betriebsrats nach § 80 Abs. 2 BetrVG nur besteht, soweit es zur Erfüllung der in § 80 Abs. 1 BetrVG katalogartig zugewiesenen einzelnen Aufgaben erforderlich ist. Dieses Mehr an Unterrichtung ist notwendig. Es ist der in § 95 Abs. 1 Satz 1 SGB IX zuge-

162 Position der BIH, Beteiligung der Schwerbehindertenvertretung vor Ausspruch einer Kündigung nach § 95 Abs. 2 SGB IX (Unwirksamkeitsklausel), Köln, April 2017, zur Veröffentlichung in „Behindertenrecht" vorgesehen, abrufbar unter www.integrationsaemter.de.

163 LPK-SGB IX/Düwell § 95 Rn. 43; zustimmend BDA Rundschreiben vom 15. Dezember 2016, Änderungen des Rechts der Schwerbehindertenvertretung im SGB IX durch das Bundesteilhabegesetz.

164 So zutreffend: LAG Köln 20.2.2014 – 7 Sa 1155/09 – Rn. 62 f. – Behindertenrecht 2015, 215.

165 BDA Rundschreiben vom 15. Dezember 2016, Änderungen des Rechts der Schwerbehindertenvertretung im SGB IX durch das Bundesteilhabegesetz.

wiesenen umfassenden Beistands- und Beratungsaufgabe geschuldet, die nur die SBV, nicht aber der Betriebsrat zu erfüllen hat.

Ein „*Vorausinformationsgebot*“ gibt es nur zugunsten der von der Belegschaft gewählten **Gleichstellungsbeauftragten** in den Dienststellen des Bundes. Nach § 27 Abs. 1 des Gesetzes für die Gleichstellung von Frauen und Männern in der Bundesverwaltung und in den Unternehmen und Gerichten des Bundes (BGleiG) hat die Dienststelle die Gleichstellungsbeauftragte „*frühzeitig*“ in personellen Angelegenheiten, insbesondere vor „*Kündigung sowie Aufhebungsvertrag, Entlassung, Versetzung in den Ruhestand und vergleichbare Entscheidungen*“ zu unterrichten. Nach § 27 Abs. 2 BGleiG liegt eine frühzeitige Beteiligung nur vor, wenn die Gleichstellungsbeauftragte mit Beginn des Entscheidungsprozesses auf Seiten der Dienststelle beteiligt wird und die jeweilige Entscheidung oder Maßnahme noch gestaltungsfähig ist. § 27 Abs. 3 BGleiG sichert den Informationsvorsprung. Das ergibt der klare Wortlaut: „*die Beteiligung der Gleichstellungsbeauftragten geht einem Beteiligungsverfahren nach dem Bundespersonalvertretungsgesetz und dem Neunten Buch Sozialgesetzbuch voraus*“. Erfolgt ausnahmsweise eine parallele Beteiligung von Personal- oder Schwerbehindertenvertretung, so hat die Dienststelle nach § 27 Abs. 3 Satz 2 BGleiG die Gleichstellungsbeauftragte über die Gründe für die unterlassene vorrangige Unterrichtung zu informieren. Diese gesetzliche Regelung ist in Art. 2 des Gesetzes für die gleichberechtigte Teilhabe von Frauen und Männern an Führungspositionen in der Privatwirtschaft und im öffentlichen Dienst enthalten. Die dort verfolgte genderpolitische Reform ist zwar zeitgleich mit der behindertenrechtspolitischen Reform des BTHG gestartet, aber erheblich früher, nämlich bereits mit der Verkündung des Gesetzes am 24. April 2015,[166] beendet worden. Es hätte nahe gelegen, zur Verminderung der bekannten Defizite bei der Unterrichtung der SBV eine Anleihe bei der Definition des spätesten Informationszeitpunktes in § 27 Abs. 2 BGleiG zu machen. Das ist versäumt worden. 124

5. Umfassende Unterrichtung

In § 102 Abs. 1 Satz 2 BetrVG wird der Arbeitgeber zu einer Mitteilung der Kündigungsgründe verpflichtet. Die Rspr. bezieht in den Umfang der Unterrichtungspflicht regelmäßig mit ein: 125

- Angaben zur Person des zu Kündigenden mit Angaben zum besonderen Kündigungsschutz,[167]
- Kündigungsart: ordentliche, außerordentliche, außerordentliche mit Auslauffrist, Beendigungs- oder Änderungskündigung,[168]
- Kündigungsfrist und Kündigungsendtermin.[169]

166 BGBl. I 2015, 642.
167 BAG 23.10.2014 – 2 AZR 865/13 – BAGE 149, 355.
168 BAG 26.3.2015 – 2 AZR 517/14 – Rn. 18 – NZA 2015, 1180; BAG 23.4.2009 – 6 AZR 516/08 – Rn. 13 – BAGE 130, 369.
169 BAG 27.11.2003 – 2 AZR 654/02 – Rn. 25 – AP Nr. 136 zu § 102 BetrVG 1972.

126 Damit die SBV die **persönlichen Verhältnisse** des zu Kündigenden ausreichend für eine Stellungnahme berücksichtigen kann, werden im Schrifttum[170] entsprechend den Anforderungen an eine ordnungsgemäße Betriebsratsanhörung folgende Mindestangaben für erforderlich gehalten: Name, Alter, Betriebszugehörigkeitsdauer, Familienstand, Kinderzahl, und besondere soziale Umstände wie Mutterschutz.[171] Hinzukommen müssen Angaben über den Grad der Behinderung oder den Gleichstellungsbescheid, damit die SBV ihre Zuständigkeit prüfen kann. Der Arbeitgeber darf, sofern ihm keine anderen Informationen vorliegen, von den Eintragungen auf der Lohnsteuerkarte ausgehen.[172]

127 Die Unterrichtung muss so **umfassend** sein, dass sich der Betriebsrat ohne zusätzliche eigene Nachforschungen ein Bild über die Stichhaltigkeit der Kündigungsgründe machen und beurteilen kann, ob es sinnvoll ist, Bedenken zu erheben oder Widerspruch gegen die Kündigung einzulegen.[173] Der Arbeitgeber muss deshalb dem Betriebsrat die Umstände mitteilen, die seinen Kündigungsentschluss tatsächlich bestimmt haben (Grundsatz der subjektiven Determinierung). Dem kommt der Arbeitgeber dann nicht nach, wenn er dem Betriebsrat einen schon aus seiner eigenen Sicht unrichtigen oder unvollständigen Sachverhalt unterbreitet. Schildert er dem Betriebsrat bewusst einen solchen irreführenden **Kündigungssachverhalt,** der sich bei der Würdigung durch den Betriebsrat zum Nachteil des Arbeitnehmers auswirken kann, ist die Anhörung unzureichend und die Kündigung unwirksam.[174] Da die SBV ebenso wie der Betriebsrat die Möglichkeit erhalten soll, durch seine Stellungnahme auf die endgültige Entscheidung mit der Kraft ihrer Argumente einwirken zu können, spricht viel dafür, die Anforderungen der Rspr. zum Umfang der Unterrichtungspflicht hier entsprechend anzuwenden. Dann würde gelten: Genügt die Unterrichtung des Arbeitgebers nicht den Anforderungen, die an die Mitteilung der Kündigungsgründe an den Betriebsrat gestellt werden, so ist die Kündigung unwirksam.[175] Dem wird im Schrifttum entgegengehalten: Die SBV solle *„lediglich"* schwerbehinderte Menschen bei der Eingliederung in den Betrieb fördern. Sie sei vergleichbar mit dem Integrationsamt weder berufen noch berechtigt, die Wirksamkeit der Kündigung außerhalb von behindertenspezifischen Sachverhalten auf ihre Vereinbarkeit mit dem allgemeinen Arbeitsrecht zu beurteilen.[176] Deshalb müsse die Unterrichtungspflicht des Arbeitgebers nach § 95 Abs. 2 Satz 1 SGB IX hinter derjenigen nach § 102 Abs. 1 BetrVG zurück bleiben. Der Arbeitgeber brauche Umstände, die in keinem, auch keinem mittelbaren Zusammenhang mit der Schwerbehinderung des Arbeitnehmers stehen, nicht mitzu-

170 Kleinebrink, DB 2017, 126, 129; Esser/Isenhardt in Schlegel/Voelzke, jurisPK-SGB IX, 2. Aufl. 2015, § 95 SGB IX Rn. 20.3.

171 Vgl. Etzel/Rinck in KR Kündigungsrecht, § 102 BetrVG Rn. 73, Esser/Isenhardt in Schlegel/Voelzke, jurisPK-SGB IX, 2. Aufl. 2015, § 95 SGB IX Rn. 20.3.

172 BAG 17.1.2008 – 2 AZR 405/06 – DB 2008, 571.

173 BAG 16.7.2015 – 2 AZR 15/15 – Rn. 14 – BAGE 152, 118; BAG 23.10.2014 – 2 AZR 736/13 – Rn. 22; BAG 27.11.2003 – 2 AZR 654/02 – Rn. 23 – AP Nr. 136 zu § 102 BetrVG 1972; BAG 29.3.1990 – 2 AZR 420/89 – AP BetrVG 1972 § 102 Nr. 56.

174 BAG 16.7.2015 – 2 AZR 15/15 – Rn. 15 f. – BAGE 152, 118; BAG 23.10.2014 – 2 AZR 736/13 – Rn. 14.

175 So im Ergebnis auch: Kleinebrink, DB 2017, 126, 129.

176 Bayreuther, Der neue Kündigungsschutz schwerbehinderter Arbeitnehmer nach § 95 II SGB IX, NZA 2017, 87, 89.

teilen.[177] Dem kann nicht zustimmt werden. Die SBV hat nach § 95 Abs. 1 Satz 1 SGB IX nicht nur die von Bayreuther angeführte schwerbehindertenspezifische Förderungsaufgabe. Sie soll ausdrücklich auch die *„Interessen (der schwerbehinderten Menschen) in dem Betrieb“* vertreten. Ihr Mandat ist nicht auf schwerbehindertenspezifische Aspekte beschränkt. Sie ist daher in dem Umfang zu unterrichten, wie er für den Betriebsrat geboten ist.

6. Richtiger Adressat der Unterrichtung

Nicht selten meinen Personalleitungen, mit der Unterrichtung des Vorsitzenden des Betriebs- oder Personalrats werde zugleich auch die SBV unterrichtet; denn die SBV habe ja das Recht, an der Sitzung dieser Gremien nach § 95 Abs. 4 Satz 1 SGB IX teilzunehmen. Sie verkennen, dass die SBV nach §§ 94, 95 SGB IX ein eigenständiges Organ der Gruppe der schwerbehinderten Menschen in der Dienststelle oder im Betrieb ist. Deshalb wird mit der Informationserteilung an den Personal- oder Betriebsrat die dem Arbeitgeber nach § 95 Abs. 2 Satz 1 SGB IX obliegende Unterrichtung nicht erfüllt. Weder sind Personalrats- oder Betriebsratsvorsitzende **empfangszuständig** für Mitteilungen, die an die SBV zu richten sind, noch sind sie Bote des Arbeitgebers, die Mitteilungen an die SBV zu überbringen haben.[178] Richtige **Empfangsperson** für die Unterrichtung ist die gewählte Vertrauensperson und bei ihrer Verhinderung das erste stellvertretende Mitglied der SBV.[179] 128

Unerheblich ist in diesem Zusammenhang auch, ob die Vertrauensperson in Personalunion auch Mitglied des Personal- oder Betriebsrats ist. Die Wahrnehmung eines *„Doppelmandats“* als betrieblicher Interessenvertreter und als Vertrauensperson der schwerbehinderten Menschen ist zulässig.[180] Durch das Doppelmandat wird zwar der Mensch, der das Amt der Vertrauensperson innehat, auch Mitglied des Betriebs- oder Personalrats, aber dadurch werden nicht beide Vertretungen vereinigt. Es bleibt bei der Ämtertrennung und Selbstständigkeit beider Vertretungen. Deshalb muss der Arbeitgeber in der Adressierung klarstellen, welche Vertretung er anspricht. 129

7. Mehrfache Beteiligung nach Ablauf der Wartezeit

Der Arbeitgeber muss nach Ablauf der sechsmonatigen Wartezeit des § 90 Abs. 1 Nr. 1 SGB IX vor der Kündigung des Arbeitsverhältnisses eines schwerbehinderten oder gleichgestellten behinderten Menschen die Zustimmung des Integrationsamts eingeholt haben. Die Anhörung des Betriebs- oder Personalrats kann vom Arbeitgeber vor, während oder nach Durchführung des Zustimmungsverfahrens nach §§ 85 ff. SGB IX vorgenommen werden. Das entspricht der ständigen Rechtspre- 130

177 Bayreuther, Der neue Kündigungsschutz schwerbehinderter Arbeitnehmer nach § 95 II SGB IX, NZA 2017, 87, 89.

178 Vgl. zur Unterrichtung über eine Angelegenheit nach § 81 Abs. 1 Satz 4 SGB IX BAG 15.2.2005 – 9 AZR 635/03 – NZA 2005, 870; dem folgend LAG Hamm 16.12.2005 – 15 Sa 1698/05 – ZfPR online 2006, Nr. 9.

179 § 94 Abs. 1 Satz 1 SGB IX.

180 BAG 22.8.2013 – 8 AZR 574/12 – Rn. 38 – Behindertenrecht 2014, 203.

chung des BAG.[181] Nur soweit nach der Zustimmung des Integrationsamts eine wesentliche Änderung des zum Kündigungsanlass genommenen Sachverhalts dem Arbeitgeber zur Kenntnis gekommen ist,[182] muss der Arbeitgeber den Betriebsrat auf diese veränderte Sachlage hinweisen und so erneut dem Betriebsrat die Möglichkeit einer Stellungnahme eröffnen.[183] Diese für den Betriebsrat geltenden Grundsätze haben Teile des Schrifttums auch für die Unterrichtung und Anhörung der SBV übernommen.[184] Das stößt zu Recht auf Kritik.[185] Die **Besonderheiten des Schwerbehindertenrechts** zwingen den Arbeitgeber zu einer Beteiligung sowohl vor der Antragstellung beim Integrationsamt als auch nach dessen Zustimmung zur Anhörung vor der Kündigungserklärung.[186] Das ergibt sich schon daraus, dass nach § 95 Abs. 2 Satz 1 (ab 1.1.2018: § 178 Abs. 2 Satz 1) SGB IX die SBV **unverzüglich** ab dem Zeitpunkt zu unterrichten ist, zu dem der Arbeitgeber zu der Ansicht gelangt, er wolle das Arbeitsverhältnis kündigen. Wartet der Arbeitgeber erst den Ausgang des nach § 87 SGB IX einzuleitenden Zustimmungsverfahrens ab, handelt er nicht unverzüglich. Das die Grundsätze der Betriebsratsanhörung anwendende Schrifttum[187] übersieht die Rechtsänderung, die mit der Einführung des SGB IX verbunden war. So lautete die Vorgängervorschrift § 25 Abs. 2 Satz 1 SchwbG in der vom 1.8.1986 bis zum 30.6.2001 geltenden Fassung: „*Die Schwerbehindertenvertretung ist vom Arbeitgeber in allen Angelegenheiten ..., rechtzeitig und umfassend zu unterrichten ...*". Art. 1 des Gesetzes v. 19.6.2001[188] änderte das die Unterrichtungsvorschrift mit der Ersetzung des Adverbs „*rechtzeitig*" durch „*unverzüglich*" in § 95 Abs. 2 S. 1 SGB IX. Damit hätte das Schrifttum die zur Betriebsratsanhörung gezogene Parallele beenden müssen; denn der Gesetzgeber des SGB IX setzte bewusst mit der neuen Formulierung unverzüglich auf eine möglichst frühzeitige Einbindung der SBV in die Willensbildung. Das entspricht dem damals neu in § 84 Abs. 1 SGB IX eingefügten betrieblichen Präventionsgrundsatz, der auf eine möglichst frühe Unterrichtung abzielt. Diese Änderungen sind vernachlässigt worden. Das zitierte Schrifttum hat alte Ansichten aus Vorauflagen „*übernommen*".

131 Zum neuen Recht wird vorgebracht, der Arbeitgeber müsse in der dritten Phase der Beteiligung nach § 95 Abs. 2 Satz 1 SGB IX in der ihm obliegenden Mitteilung die nach der Stellungnahme der SBV getroffene Entscheidung zum Ausdruck bringen, ob

---

181 Vgl. BAG 18.5.1994 – 2 AZR 626/93 – AP BPersVG § 108 Nr. 3 = EzA BGB § 611 Abmahnung Nr. 31; BAG 11.3.1998 – 2 AZR 401/97 – RzK IV 8 a Nr. 45; BAG 23.10.2008 – 2 AZR 163/07 – Rn. 32 – BB 2009, 1758.

182 Zu diesem Erfordernis: BAG 20.1.2000 – 2 AZR 378/99 – zu B II 2 der Gründe – BAGE 93, 255; BAG 18.5.1994 – 2 AZR 626/93 – zu B II 2 a der Gründe.

183 BAG 22.9.2016 – 2 AZR 700/15 – Rn. 33 – NZA 2017, 30.

184 KR/Gallner Vor §§ 85–92 SGB IX Rn. 44 unter Bezug auf Adlhoch, Behindertenrecht 1983, 25 ff.

185 Grimm/Feh, ArbRB 1/2017, 16; Kleinebrink, DB 2017, 126, 130; zum alten Recht: MünchArbR/Heenen, § 313 Rn. 41; APS/Vossen § 87 SGB IX Rn. 13; BAG 28.7.1983 – 2 AZR 122/82 – Rn. 28, AP Nr. 1 zu § 22 SchwbG: Dort wird die Anhörung des Vertrauensmanns als ‚Vorprüfung' vor dem Verfahren bei der Hauptfürsorgestelle bezeichnet.

186 Grimm/Feh, ArbRB 1/2017, 16; Kleinebrink, DB 2017, 126, 130; zum alten Recht: MünchArbR/Heenen § 313 Rn. 41; APS/Vossen § 87 SGB IX Rn. 13; BAG 28.7.1983 – 2 AZR 122/82 – Rn. 28 – AP Nr. 1 zu § 22 SchwbG: Dort wird die Anhörung des Vertrauensmanns als ‚Vorprüfung' vor dem Verfahren bei der Hauptfürsorgestelle bezeichnet.

187 KR/Gallner Vor §§ 85–92 SGB IX Rn. 44 unter Bezug auf Adlhoch, Behindertenrecht 1983, 25 ff.

188 BGBl. I, S. 1046.

diese Entscheidung vorbehaltlich einer noch ausstehenden Zustimmung des Integrationsamts erfolge.[189] Das impliziert eine Wahlmöglichkeit. Dem ist zu widersprechen. Es wird verkannt, dass anders als bei der betriebsrätlichen Anhörung das Schwerbehindertenrecht in § 95 Abs. 2 Satz 1 SGB IX im Fall des Zustimmungsvorbehalts nach § 85 SGB IX zwei unterschiedliche Beteiligungstatbestände vorsieht, nämlich die Beteiligung vor der Entscheidung, den Zustimmungsantrag beim Integrationsamt zu stellen, und die Beteiligung nach dem erfolgreichen Zustimmungsantrag, die Kündigung zu erklären. Nach § 95 Abs. 2 Satz 1 SGB IX ist die SBV von jeder dieser beiden Angelegenheiten zu unterrichten, die den einzelnen schwerbehinderten Beschäftigten betrifft. Der Umstand, dass der Arbeitgeber einen Sachverhalt annimmt, der ihn berechtigt, den Zustimmungsantrag beim Integrationsamt zu stellen, ist eine derartige Angelegenheit. Er führt auch zu einer Entscheidung. Deshalb muss der Arbeitgeber der SBV zwingend vor der Antragstellung beim Integrationsamt Gelegenheit zur Stellungnahme geben. Das entspricht auch der Auffassung der BIH.[190]

Die Unterrichtung und Anhörung der Schwerbehindertenvertretung vor Einleitung 132
des Zustimmungsverfahrens nach §§ 85 ff. SGB IX ist auch schon deshalb zu empfehlen, weil dies die in § 99 Abs. 1 SGB IX vorgesehene enge Zusammenarbeit mit der Schwerbehindertenvertretung stärkt.[191] Diese vom Arbeitgeber geschuldete Beteiligung wird nicht dadurch ersetzt, dass das Integrationsamt später, nach Eingang des Zustimmungsantrags gemäß § 87 Abs. 2 SGB IX von Amts wegen eine Stellungnahme der Schwerbehindertenvertretung einholt. Diese vom Integrationsamt eingeholte Stellungnahme bezieht sich auf den Sachverhalt, den der Arbeitgeber im Zustimmungsantrag vorbringt. Sie dient der dem Amt obliegenden Aufklärung. Diese ist auch nicht bei vorheriger Unterrichtung der SBV durch den Arbeitgeber überflüssig; denn Inhalt der Unterrichtung und Inhalt des Zustimmungsantrags müssen nicht identisch sein. Darüber hinaus unterscheiden sich Beteiligung durch den Arbeitgeber und Einholung der Stellungnahme durch das Amt in der Zielrichtung. Die vom Arbeitgeber vor der Antragstellung durchzuführende Unterrichtung und Anhörung dient der Willensbildung, ob überhaupt der Antrag auf Zustimmung beim Integrationsamt gestellt werden soll. Die SBV soll den Arbeitgeber in diesem Beteiligungsverfahren im Geiste *„enger Zusammenarbeit“* (§ 99 Abs. 1 SGB IX) Hinweise darauf geben, ob der Antragstellung erhebliche Gründe entgegenstehen. So kann die SBV zB gegen die Antragstellung einwenden, dass das nach § 84 Abs. 1 SGB IX bei Auftreten von Schwierigkeiten erforderliche innerbetriebliche Präventionsverfahren noch nicht durchgeführt worden und deshalb eine Zurückweisung des Zustimmungsantrags zu besorgen ist. Der Arbeitgeber kann dann frei entscheiden, ob die vorgebrachten Gründe gewichtig genug sind, seine Absicht fallen zu lassen. Die SBV hat insoweit

189 Kleinebrink, DB 2017, 126, 130.

190 Position der BIH, Beteiligung der Schwerbehindertenvertretung vor Ausspruch einer Kündigung nach § 95 Abs. 2 SGB IX (Unwirksamkeitsklausel), Köln, April 2017, zur Veröffentlichung in „Behindertenrecht“ vorgesehen, abrufbar unter www.integrationsaemter.de.

191 So zutreffend: BDA Rundschreiben vom 15. Dezember 2016, Änderungen des Rechts der Schwerbehindertenvertretung im SGB IX durch das Bundesteilhabegesetz.

weder ein Veto- noch gar ein Mitbestimmungsrecht. Sie wirkt nur durch die Kraft ihrer Argumente.[192]

133 Hat der Arbeitgeber die Zustimmung des Integrationsamts als Erlaubnis zur Abgabe der **Erklärung der ordentlichen Kündigung** binnen **Monatsfrist** nach § 88 Abs. 3 SGB IX erhalten, bedarf es jedenfalls dann der erneuten Anhörung, wenn das Integrationsamt die Erlaubnis nur unter Bedingungen oder Auflagen erteilt oder der Arbeitgeber einvernehmlich mit dem Integrationsamt den ursprünglich zum Anlass der Kündigung genommenen Sachverhalt ändert oder austauscht. In diesen Fällen trifft nämlich der Arbeitgeber eine neue Entscheidung, nämlich die, ob er unter geänderten Umständen von der Erlaubnis Gebrauch macht. Deshalb ist hier eine Anhörung geboten. In den anderen Fällen reicht die Unterrichtung über die Erteilung der Erlaubnis aus. Unterrichtungspflichtig ist die Erteilung der Erlaubnis, weil sie eine Angelegenheit des einzelnen schwerbehinderten Menschen iSv § 95 Abs. 2 Satz 1 SGB IX ist. Wird die SBV nicht in jeweils gebotenem Umfang beteiligt, greift die Unwirksamkeitsanordnung des § 95 Abs. 2 Satz 3 SGB IX ein.

134 Problematisch ist, ob auch noch nach der Zustimmung des Integrationsamts zur außerordentlichen Kündigung der Arbeitgeber erneut die SBV anhören muss. Dagegen spricht, dass nach § 91 Abs. 5 SGB IX die Erklärung der außerordentlichen Kündigung unverzüglich nach Erteilung der Zustimmung erklärt werden muss. Hier ist nur dann eine erneute Anhörung erforderlich, wenn sich der zum wichtigen Grund genommene Sachverhalt, der vor der Einholung der Zustimmung der SBV Gegenstand der Anhörung war, zwischenzeitlich wesentlich geändert hat. Dann hat der Arbeitgeber eine erneute Entscheidung getroffen, für die § 95 Abs. 2 Satz 1 SGB IX vorsieht, dass die SBV Gelegenheit zur Stellungnahme erhalten soll. Sonst reicht auch hier die Unterrichtung der SBV über die dem Arbeitgeber erteilte Kündigungserlaubnis. Wird diese nicht vorgenommen, greift die Unwirksamkeitsanordnung des § 95 Abs. 2 Satz 3 SGB IX ein.

8. Fristen für Stellungnahme im Rahmen der Anhörung

135 In § 102 Abs. 2 BetrVG sind konkrete Regelfristen für die Zeit festgesetzt, innerhalb derer der Betriebsrat im Rahmen der Anhörung zur beabsichtigten Kündigung eine Stellungnahme abgeben kann. Diese betragen bei der außerordentlichen Kündigung drei Tage und bei der ordentlichen Kündigung eine Woche. In dem Anhörungsgebot des § 95 Abs. 2 Satz 1 SGB IX fehlen Hinweise auf **Fristen**. Der neu eingefügte Satz 3 enthält ebenfalls keine Hinweise. Im Schrifttum wird eine **analoge Anwendung** empfohlen.[193] Danach sind der Schwerbehindertenvertretung die gleichen Fristen einzuräumen wie dem Betriebsrat:[194]

- Bei einer beabsichtigten ordentlichen Kündigung: Eine Woche.
- Bei einer beabsichtigten außerordentlichen Kündigung: Drei Tage.

192 BAG 15.8.2006 – 9 ABR 61/05 – NZA 2007, 22.
193 Kleinebrink, DB 2017, 126, 129.
194 http://www.cmshs-bloggt.de/arbeitsrecht/kuendigung-schwerbehindert-2017/#, Aufruf 15.1.2017, so schon zum alten Recht: KR/Gallner Vor §§ 85–92 SGB IX Rn. 44.

Die Einhaltung dieser Fristen empfiehlt auch die BDA.[195] Dies ist zutreffend; denn § 95 Abs. 2 Satz 1 bis 3 SGB IX nF enthält eine Lücke. § 102 Abs. 2 BetrVG ist zum Schließen der vom Gesetzgeber gelassenen Lücke entsprechend anzuwenden. Die **Fristberechnung** richtet sich nach den in §§ 187 ff. BGB geregelten Grundsätzen der Zivilkomputation. Die Wochenfrist beginnt nach § 187 Abs. 1 BGB mit dem Tag, an dem die Unterrichtung der Vertrauensperson nach § 130 BGB zugeht. Da § 102 Abs. 2 Satz 3 nicht von Arbeitstagen spricht, sind auch die Wochenendtage als volle Tage bei der Berechnung der Frist anzurechnen. Fällt allerdings der letzte Tag der Frist auf einen Samstag, Sonntag oder einen gesetzlicher Feiertag, so verlängert sich die Frist gem. § 193 BGB bis zum Ablauf des nächsten Werktages. Bei der Berechnung der Wochenfrist endet die Frist folglich nach § 188 Abs. 2 BGB am letzten Tag der Woche, welche durch seine Benennung dem Tag entspricht, an dem die Unterrichtung der Vertrauensperson zugegangen ist. 136

Beispiel: Die Vertrauensperson wird vom Arbeitgeberbeauftragten am Montagnachmittag über die Absicht der ordentlichen Kündigung umfassend unterrichtet. Dann läuft die Stellungnahmefrist am Montag der Folgewoche ab. 137

Allerdings weist Bayreuther darauf hin, dass das Schwerbehindertenrecht in § 95 Abs. 2 Satz 2 SGB IX mit „*sieben Tagen*" eine von der Wochenfrist abweichende eigenständige Frist für die Aussetzung der Entscheidung bei Nichtunterrichtung der SBV setzt.[196] Wird diese Frist für die Bemessung der Stellungnahmefrist zur beabsichtigten ordentlichen Kündigung lückenfüllend angewandt, so verlängert sich die Wartefrist für den Arbeitgeber um einen Tag. Da nach den Grundsätzen der Zivilkomputation der Tag der Unterrichtung gemäß 187 Abs. 1 BGB außer Betracht bleibt, endet nämlich die siebentätige anders als die Wochenfrist erst mit Ablauf des achten Kalendertags nach der Unterrichtung. Es wird deshalb Arbeitgebern empfohlen, den sicheren Weg zu beschreiten und einen zusätzlichen Tag in ihre Zeitkalkulation einzustellen.[197] Wer zu früh die Kündigung erklärt, ohne die Stellungnahme oder bei Schweigen der SBV den Ablauf der richtig berechneten Stellungnahmefrist abzuwarten, bewirkt die Unwirksamkeit seiner Kündigungserklärung. 138

Für die Anhörung der SBV in den Dienststellen können die Fristen aus § 102 BetrVG nicht herangezogen werden. Hier sind die Fristen einschlägig, die für die Anhörung von Personalräten im Personalvertretungsrecht gelten.[198] Dort ist für die Personalräte in den **Dienststellen des Bundes** in § 69 Abs. 2 Satz 3 und 4 BPersVG geregelt: „*Der Beschluss des Personalrates über die beantragte Zustimmung ist dem Leiter der Dienststelle innerhalb von sieben Arbeitstagen mitzuteilen. In dringenden Fällen kann der Leiter der Dienststelle diese Frist auf drei Arbeitstage abkürzen.*" Die Länder haben davon abweichende Regelungen für den Geltungsbereich ihrer **Landesper-** 139

195 BDA Rundschreiben vom 15. Dezember 2016, Änderungen des Rechts der Schwerbehindertenvertretung im SGB IX durch das Bundesteilhabegesetz.
196 Bayreuther, Der neue Kündigungsschutz schwerbehinderter Arbeitnehmer nach § 95 II SGB IX, NZA 2017, 87, 90.
197 Bayreuther, Der neue Kündigungsschutz schwerbehinderter Arbeitnehmer nach § 95 II SGB IX, NZA 2017, 87, 90.
198 Kleinebrink, DB 2017, 126,129.

sonalvertretungsgesetze getroffen. So ist in NRW dem Personalrat bei der ordentlichen Kündigung in § 74 Abs. 1, 5 iVm § 66 Abs. 2 Satz 2 LPVG bestimmt: „*Der Beschluss des Personalrats über die beantragte Zustimmung ist der Dienststelle innerhalb von zwei Wochen mitzuteilen; in dringenden Fällen kann die Dienststelle diese Frist auf eine Woche verkürzen.*“ Für die Stellungnahme zur Kündigung in der Probezeit und zur außerordentlichen Kündigung gilt in NRW nach § 74 Abs. 6 LPVG: „*Hat der Personalrat gegen eine beabsichtigte Kündigung in der Probezeit oder gegen eine außerordentliche Kündigung Einwendungen, gibt er diese binnen drei Arbeitstagen der Dienststelle schriftlich zur Kenntnis.*“

9. Berechnung des Ablaufs der Stellungnahmefrist

140 Nach der Zivilkomputation läuft die der SBV bei einer Kündigung einzuräumende Wochen- oder Tagesfrist erst um 24.00 Uhr des letzten Tages der Frist ab. Fraglich ist, ob der Arbeitgeber auch noch bis 24 Uhr[199] oder nur bis Dienstschluss der Personalabteilung zB 17 Uhr auf den Eingang der Stellungnahme warten muss.[200] Da die SBV die Stellungnahme dem Arbeitgeber so zuleiten muss, dass der **Zugang** iSv § 130 Abs. 1 Satz 1 BGB noch bis 24 Uhr des letzten Tages bewirkt wird, sprechen die besseren Argumente dafür, dass der Arbeitgeber nur bis Ende der Arbeitszeit des für die SBV auf Arbeitgeberseite bestimmten Ansprechpartners warten muss. Hat der Arbeitgeber ein **Postfach** oder einen Briefkasten für die Korrespondenz mit der SBV eingerichtet, so gehen ihm Schriftstücke, die außerhalb der Geschäftsstunden eingelegt werden, nicht vor Beginn der Geschäftsstunden am nächsten Arbeitstag zu.[201] Etwas anderes kann nur gelten, soweit Arbeitgeber sogenannte Nachtbriefkästen eingerichtet haben, um die Fristausschöpfung zu gewährleisten. Es kann jedoch nicht ohne entsprechende Abrede davon ausgegangen werden, dass die von Behörden für die Angelegenheiten der Bürger eingerichteten Nachtbriefkästen auch zur fristwahrenden Empfangsvorrichtung für Erklärungen der in der Dienststelle bestehenden SBV bestimmt sind.

10. Prüfung der Stellungnahme

141 Gibt die Schwerbehindertenvertretung fristgerecht ihre Stellungnahme zu der vom Arbeitgeber beabsichtigten Kündigung ab, hat der Arbeitgeber diese entgegenzunehmen. Nach der in § 99 Abs. 1 SGB IX auferlegten Verpflichtung zur engen Zusammenarbeit obliegt dem Arbeitgeber mehr zu tun, als nur die Stellungnahme entgegen zu nehmen. Er ist gehalten zu prüfen, ob die Argumente, die diese Schwerbehindertenvertretung vorbringt, eine andere Beurteilung des Sachverhalts zulassen, der Gegenstand der Kündigung sein soll.[202] Nach der Prüfung der eventuellen Stellungnahme ist der Arbeitgeber **frei** zu entscheiden, ob er an seiner der Kündigungsabsicht

199 So LAG Berlin 21.6.1999 – 18 Sa 71/99 – juris; aA LAG Hamm 11.2.1992 – 2 Sa 1615/91 – LAGE § 102 BetrVG 1972 Nr. 33 = DB 1992, 2640.

200 So LAG Hamm 11.2.1992 – 2 Sa 1615/91 – LAGE § 102 BetrVG 1972 Nr. 33 = DB 1992, 2640.

201 Allgemein zu Geschäftsbriefkästen: BGH 10.2.1994 – IX ZR 7/93 – juris Rn. 1 – WM 1994, 903; Reichold in Herberger/Martinek/Rüßmann ua, jurisPK-BGB, 7. Aufl. 2014, § 130 BGB, Rn. 13.

202 Deinert/Neumann/Düwell, Rehabilitation und Teilhabe behinderter Menschen, 2. Aufl. 2010, § 20 Rn. 163; Kleinebrink, DB 2017, 126, 130.

festhalten will und sie auch – soweit es nicht noch der Einholung der Zustimmung des Integrationsamts bedarf – gegenüber dem Arbeitnehmer erklären will.

11. Unverzügliche Mitteilung der getroffenen Entscheidung

Aus § 95 Abs. 2 Satz 1 SGB IX folgt, dass nach der Unterrichtung und Anhörung 142 noch ein dritter notwendiger Beteiligungsschritt vor dem Ausspruch der Kündigung erfolgen muss: Der SBV ist unverzüglich nach ihrer Anhörung die vom Arbeitgeber getroffene Entscheidung mitzuteilen.[203] Der Wortlaut des neu eingefügten Satzes 3 ist eindeutig: *„Die Kündigung eines schwerbehinderten Menschen, die der Arbeitgeber ohne eine Beteiligung nach Satz 1 ausspricht, ist unwirksam.“* Soll die Unwirksamkeitsfolge vermieden werden, ist deshalb **vor Abgabe der Kündigungserklärung** der SBV die getroffene **Entscheidung mitzuteilen.**[204] Die SBV soll als Partner iSv § 99 Abs. 1 SGB das Ergebnis der Anhörung kennen, bevor die Kündigung ausgesprochen wird.

Es ist daher zur Vermeidung unwirksamer Kündigungen der Empfehlung der BDA[205] 143 zu folgen und in folgender Reihenfolge vorzugehen:

1. Ohne schuldhaftes Zögern nach Fassung des Entschlusses, eine Kündigung zu erwägen, die SBV über Person, Kündigungsabsicht, Kündigungsart, Kündigungstermin und zum Anlass genommenen Kündigungssachverhalt unterrichten,
2. der SBV entsprechend § 102 Abs. 2 BetrVG Zeit zur Abgabe einer Stellungnahme einräumen und
3. die getroffene Entscheidung des Arbeitgebers unverzüglich der SBV mitteilen.

12. Kündigung in der Wartezeit

Kündigt der Arbeitgeber das Arbeitsverhältnis mit einem schwerbehinderten oder 144 gleichgestellt behinderten Beschäftigten, ohne die nach § 85 SGB IX erforderliche Zustimmung des Integrationsamts zu haben, ist diese Kündigung nach § 134 BGB unwirksam. Nach § 90 Abs. 1 Nr. 1 SGB IX gelten die Vorschriften des vierten Kapitels des zweiten Teils des SGB IX zum Kündigungsschutz jedoch nicht für Beschäftigte, deren Arbeitsverhältnis zum Zeitpunkt des Zugangs der Kündigung noch nicht länger als sechs Monate besteht. Somit ist der Arbeitgeber sowohl von dem Zustimmungserfordernis als auch dem Erfordernis der sozialen Rechtfertigung befreit, wenn er innerhalb der **sechsmonatigen Wartezeit** für den allgemeinen Kündigungsschutz (§ 1 Abs. 1 KSchG) den Zugang der Kündigung beim Beschäftigten bewirkt. Diese Ausnahme vom Schutz gilt nicht für die neue Unwirksamkeitsnorm des § 95 Abs. 2 Satz 3 SGB IX.[206] Dies ergibt sich schon aus dem Kontext der Norm. Die Regelung

---

203 Ebenso: Esser/Isenhardt in Schlegel/Voelzke, jurisPK-SGB IX, 2. Aufl. 2015, § 95 SGB IX Rn. 20.8; Kleinebrink, DB 2017, 126, 130.

204 Ebenso: Esser/Isenhardt in Schlegel/Voelzke, jurisPK-SGB IX, 2. Aufl. 2015, § 95 SGB IX Rn. 20.8; Kleinebrink, DB 2017, 126, 130.

205 BDA Rundschreiben vom 15. Dezember 2016, Änderungen des Rechts der Schwerbehindertenvertretung im SGB IX durch das Bundesteilhabegesetz.

206 Zutreffend: Bayreuther, Der neue Kündigungsschutz schwerbehinderter Arbeitnehmer nach § 95 II SGB IX, NZA 2017, 87, 89.

zur Beteiligung der SBV findet sich im fünften Kapitel. Auch die wortgleich durch Art. 1 BTHG für 2018 nach § 173 Abs. 1 Nr. 1 SGB IX übernommene Vorschrift befindet sich im vierten Kapitel Schwerbehindertenrecht im SGB IX. Folglich kann die in § 90 Abs. 1 Nr. 1 (ab 1.1.2018: § 173 Abs. 1 Nr. 1) SGB IX vorausgesetzte Wartezeit schon aus Gründen der Gesetzessystematik keine Geltungsbereichsausnahme für die Anwendung der Unwirksamkeitsfolge aus § 95 Abs. 2 Satz 3 (ab 1.1.2018: § 178 Abs. 2 Satz 3) SGB IX sein. Unanwendbar ist hier auch die Rspr. des Sechsten und Achten Senats zu § 84 Abs. 1 SGB IX, nach der das Präventionsverfahren während der ersten sechs Monate des Beschäftigungsverhältnisses nicht zur Anwendung kommen soll. Nach dieser zweifelhaften Rspr. soll der Arbeitgeber auch bei schwerbehinderten Arbeitnehmern die Gelegenheit haben, diese weitgehend frei von Kündigungsbeschränkungen zu erproben.[207] Selbst wenn dieser Linie der Rspr. zugestimmt wird, folgt daraus keinesfalls, dass auch die Unterrichtungspflichten aus § 95 Abs. 2 SGB IX entfallen müssen. Die Regelungen des § 95 SGB IX gelten immer und ganz unabhängig von der Beschäftigungsdauer einzelner Arbeitsverhältnisse. Denn es handelt sich um Regelungen zum Aufgabenbereich der SBV. Für die Praxis bedeutet dies, dass das Anhörungsverfahren in den ersten sechs Monaten eines Beschäftigungsverhältnisses eine herausragende Bedeutung erhält. Da das Integrationsamt noch nicht eingebunden wird, muss die SBV hier quasi die Schutzfunktion des Integrationsamts mit übernehmen.

13. Unbekannte oder noch nicht anerkannte Schwerbehinderung

145 Der Beteiligung der SBV vor der Kündigung bedarf es nicht, wenn dem Arbeitgeber zum Zeitpunkt des Zugangs der Kündigung die **Schwerbehinderung** des Arbeitnehmers **unbekannt** ist. Der schwerbehinderte Beschäftigte muss, um in den Geltungsbereich des Schutzes des § 95 Abs. 2 Satz 3 SGB IX zu gelangen, seine amtlich festgestellte Schwerbehinderung dem Arbeitgeber melden. Das Beteiligungserfordernis entfällt auch, wenn der schwerbehinderte Arbeitnehmer zu spät bei den zuständigen Stellen (Versorgungsamt oder nach Landesrecht zuständiger Behörde) die Feststellung der Schwerbehinderung beantragt hat. Der Arbeitnehmer muss dem Arbeitgeber bis zum Zeitpunkt des Kündigungsentschlusses den Schwerbehindertenausweis oder den **Feststellungsbescheid** des Versorgungsamtes nach § 69 SGB IX über einen GdB von wenigstens 50 vorgelegt haben. Nur dann besteht eine Verpflichtung zur Beteiligung der SBV nach § 95 Abs. 2 Satz 1 SGB IX. Solange das Antragsverfahren auf Gleichstellung oder auf Feststellung der Schwerbehinderung nicht positiv beschieden ist, gehört der Antragsteller noch nicht zu der von der SBV repräsentierten Gruppe der schwerbehinderten Beschäftigten.

207 BAG 21.4.2016 – 8 AZR 402/14 –, BAGE 155, 61 = Behindertenrecht 2016, 150; BAG 28.6.2007 – 6 AZR 750/06 – Rn. 40 – BAGE 123, 191 = Behindertenrecht 2008, 82; ablehnend: Gagel, jurisPR-ArbR 39/2007 Anm. 1, Deinert, Anm. AP Nr. 27 zu § 307 BGB.

Etwas anderes gilt nur, wenn die Behinderung so offenkundig ist, dass dem Arbeitgeber sich wegen der erkennbaren Art und Schwere der Behinderung ohne Weiteres das Vorliegen der Eigenschaft schwerbehinderter Mensch aufdrängen muss.[208] 146

Beispiel: Der Arbeitgeber erfährt, dass der von ihm beschäftigte Lkw-Fahrer infolge eines Unfalls erblindet ist oder beide Beine verloren hat. 147

Im Schrifttum wird demgegenüber vertreten, die zu § 90 Abs. 2 a Alt. 2 SGB IX von der Rspr. entwickelten Rechtsgedanken einer **Vorfrist**[209] müssten auch dann Anwendung finden, wenn der Arbeitnehmer den Antrag auf Anerkennung wenigstens drei Wochen vor dem Zugang der Kündigung bei der Feststellungsbehörde gestellt habe und der ergangene Bescheid auf den Zeitpunkt des Kündigungszugangs zurückwirke.[210] Dem ist zu widersprechen. Es wird verkannt, dass § 95 Abs. 2 Satz 3 SGB IX keine Einräumung einer individuellen kündigungsschutzrechtlichen Position wie im Fall des § 85 SGB IX, sondern nur eine sanktionierende Rechtsfolgenanordnung für den Fall der unterbliebenen Beteiligung der SBV nach Satz 1 enthält. Hier kommt es deshalb darauf an, ob eine Beteiligungspflicht vor Ausspruch der Kündigung bestand. Das wird durch folgende Kontrollüberlegung bestätigt: Bei Anwendung der Vorfristregelung erhielte derjenige, dessen Antrag später von der Behörde abgelehnt wird, einen nicht vorgesehenen Vorteil. Er würde, obwohl objektiv keine Zuständigkeit der SBV besteht, von dieser im Rahmen der Anhörung vertreten. Demgegenüber zeigt der Vergleich mit dem eigentlichen Anwendungsbereich des § 90 Abs. 2 a SGB IX, der den Geltungsbereich des besonderen Kündigungsschutzes aus Gründen der Missbrauchsgefahr durch willkürliche Antragstellung einschränkt, dass dort nur der Erhalt des Kündigungsschutzes für denjenigen beabsichtigt ist, dessen Antrag erfolgreich ist. Dem erfolglosen Antragsteller wird jede Rechtsposition versagt. Demgegenüber hätte bei Anwendung der Vorfristregelung der vermeintlich schwerbehinderte Antragsteller den nicht vorgesehenen Vorteil der zusätzlichen Interessenvertretung, die unter Umständen die Aufgabe des Kündigungsentschlusses bewirken kann. 148

14. Laufendes Gleichstellungsverfahren

Der **Gleichstellungsbescheid** der Arbeitsagentur nach § 68 Abs. 2 SGB IX wirkt konstitutiv, dh rechtsbegründend.[211] Ihm kann nach § 68 Abs. 2 Satz 2 SGB IX auch Rückwirkung ab dem Tag der Antragstellung zukommen, wenn die Sach- und Rechtslage bereits zu diesem Zeitpunkt eine Gleichstellung rechtfertigte. Diese **Rückwirkung** kommt nach der Rspr. analog § 90 Abs. 2 a Alt. 2 SGB IX in Bezug auf den besonderen Kündigungsschutz aus § 85 SGB IX den Antragstellern zugute, die den Gleichstellungsantrag mindestens drei Wochen vor Zugang der Kündigung bei der 149

208 Vgl. LAG Rheinland-Pfalz 12.1.2017 – 5 Sa 361/16 – AA 2017, 72.
209 BAG 1.3.2007 – 2 AZR 217/06 – BAGE 121, 335.
210 Bayreuther, Der neue Kündigungsschutz schwerbehinderter Arbeitnehmer nach § 95 II SGB IX, NZA 2017, 87, 89.
211 BAG 24.11.2005 – 2 AZR 514/04 – AP Nr. 43 zu § 1 KSchG 1969 Krankheit; BAG 28.6.1995 – 7 AZR 555/94 – AP Nr. 6 zu § 59 BAT; BSG 19.12.2001 – B 11 AL 57/01 R – SozR 3-3870 § 2 Nr. 2; BVerwG 15.12.1988 – 5 C 67/85 – BVerwGE 81, 84.

Arbeitsagentur gestellt und mit ihrem Antrag Erfolg haben.[212] Ebenso wie für die Schwerbehinderung wird im Schrifttum auch für die Laufdauer des Antragsverfahrens auf Gleichstellung eine Erstreckung der Rückwirkung auf die Beteiligung der SBV gefordert.[213] Dem kann nicht zugestimmt werden. Der Anspruch der SBV auf das Beteiligungsverfahren nach § 95 Abs. 2 Satz 1 SGB IX entsteht erst mit der Bekanntgabe des Gleichstellungsbescheids. Erst ab diesem Zeitpunkt ist der gleichgestellte behinderte Mensch nach § 94 Abs. 2 SGB IX wahlberechtigt.[214] Solange die Wahlberechtigung nicht besteht, fehlt die Vertretungsbefugnis der SBV. Das entspricht auch der Rspr. zur Einladungspflicht zu Vorstellungsgesprächen nach § 82 SGB IX. Dort genügt weder der mitgeteilte Antrag auf Gleichstellung[215] noch die von der Arbeitsagentur erklärte Zusicherung der Gleichstellung.[216] Im Übrigen gelten gegen eine kollektivrechtliche Vorwirkung der Stellung des Gleichstellungsantrags die gleichen Einwände, die gegen die kollektivrechtliche Vorwirkung der Stellung des Antrags auf Feststellung der Schwerbehinderung sprechen (siehe Unkenntnis von der Schwerbehinderung Rn. 145 ff.).

15. Kündigung und Aussetzung[217]

150 Hat der Arbeitgeber die **Unterrichtungs-** oder **Anhörungspflicht verletzt**, so ist die Durchführung der getroffenen Entscheidung nach § 95 Abs. 2 Satz 2 (ab 1.1.2018: § 178 Abs. 2 S. 2) SGB IX vom Arbeitgeber **aussetzen**. Die Aussetzung beinhaltet die Pflicht des Arbeitgebers, die unterlassene Unterrichtung und Anhörung innerhalb von sieben Tagen nachzuholen. Vor der Nachholung ist dem Arbeitgeber die Durchführung oder Vollziehung der ohne Beteiligung getroffenen Entscheidung untersagt. Diese Pflicht des Arbeitgebers begründet zugleich ein Recht der SBV auf Nachholung der unterlassenen Beteiligung. Zur Sicherung ihres Rechts kann die SBV im einstweiligen Rechtsschutzverfahren eine **Unterlassungsverfügung** erwirken.[218] Eine weitere Rechtsfolge, die bei personellen Einzelmaßnahmen als Sanktion eingesetzt werden kann, besteht in der **Verweigerung** einer nach § 99 Abs. 1 BetrVG erforderlichen **Zustimmung**. Zum Beispiel kann der Betriebsrat die Zustimmung nach § 99 Abs. 2 Nr. 1 BetrVG verweigern, weil die beabsichtigte Versetzung eines schwerbehinderten Arbeitnehmers gegen § 95 Abs. 2 Satz 1 und 2 SGB IX verstößt, wenn der Arbeitgeber die SBV weder unterrichtet noch anhört.[219] Auch der Arbeitgeber kann § 95 Abs. 2 Satz 2 SGB IX nutzen. Hat der Arbeitgeber entgegen § 95 Abs. 2 Satz 1 (ab 1.1.2018: § 178 Abs. 2 Satz 1) SGB IX vor der Stellung des Antrags auf Zustimmung zur Kündigung die SBV nicht angehört, so besteht die Möglichkeit der Nachholung bei

---

212 BAG 1.3.2007 – 2 AZR 217/06 – AP Nr. 2 zu § 90 SGB IX.
213 Bayreuther, Der neue Kündigungsschutz schwerbehinderter Arbeitnehmer nach § 95 II SGB IX, NZA 2017, 87, 89.
214 Bayerischer VGH 1.7.1987 – 18 C 87.00852 – PersV 1988, 278.
215 LAG Hamm 26.11.2015 – 15 Sa 803/15 – EzTöD 100 § 2 TVöD-AT Auswahlverfahren Nr. 57.
216 BAG 27.1.2011 – 8 AZR 580/09 – Rn. 32 f. – NZA 2011, 737; weiterführend zum Instrument der Zusicherung: Beyer, jurisPR-ArbR 35/2011 Anm. 2; kritisch zur Praxis der Zusicherung: Düwell, Zusicherung der Gleichstellung allein genügt nicht, Sozialrecht und Praxis 2011, 595.
217 Zum Ganzen siehe auch Düwell in Grobys/Panzer, Stichwortkommentar Arbeitsrecht, 3. Aufl. 2017 (in Vorbereitung), Schwerbehindertenvertretung, Rn. 25.
218 ArbG München 5.6.1989 – 6 BVGa 80/89 – Behindertenrecht 1990, 43.
219 LAG Rheinland-Pfalz 5.10.2011 – 8 TaBV 9/11, BeckRS 2012, 66204.

gleichzeitiger Aussetzung der noch nicht vollzogenen Kündigungsentscheidung.[220] Die gesetzwidrig getroffene Entscheidung sollte nach einer 1983 vom Zweiten Senat des BAG vollzogenen Rechtsprechungs-Wende eine individualrechtliche Willenserklärung wie Anfechtung oder **Kündigung nicht unwirksam** werden lassen.[221] Diese kritikwürdige Rspr. ist seit dem 30.12.2016 überholt. Der Gesetzgeber hat sie korrigiert. Art. 2 Nr. 6 b BTHG hat in § 95 Abs. 2 den neuen Satz 3 SGB IX eingefügt. Dieser ordnet ausdrücklich an, dass die Kündigung des Arbeitsverhältnisses eines schwerbehinderten Menschen, die der Arbeitgeber ohne ordnungsgemäße Beteiligung der SBV iSv § 95 Abs. 2 Satz 1 SGB IX ausspricht, unwirksam ist (weitere Einzelheiten Rn. 120 ff.). Somit muss der Arbeitgeber vor Ausspruch der Kündigung die SBV unverzüglich und umfassend unterrichten, sie vor der Entscheidung anhören und ihr die getroffene Entscheidung unverzüglich mitteilen, wenn er die ausdrücklich gesetzlich angeordnete **Unwirksamkeitsfolge** vermeiden will.

Auch ohne Anwendung des neu eingefügten Satz 3 in § 95 Abs. 2 SGB IX war das **151**
Unterlassen der Beteiligung der Schwerbehindertenvertretung mit einem Unwirksamkeitsrisiko für die Kündigung verbunden.[222] Das ergibt sich daraus, dass auf Verlangen der SBV die unterbliebene Beteiligung innerhalb von sieben Tagen nachzuholen und sodann erst endgültig zu entscheiden ist (§ 95 Abs. 2 Satz 2 SGB IX). Bis zur **Nachholung** kann die SBV vom Arbeitgeber die **Unterlassung** des Ausspruchs der Kündigung verlangen. Sie hat auch nach § 2 a Abs. 1 Nr. 3 a, § 85 ArbGG iVm § 980 ZPO die erforderliche Antragsbefugnis, um beim Arbeitsgericht im Wege des einstweiligen Rechtsschutzes die Unterlassung durchsetzen.[223] Der Arbeitgeber kommt in diesem Fall in eine **Zeitfalle**. Die erforderliche Nachholung der Anhörung der Schwerbehindertenvertretung verzögert den Ausspruch der Kündigung. Das wirkt sich bei einer beabsichtigten außerordentlichen Kündigung so aus, dass nicht mehr unverzüglich iSv § 91 Abs. 5 SGB IX die Kündigung erklärt werden kann. Dieses Sonderproblem hat sich durch das neue Recht erledigt. Mit dem neu eingefügten Satz 3 ist die in § 95 Abs. 2 Satz 2 SGB IX geregelte Aussetzungsoption für Kündigungen weitgehend obsolet geworden.[224] Eine Aussetzung der Maßnahme erübrigt sich, wenn dem Arbeitnehmer die Kündigung bereits zugegangen ist. Dann ist bereits nach dem neuen Satz 3 die Kündigung unheilbar nichtig.[225]

220 OVG Nordrhein-Westfalen 28.1.2013 – 12 A 1633/10.
221 BAG 28.7.1983 – 2 AZR 122/82 – DB 1984, 133.
222 Vgl. Breitfeld/Strauß, BB 2012, 2817, 2823; Düwell, BB 2011, 2485.
223 So auch: Kossens ua/Kossens § 95 SGB IX Rn. 40.
224 Bayreuther, Der neue Kündigungsschutz schwerbehinderter Arbeitnehmer nach § 95 II SGB IX, NZA 2017, 87, 90.
225 Bayreuther, Der neue Kündigungsschutz schwerbehinderter Arbeitnehmer nach § 95 II SGB IX, NZA 2017, 87, 90.

§ 8 Vereinfachung von Wahlverfahren durch Art. 2 BTHG

I. Einführung des Begriffs „überörtliche Vertretungen"

In § 97 Abs. 7 SGB IX hat der Gesetzgeber mit der Bezeichnung *„überörtliche Vertretungen"* einen neuen gemeinsamen Oberbegriff für die Konzern-, Gesamtschwerbehindertenvertretungen der Privatwirtschaft und die Stufenvertretungen des öffentlichen Dienstes geprägt. § 97 Abs. 3 SGB IX regelt das Recht der Vertretungen der schwerbehinderten Beschäftigten im **Geschäftsbereich mehrstufiger Verwaltungen**. Bei den Mittelbehörden werden danach Bezirksschwerbehindertenvertretungen und bei den obersten Dienstbehörden Hauptschwerbehindertenvertretungen gewählt. Zusammenfassend werden diese Vertretungen entsprechend dem hierarchischen Aufbau der Verwaltung als Stufenvertretungen bezeichnet. Nach § 97 Abs. 1 Satz 1 und § 97 Abs. 2 Satz 1 SGB IX werden für die Unternehmen und Konzerne **Gesamt- und Konzernschwerbehindertenvertretungen** gewählt. Der neue Oberbegriff soll alle diese Vertretungen als *„überörtlich"* zusammenfassen. Zwar hinkt die Bezugnahme auf den Ort, weil die Frage der Örtlichkeit keine wesentliche Bedeutung für die Bildung der Vertretungen nach dem Dienststellen- bzw. Betriebsbegriff hat. Der neue Begriff macht dennoch bildhaft deutlich, welche Vertretungen gemeint sind, nämlich diejenigen, die für die Vertretungsebenen zu wählen sind, die Dienststellen und Betriebe übergreifen. 152

II. Vereinfachtes Wahlverfahren zu überörtlichen Vertretungen

In § 97 Abs. 7 SGB IX ist angefügt: *„§ 94 Absatz 6 mit der Maßgabe, dass bei den Wahlen zu überörtlichen Vertretungen der zweite Halbsatz des Satzes 3 nicht anzuwenden ist."* 153

Mit der Anfügung in § 97 (ab 1.1.2018: § 180 Abs. 7) SGB IX hat der Gesetzgeber für eine Korrektur des von dem Siebten Senat des BAG aufgestellten Rechtssatzes gesorgt, dass für die Anwendung der sogenannten vereinfachten Wahlverfahren der Wahlbezirk für eine Hauptschwerbehindertenvertretung nicht aus räumlich weit auseinander liegenden Mittelbehörden und Dienststellen bestehen dürfe.[226] Diese Entscheidung des BAG betraf zwar nur die Anfechtung der Wahl der Hauptschwerbehindertenvertretung des Bundesverteidigungsministeriums (BMVg). Der fallübergreifend aufgestellte Rechtssatz betraf jedoch alle Wahlen zu Stufenvertretungen im Geltungsbereich der Personalvertretungsgesetze. Er galt zudem auch für die Wahlen zu den Konzern- und Gesamtschwerbehindertenvertretungen im Geltungsbereich der Betriebsverfassung. Damit wurde der in § 22 Abs. 3 **Wahlordnung Schwerbehindertenvertretungen** (SchwbVWO) zugelassenen und seit langem bewährten Praxis, auf der von der amtierenden Vertretung einberufenen Jahresversammlung der Vertrauensleu- 154

226 BAG 23.7.2014 – 7 ABR 61/12 – NZA-RR 2015, 51; ablehnend: Düwell, BB 2015, 53, 53 f.; Edenfeld, PersV 2015, 63; Sachadae, ZBVR online 2/2015, S. 32, 33; Sachadae, Behindertenrecht 2015, 22, 25; Sachadae, PersV 2015, 170, 175.

te (§ 97 Abs. 8 SGB IX) die Nachfolger im vereinfachten Verfahren wählen zu lassen, die Rechtsgrundlage entzogen.[227]

155 Der vom Siebten Senat dem § 94 Abs. 6 Satz 3 SGB IX entnommene Grundsatz besagt, dass bei weit auseinander liegenden Teilen von Betrieben oder Dienststellen stets und ohne Rücksicht auf die sonst maßgebliche Schwellenzahl von 50 Wahlberechtigten das **vereinfachte Wahlverfahren** nicht angewandt werden darf. Damit wird zwingend die Wahl auf einer Versammlung ausgeschlossen und das zeitlich mindestens acht Wochen dauernde förmliche Wahlverfahren mit Bestellung eines dreiköpfigen Wahlvorstands (§ 1 Abs. 1 SchwbVWO), die Einreichung von schriftlichen mit einer Mindestzahl von Unterstützungsunterschriften versehenen Vorschlägen (§ 6 SchwbVWO) und der schriftlichen Stimmabgabe in einem Wahlraum oder in Form der Briefwahl (§ 11 SchwbVWO) vorgeschrieben. Nach den der Rechtssatzaufstellung zugrundeliegenden Erwägungen des Siebten Senats soll das **Erfordernis der räumlichen Nähe** dem ungestörten Informationsfluss innerhalb der Belegschaft über die Kandidaten dienen.[228] Im vereinfachten Verfahren könnten die Wahlberechtigten die Kenntnisse über die Wahlbewerber nur auf der Wahlversammlung erlangen. Das sei mit mehr Schwierigkeiten verbunden als im förmlichen Wahlverfahren, in dem die Wahlvorschläge längere Zeit bekannt seien.

156 Zutreffend ist, dass nach § 8 SchwbVWO im **förmlichen Verfahren** wenigstens eine Woche die Wahlvorschläge bekannt gemacht werden müssen. Für die Wahlen zu den überörtlichen Konzern-, Gesamt-, Bezirks- und Hauptschwerbehindertenvertretungen sind diese Überlegungen zur Sicherung fairer Wahlen eher kontraproduktiv. Die wahlberechtigten Vertrauenspersonen kennen sich von den Versammlungen der Vertrauenspersonen nach § 97 Abs. 8 SGB IX. Lädt die amtierende Gesamt-, Bezirks- oder Hauptvertrauensperson nach § 22 Abs. 3 SchwbVWO zur Wahlversammlung ein, so können die Vertrauenspersonen dort Wahlvorschläge unterbreiten und erörtern. Die direkte mündliche Kommunikation ist der Kenntnis von schriftlichen Wahlvorschlägen überlegen, auch wenn diese durch den Wahlvorstand mit einwöchigem Vorlauf vermittelt werden. Im Übrigen ist die Annahme des Siebten Senats unzutreffend. Der unterstellte bessere Informationsfluss im förmlichen Wahlverfahren setzt die Möglichkeit des persönlichen Kennens der Vorgeschlagenen voraus. Dieses wird jedoch mit zunehmender Betriebsgröße immer unwahrscheinlicher.[229] Das gilt insbesondere deshalb, weil bei überörtlichen Vertretungen der Kreis der nach § 94 Abs. 3 SGB IX passiv Wahlberechtigten deutlich weiter gefasst ist als jener der bis zu 49 Aktivwahlberechtigten und sogar im Fall der Wahl der Hauptschwerbehindertenvertretung beim BMVg mehrere zehntausend Beschäftigte umfasste. Die Annahme, dass die Wähler die potenziellen oder die später vorgeschlagenen Wahlbewerber typischerwei-

227 Dazu: Düwell, BB 2015, 53, 53; Kohte, Anmerkung zu BAG 23.7.2014 – 7 ABR 61/12 – DVfR Reha-Recht – Forum B – 18/2014, S. 4, Sachadae, ZBVR online 2/2015, 32.

228 BAG 23.7.2014 – 7 ABR 61/12 – Rn. 21 – NZA-RR 2015, 51; BAG 7.4.2004 – 7 ABR 42/03 – zu B II 2 der Gründe – NZA 2004, 745.

229 Sachadae, PersV 2015, 170, 175.

se kennen, ist irreführend. Das gilt unabhängig davon, ob Teile des Wahlbezirks räumlich nahe liegen oder nicht.[230]

Die vom Siebten Senat des BAG auf die überörtlichen Wahlen erstreckte Voraussetzung der den Informationsfluss sichernden Nähe konnte strukturbedingt nur in Ausnahmefällen erfüllt werden. Das führte zu nicht bedachten Nebenwirkungen. Ist zwingend im förmlichen Verfahren zu wählen, so bedarf es selbst dann der Einsetzung eines dreiköpfigen Wahlvorstands, wenn nur drei Wahlberechtigte vorhanden sind. Diese übertriebene und unverhältnismäßige Kosten verursachende Bürokratie war nicht gewollt. Das kann dem Umstand entnommen werden, dass der Gesetzgeber selbst bei der Einführung des SGB IX auch die Wahlordnung Schwerbehindertenvertretungen geändert hat. So ist in § 22 Abs. 3 SchwbVWO durch den Gesetzgeber des SGB IX die Wahl auf einer Versammlung der Vertrauenspersonen ausdrücklich zugelassen worden.[231] Die darauf gestützte gute Praxis der Wahl auf Wahlversammlungen wurde durch die Entscheidung des Siebten Senats BAG[232] beendet. Der Senat legte die **Wahlordnung** als eine gegenüber dem Gesetz **niederrangige Rechtsnorm** *„gesetzeskonform“* aus. Er hat § 22 Abs. 3 SchwbVWO so ausgelegt, dass die Wahl im Rahmen der Versammlung nur dann stattfinden dürfe, wenn die Dienststellen, Betriebe und Unternehmen oder Mittelbehörden nicht weit auseinander lägen. Diese Entscheidung ist insbesondere wegen der durch sie verursachten **Aufblähung der Wahlkosten** auf erhebliche Kritik gestoßen.[233] Der Gesetzgeber hat auf diese Kritik mit der Anfügung der Maßgabe in § 97 Abs. 7 SGB IX reagiert, dass bei den Wahlen zu überörtlichen Vertretungen das Merkmal der Nähe nicht anzuwenden ist. Deshalb dürfen die Vertrauenspersonen wieder ohne das Risiko einer erfolgreichen Wahlanfechtung die in § 22 Abs. 3 SchbWVO geregelte Möglichkeit, auf einer Versammlung zu wählen, ohne Einschränkung in Anspruch nehmen. 157

III. Unklarheit für das Kriterium „weit auseinander“

Die vom Siebten Senat in der Entscheidung vertretene Informationsflusstheorie bewirkt Unklarheit bei der Konkretisierung der Anwendungsvoraussetzung *„Nähe“* für das vereinfachte Verfahren in § 94 Abs. 6 Satz 3 SGB IX. Der Gesetzgeber hätte klar zum Ausdruck bringen sollen, dass für das Kriterium der räumlichen Nähe der Betriebs- bzw. Dienststellenteile die Erreichbarkeit der Wahlversammlung[234] maßgebend ist. Es soll nämlich vermieden werden, dass die Wähler aus den räumlich weit entfernten Teilen wegen des Besuchs der gewöhnlich am Hauptsitz stattfindenden Wahlversammlung im Nachteil sind. Dieser Nachteil ist jedoch auch im förmlichen Wahlverfahren möglich, wenn in einem zentralen Wahlraum nach § 10 Abs. 1 SchwbVWO abgestimmt wird. Deshalb sieht § 11 Abs. 2 SchwbVWO alternativ zur Urnen- 158

230 Edenfeld, PersV 2015, 63, 64; Sachadae, PersV 2015, 170, 175.
231 Verordnung vom 23. April 1990 (BGBl. I, 811), geändert durch Artikel 54 des Gesetzes vom 19. Juni 2001 (BGBl. I, 1046).
232 BAG 23.7.2014 – 7 ABR 61/12 – NZA-RR 2015, 51.
233 Sachadae, jurisPR-ArbR 2/2015 Anm. 5; derselbe, Behindertenrecht 2015, 22; Düwell, BB 2015, 53; Edenfeld, PersV 2015, 63.
234 Einzelheiten Sachadae, Die Wahl der Schwerbehindertenvertretung, 2013, S. 287 ff.

wahl mit der Möglichkeit der Briefwahl für Wähler, die an der persönlichen Stimmabgabe verhindert sind (§ 11 Abs. 1 SchwbVWO) die schriftliche Stimmabgabe (sog Briefwahl) für alle Wähler vor. Hier zeigt sich, dass auch für die Wahlen zu den örtlichen Schwerbehindertenvertretungen vom Gesetzgeber noch nachzuarbeiten ist.

IV. Unklarheit bei Einvernehmen und Losentscheid

159 Der vom Siebten Senat dem § 94 Abs. 6 SGB IX gegenüber der Wahlordnung Schwerbehindertenvertretungen eingeräumte Vorrang sorgt für eine weitere Unklarheit. Besteht der Wahlkörper zur Wahl der überörtlichen Vertrauensperson lediglich aus **zwei aktiv Wahlberechtigten**, sieht § 22 Abs. 2 SchwbVWO die Möglichkeit einer formlosen Einigung zwischen den Wahlberechtigten oder an deren Stelle eine Einigung auf einen Losentscheid vor. Bei Anwendung der Vorrangtheorie darf § 22 Abs. 2 SchwbVWO jedoch nicht angewandt werden; denn das dort zugelassene Verfahren ist keine geheime und unmittelbare Wahl iSv § 97 Abs. 7 iVm § 94 Abs. 6 Satz 1 SGB IX.[235] Auch hier wäre eine Klarstellung des Gesetzgebers angebracht gewesen.

235 Sachadae, Behindertenrecht 2015, 22, 25 f.

§ 9 Änderungen im kollektiven Schwerbehindertenrecht durch Art. 1 BTHG

I. Die Prävention nach § 84 Abs. 1 SGB IX

§ 84 Abs. 1 SGB IX (§ 167 Abs. 1 SGB IX nF)[236] ist im Gesetzgebungsverfahren zum BTHG bis auf eine angepasste Verweisungsnorm unverändert geblieben. Das ist durchaus zu bedauern, denn der Gesetzgeber hat damit eine Chance vertan, diesen Paragrafen, der in der Praxis schon jetzt viel mehr bewirken könnte, als es seine derzeitige Beachtung nahe legt, weiter auszubauen. § 84 Abs. 1 SGB IX bestimmt: 160

Der Arbeitgeber schaltet bei Eintreten von personen-, verhaltens- oder betriebsbedingten Schwierigkeiten im Arbeits- oder sonstigen Beschäftigungsverhältnis, die zur Gefährdung dieses Verhältnisses führen können, möglichst frühzeitig die Schwerbehindertenvertretung und die in § 93 (§ 176 nF)[237] genannten Vertretungen sowie das Integrationsamt ein, um mit ihnen alle Möglichkeiten und alle zur Verfügung stehenden Hilfen zur Beratung und mögliche finanzielle Leistungen zu erörtern, mit denen die Schwierigkeiten beseitigt werden können und das Arbeits- oder sonstige Beschäftigungsverhältnis möglichst dauerhaft fortgesetzt werden kann.

1. Geltungsbereich

Die **Präventionsverpflichtung** des Arbeitgebers gegenüber schwerbehinderten Mitarbeitern besteht damit bei allen Sachverhalten, die eine Kündigung nach § 1 Abs. 2 KSchG begründen können. Um eine Gefahr des Verlustes des Arbeitsplatzes zu verhindern, ist der Arbeitgeber gehalten, möglichst frühzeitig, dh bei ersten Anzeichen von Schwierigkeiten tätig zu werden und sich dabei des Sach- und Fachverstands der Interessenvertretungen sowie des Integrationsamtes zu bedienen. Dem Arbeitgeber wird damit eine aktive Rolle für Eingliederung und gegen Ausgliederung des schwerbehinderten Arbeitnehmers zugewiesen.[238] Das Gesetz spricht ganz bewusst von „Schwierigkeiten". Bemüht man die bekannten Begrifflichkeiten aus dem Arbeitsschutz, so besteht ein klares Stufenverhältnis: Die Schwierigkeit besteht vor der Gefährdung, diese steht vor der Gefahr. Arbeitsrechtlich bedeutet dies, ist man bei einer Gefahr anbelangt, so bleibt kaum noch eine andere Arbeitgeberreaktion als die Beendigung des Arbeitsverhältnisses, sei es durch einen Aufhebungsvertrag oder eine Kündigung. Bei einer Gefährdung kann Letztere noch abgewendet werden, wenn auch schon mit erheblichen Anstrengungen wie eine unvermeidliche längere Reha-Maßnahme. Das Auftreten von Schwierigkeiten bedeutet die Verpflichtung zum Handeln bei ersten Anzeichen einer drohenden Gefährdung bzw. Gefahr. Auftretende unentschuldigte Fehlzeiten des schwerbehinderten Arbeitnehmers oder aggressives Verhalten gegenüber Kollegen sind verhaltensbedingte Schwierigkeiten, eine bevorstehende Produktionsverlagerung oder die Automatisierung von Arbeitsbereichen unter dem Stichwort „Arbeit 4.0" sind betriebsbedingte Schwierigkeiten, häufiger auftretende längere Fehlzeiten oder ein Absinken der Arbeitsqualität sind personenbedingte Schwierigkeiten. Der Arbeitgeber ist gehalten, in all diesen Fällen mit der Schwerbe- 161

236 Soweit im Text Paragrafen mit „nF" gekennzeichnet werden, ist dies die ab dem 1.1.2018 gültige Fassung des SGB IX.
237 Der Klammerzusatz stammt vom Verfasser.
238 BAG, Urteil vom 4.10.2005 – 9 AZR 632/04.

hindertenvertretung, den Interessenvertretungen nach § 93 SGB IX und dem Integrationsamt nach Lösungen zu suchen.

2. Folgen unterlassener Prävention

162 Wird der Arbeitgeber nicht im Sinne des § 84 Abs. 1 SGB IX tätig, führt dies allein jedoch **nicht zur Unwirksamkeit einer Kündigung.** Die Durchführung des Präventionsverfahrens ist keine formelle Wirksamkeitsvoraussetzung für den Ausspruch einer Kündigung mit der Folge, dass eine Kündigung grds. nach § 84 Abs. 1 SGB IX unwirksam wäre, wenn ein Präventionsverfahren vor ihrem Ausspruch nicht durchgeführt worden ist. § 84 Abs. 1 SGB IX stellt vielmehr eine Konkretisierung des dem gesamten Kündigungsschutzrecht innewohnenden Verhältnismäßigkeitsgrundsatzes dar. Eine Kündigung ist nur erforderlich (ultima ratio), wenn sie nicht durch mildere Maßnahmen zu vermeiden ist. Eine Kündigung ist hingegen nicht gerechtfertigt, wenn es andere geeignete mildere Mittel gibt, um die Vertragsstörung zukünftig zu beseitigen. Solche Mittel können beim Arbeitsverhältnis eines schwerbehinderten Menschen die in § 84 Abs. 1 SGB IX genannten Möglichkeiten und Hilfen zur Beratung und mögliche finanzielle Hilfen darstellen. Eine Kündigung kann damit wegen Verstoßes gegen das Verhältnismäßigkeitsprinzip als sozial ungerechtfertigt zu beurteilen sein, wenn bei gehöriger Durchführung des Präventionsverfahrens Möglichkeiten bestanden hätten, die Kündigung zu vermeiden. Im Umkehrschluss steht das Unterbleiben des Präventionsverfahrens einer Kündigung dann nicht entgegen, wenn die Kündigung auch durch das Präventionsverfahren nicht hätte verhindert werden können.[239]

163 Werden **betriebsbedingte Schwierigkeiten** sichtbar (Auftragsrückgang, Änderung der Produktpalette usw.), sind schwerbehinderte Arbeitnehmer von einem Arbeitsplatzabbau aufgrund einer oftmals geringeren Qualifizierung zumeist als erste und in größerer Zahl betroffen. Der Arbeitgeber ist verpflichtet, gemeinsam mit den genannten weiteren Personen zu erörtern, ob zB Maßnahmen der inner- oder außerbetrieblichen Fortbildung in Betracht kommen, die eine Weiterbeschäftigung ermöglichen.

164 Treten **verhaltensbedingte Schwierigkeiten** auf (Minderleistung, Unstimmigkeiten mit Vorgesetzten oder Kollegen usw.), ist zu erörtern, ob zB eine behinderungsgerechte Gestaltung des Arbeitsumfeldes oder der Arbeitsorganisation angeraten ist. Ist das Fehlverhalten des schwerbehinderten Arbeitnehmers jedoch so schwerwiegend, dass es den Arbeitgeber zur Kündigung des Arbeitsverhältnisses ohne vorherige Abmahnung berechtigt, kann von Schwierigkeiten im Sinne des § 84 Abs. 1 SGB IX nicht mehr gesprochen werden. Sind Kündigungsgründe bereits entstanden, ist für eine Prävention zur Verhinderung einer Gefährdung des Arbeitsverhältnisses kein Raum mehr.[240] Der Entscheidung des BAG[241] lag ein Arbeitszeitbetrug zugrunde, der mit der anerkannten erheblichen Gehbehinderung des schwerbehinderten Arbeitnehmers nicht im Zusammenhang stand.

239 BAG, Urteil vom 7.12.2006 – 2 AZR 182/06.
240 BAG, Urteil vom 7.12.2006 – 2 AZR 182/06.
241 BAG, Urteil vom 7.12.2006 – 2 AZR 182/06.

Über einen Sachverhalt, bei dem ein Zusammenhang zwischen dem Kündigungsgrund und der anerkannten (**psychischen**) **Behinderung** gegeben war, hatte hingegen das Oberverwaltungsgericht Münster[242] in einem anderen Fall zu entscheiden. Wird seitens des schwerbehinderten Menschen substantiiert geltend gemacht, das Fehlverhalten sei auf eine besondere psychische Belastungssituation (eine „Herabwürdigung" während der Arbeit) zurückzuführen, die (auch) auf dem von ihm auf seinem Arbeitsplatz ohne Rücksicht auf seine Erkrankung geforderten Arbeitseinsatz beruhe, ist auch dieser für die Bewertung der Schwere des Fehlverhaltens maßgebliche Umstand aufzuklären und vom Integrationsamt die Feststellung erforderlich, ob der Arbeitgeber die ihm nach § 84 Abs. 1 SGB IX obliegenden Präventionsmaßnahmen zur Vermeidung einer Kündigung vollständig ergriffen und dem Schwerbehinderten einen Arbeitsplatz zugewiesen hat, der nach der Arbeitsplatzbeschreibung und der praktischen Ausgestaltung den psychischen und/oder physischen Leiden des schwerbehinderten Menschen angemessen ist.[243] Das Integrationsamt ist nach zutreffender Ansicht des Bundesarbeitsgerichts[244] gehalten, im Rahmen seines jeweils durch die §§ 85 ff. SGB IX vorgegebenen Prüfungsumfanges den Sachverhalt und seine eventuellen Begleitumstände umfassend aufzuklären. Dies ist umso wichtiger, als nur bei Vorliegen besonderer Anhaltspunkte im arbeitsgerichtlichen Verfahren davon ausgegangen werden kann, ein Präventionsverfahren nach § 84 Abs. 1 SGB IX hätte die Kündigung verhindern können, wenn das Integrationsamt nach eingehender Prüfung zu dem Ergebnis gelangt ist, dass die Zustimmung zur Kündigung zu erteilen ist.[245] 165

Kommt der Arbeitgeber seiner Präventionsverpflichtung gemäß § 84 Abs. 1 SGB IX nicht nach, hat dies Auswirkungen auf seine **Darlegungslast** im arbeitsgerichtlichen Verfahren. Steht fest, dass der (schwerbehinderte) Arbeitnehmer seine Arbeitspflicht nur nach einer Umgestaltung oder besonderen Ausstattung seines Arbeitsplatzes erfüllen kann, hat er vom Grundsatz her zumindest nachvollziehbar darzulegen, welche Maßnahmen hierzu notwendig sind. Kommt der Arbeitnehmer dem nicht nach, zeigt er nicht schlüssig anderweitige Beschäftigungsmöglichkeiten auf. Verletzt der Arbeitgeber jedoch seine gesetzlichen Erörterungspflichten mit den genannten sachkundigen Stellen, verhindert er die Durchführung des Präventionsverfahrens. Ihm erwächst daraus die sekundäre Behauptungslast, es gebe keine Möglichkeit, einen behinderungsgerechten Arbeitsplatz in seinem Betrieb einzurichten oder auszustatten. Zwar kann ein solches, auf die behinderungsbedingten Belange abstellendes Wissen einem Arbeitgeber nicht unterstellt werden. Auf sein fehlendes Wissen kann er sich jedoch nicht berufen, wenn er seinen Erörterungspflichten nach § 84 Abs. 1 SGB IX nicht nachgekommen ist und sich das entsprechende Wissen nicht verschafft hat. Fand die Erörterung jedoch mit dem Ergebnis statt, es gäbe keine Möglichkeiten zur Sicherung der Beschäftigung des Arbeitnehmers, bleibt es bei der primären Darlegungslast des schwerbehinderten Arbeitnehmers. Er hat dann vorzutragen, welche konkreten tech- 166

242 OVG Münster, Beschluss vom 20.4.2009 – 12 A 2431/08.
243 OVG Münster, Beschluss vom 20.4.2009 – 12 A 2431/08.
244 BAG, Urteil vom 7.12.2006 – 2 AZR 182/06.
245 BAG, Urteil vom 7.12.2006 – 2 AZR 182/06.

nischen oder organisatorischen Veränderungen seine behinderungsgerechte Beschäftigung ermöglichen.[246]

3. Verhältnis zu § 84 Abs. 2 SGB IX

167 Die Präventionsverpflichtung des Arbeitgebers nach § 84 Abs. 1 SGB IX setzt einmal früher ein als das **betriebliche Eingliederungsmanagement (bEM)**. § 84 Abs. 2 SGB IX setzt grundsätzlich eine sechswöchige (ununterbrochene oder wiederholte) Arbeitsunfähigkeit voraus. Ist diese gegeben, muss der Arbeitgeber tätig werden. Freilich ist es auch möglich, dass ein bEM früher begonnen wird, zB wenn der betroffene Beschäftigte dies verlangt oder der Arbeitgeber frühzeitig Kenntnis von einer voraussichtlich längeren Krankheitsdauer erlangt. Dies führt in der Praxis dazu, dass bei krankheitsbedingten Ausfallzeiten die Prävention vom bEM überlagert bzw. verdrängt wird. Der Arbeitgeber ist nicht verpflichtet, beide Verfahren durchzuführen. Dies gilt jedoch nicht für alle personenbedingten Schwierigkeiten. Bei einer personenbedingten Minderleistung ist das Präventionsverfahren nach § 84 Abs. 1 SGB IX anzuwenden.

168 Zum anderen gilt § 84 Abs. 1 SGB IX nur für schwerbehinderte sowie ihnen gleichgestellte Beschäftigte. Die Feststellung der Schwerbehinderung nach § 69 Abs. 1 Satz 1 SGB IX (§ 152 Abs. 1 Satz 1 SGB IX nF) oder der Gleichstellung nach § 68 Abs. 2 Satz 1 SGB IX (§ 151 Abs. 1 Satz 1 SGB IX nF) ist Voraussetzung. Eine beantragte Feststellung reicht nicht aus, es sei denn in einer Inklusions-, Betriebs- oder Dienstvereinbarung ist etwas anderes vereinbart. Hieran ändert auch nichts, dass § 69 Abs. 1 Satz 2 SGB IX (§ 152 Abs. 1 Satz 2 SGB IX nF) nun die Möglichkeit vorsieht, dass auf Antrag festgestellt werden kann, dass ein Grad der Behinderung oder gesundheitliche Merkmale bereits zu einem früheren Zeitpunkt vorgelegen haben, wenn dafür ein besonderes Interesse glaubhaft gemacht wird. § 84 Abs. 1 SGB IX bildet mit § 81 Abs. 4 SGB IX und § 83 SGB IX ein gesetzliches **Unterstützungsdreieck** im Betrieb oder in der Dienststelle, um die behinderungsbedingten Nachteile der schwerbehinderten und ihnen gleichgestellten Kollegen auszugleichen. Das bEM gilt hingegen für alle Beschäftigten und besitzt damit einen deutlich größeren Anwendungsbereich.

4. Anforderungen an ein ordnungsgemäßes Präventionsverfahren

169 Zuletzt entschieden hat das Bundesarbeitsgericht, dass der Arbeitgeber nicht verpflichtet ist, innerhalb der Wartezeit nach § 1 Abs. 1 KSchG ein **Präventionsverfahren** nach § 84 Abs. 1 SGB IX durchzuführen. Das beklagte Land hatte das Arbeitsverhältnis mit der Klägerin zum Ablauf der Probezeit fristgerecht gekündigt. Die Klägerin hat diese Kündigung nicht angegriffen, sondern einen Entschädigungsanspruch nach § 15 Abs. 2 AGG geltend gemacht. Die Begründung des Bundesarbeitsgerichts ist durchaus nachvollziehbar: Das in § 84 Abs. 1 SGB IX geregelte Verfahren ist ein präventives Verfahren, das dem Entstehen von Kündigungsgründen zuvorkommen soll. In der Wartezeit nach § 1 Abs. 1 KSchG kommt es jedoch auf einen Kündigungsgrund im Sinne von § 1 Abs. 2 KSchG nicht an. Vielmehr sollen die Parteien während

246 BAG, Urteil vom 4.10.2005 – 9 AZR 632/04.

dieser Zeit prüfen können, ob sie sich dauerhaft vertraglich binden wollen. Der Arbeitgeber kann aus Motiven kündigen, die weder auf personen-, verhaltens- noch betriebsbedingten Erwägungen beruhen, solange die Kündigung nicht aus anderen Gründen (zB §§ 138, 242 BGB) unwirksam ist. Es bedarf noch nicht einmal irgendwie gearteter „Schwierigkeiten im Arbeitsverhältnis" im Sinne von § 84 Abs. 1 SGB IX. Dies gilt auch dann, wenn es um die Kündigung eines schwerbehinderten Menschen geht. Gemäß § 90 Abs. 1 Nr. 1 SGB IX gilt auch der präventive Kündigungsschutz schwerbehinderter Menschen nicht für Kündigungen, die in den ersten sechs Monaten des Arbeitsverhältnisses erfolgen.[247]

Viel interessanter an dieser Entscheidung sind aber die weiteren Ausführungen des 8. 170
Senats. Er hat nämlich **Mindestanforderungen** an ein ordnungsgemäßes Verfahren aufgestellt: Das Präventionsverfahren nach § 84 Abs. 1 SGB IX erschöpft demnach sich nicht in einer bloßen Anhörung der in dieser Bestimmung genannten Teilnehmer. Vielmehr hat der Arbeitgeber mit der Schwerbehindertenvertretung und den in § 93 SGB IX genannten Vertretungen sowie mit dem Integrationsamt alle Möglichkeiten und alle zur Verfügung stehenden Hilfen zu Beratung und möglichen finanziellen Leistungen zu erörtern, mit denen die Schwierigkeiten beseitigt werden können. § 84 Abs. 1 SGB IX erfordert damit einen umfassenden wechselseitigen Austausch von Erkenntnissen, zB über die Ursachen der Schwierigkeiten und über zur Verfügung stehende, auch mögliche finanzielle Hilfen sowie der Auffassungen dazu, ob und ggf. mit welchen konkreten Maßnahmen den im Einzelfall bestehenden Schwierigkeiten wirksam begegnet werden kann. Ein solches Verfahren ist zeitaufwändig und kann bei typisierender Betrachtung nur dann sinnvoll praktiziert werden, wenn es nicht vor Ablauf der Wartezeit nach § 1 Abs. 1 KSchG abgeschlossen sein muss.[248]

Außerdem hat der 8. Senat die Revision zum Anlass für eine Reihe von unionsrechtli- 171
chen Ausführungen genommen. Es spräche viel dafür, dass § 3 Abs. 1 AGG unionsrechtskonform dahin auszulegen sei, dass eine **Diskriminierung** wegen einer Behinderung auch dann vorliege, wenn der Arbeitgeber dem behinderten Arbeitnehmer angemessene Vorkehrungen im Sinne von Art. 5 der Richtlinie 2000/78/EG sowie von Art. 27 Abs. 1 Satz 2 Buchstabe i in Verbindung mit Art. 2 Unterabschnitt 4 der UN-BRK versage. Nach der Legaldefinition in Art. 2 Unterabschnitt 4 der UN-BRK sind „angemessene Vorkehrungen" notwendige und geeignete Änderungen und Anpassungen, die keine unverhältnismäßige oder unbillige Belastung darstellen und die, wenn sie in einem bestimmten Fall erforderlich sind, vorgenommen werden, um zu gewährleisten, dass Menschen mit Behinderungen gleichberechtigt mit anderen alle Menschenrechte und Grundfreiheiten genießen und ausüben können. Die Bestimmungen des UN-BRK sind Bestandteil der Unionsrechtsordnung[249] und damit zugleich Bestandteil des – ggf. unionsrechtskonform auszulegenden – deutschen Rechts.[250] Der Umstand, dass die UN-BRK seit ihrem Inkrafttreten integrierter Bestandteil der Uni-

247 BAG, Urteil vom 21.4.2016 – 8 AZR 402/14.
248 BAG, aaO.
249 EuGH, Urteil vom 11.4.2013 – C-335/11.
250 BAG, Beschluss vom 4.11.2015 – 7 ABR 62/13.

onrechtsordnung ist, führt darüber hinaus dazu, dass auch die Richtlinie 2000/78/EG ihrerseits nach Möglichkeit in Überstimmung mit diesem Übereinkommen auszulegen ist.[251] Jedoch kann die Frage, wie § 3 Abs. 1 AGG im Lichte von Art. 5 der Richtlinie 2000/78/EG sowie von Art. 27 Abs. 1 Satz 2 Buchstabe i in Verbindung mit Art. 2 Unterabschnitt 3 und Unterabschnitt 4 der UN-BRK auszulegen sei, nach Auffassung des Bundesarbeitsgerichts[252] dahinstehen, da das Präventionsverfahren nach § 84 Abs. 1 SGB IX keine angemessene Vorkehrung im Sinne der Bestimmung sei. Die Vorschrift beschreibe selbst keine im konkreten Einzelfall geeignete, erforderliche und dem Arbeitgeber zumutbare materielle oder organisatorische Maßnahme, sondern lediglich ein Verfahren, dessen Ziel es ist, frühzeitig zu ermitteln, worauf die Schwierigkeiten im Arbeits- oder Beschäftigungsverhältnis im konkreten Einzelfall zurückzuführen sind und ob und ggf. welche Maßnahmen zu ergreifen sind, um das Ziel zu erreichen, das Beschäftigungsverhältnis möglichst dauerhaft fortzusetzen.[253]

5. Der neue § 95 Abs. 2 Satz 3 SGB IX

172 § 95 Abs. 2 SGB IX ist durch Art. 2 des BTHG mit Wirkung ab dem 30.12.2016 um einen Satz 3 ergänzt worden. Dieser lautet:

Die Kündigung eines schwerbehinderten Menschen, die der Arbeitgeber ohne eine Beteiligung nach Satz 1 ausspricht, ist unwirksam.

Die neue **Unwirksamkeitsklausel** wirft unweigerlich auch Fragen zu ihrem Verhältnis zu § 84 Abs. 1 SGB IX auf. In der Praxis spielt § 84 Abs. 1 SGB IX bisher im Verhältnis zu § 84 Abs. 2 SGB IX eine eher untergeordnete Rolle. Dies ist aus den genannten Gründen nicht nachvollziehbar. Es mag daran liegen, dass der Absatz 1 im Gegensatz zu Absatz 2 nur für schwerbehinderte und ihnen gleichgestellte Menschen gilt. Hinzu kommt, dass bei personenbedingten Schwierigkeiten das betriebliche Eingliederungsmanagement der Prävention nach Abs. 1 vorgeht, sobald die Arbeitsunfähigkeit innerhalb eines Jahres länger als sechs Wochen andauert. Bei verhaltens- sowie betriebsbedingten Schwierigkeiten ist er dafür umso wichtiger. Der Gesetzgeber hat im Rahmen des BTHG stets betont, dass die Aufgaben der Schwerbehindertenvertretung nicht zuletzt aufgrund der steigenden Zahl an schwerbehinderten und ihnen gleichgestellten Beschäftigten in den letzten Jahren zugenommen haben. Daher hat er ihre Rechtsposition hinsichtlich Freistellung, Heranziehung und Schulungsanspruch deutlich gestärkt. Eine verbindlichere Ausgestaltung des § 84 Abs. 1 SGB IX wurde jedoch ebenso wie beim bEM leider versäumt. Z.B. hätte der Gesetzgeber die schon jetzt verpflichtende Heranziehung der Schwerbehindertenvertretung und der Interessenvertretungen durch einen Berichtspflicht des Arbeitgebers in regelmäßigen Abständen (vierteljährig) stärken können. Ebenso wie an einen Arbeitsschutzausschuss könnte auch an einen Präventionsausschuss gedacht werden. Überhaupt sind die Bereiche Prävention und Arbeitsschutz noch immer gesetzlich unzureichend miteinander verzahnt. Sie führen in den Betrieben und Dienststellen, aber auch bei der Deutschen Unfallver-

251 EuGH, aaO.
252 BAG, Urteil vom 21.4.2016 – 8 AZR 402/14.
253 So schon BAG, Urteil vom 7.12.2006 – 2 AZR 182/06.

sicherung als maßgeblich zuständigem Reha-Träger, jeweils ein Eigenleben, ohne das der eine Bereich von den Erfahrungen und Kenntnissen des jeweils anderen profitieren würde.

173 So schnell wie möglich wird vor allem gerichtlich geklärt werden müssen, wie sich § 84 Abs. 1 SGB IX zu der Unwirksamkeitsklausel des § 95 Abs. 2 Satz 3 SGB IX verhält. Es kann kaum von einer unverzüglichen und umfassenden Unterrichtung gemäß § 95 Abs. 2 Satz 1 SGB IX, die Voraussetzung für die Wirksamkeit der Kündigung eines schwerbehinderten Beschäftigten ist, gesprochen werden, wenn eine Prävention nach § 84 Abs. 1 SGB IX nicht zuvor erfolgt ist. Umgekehrt spricht viel dafür, dass eine durchgeführte und erfolglos gebliebene Prävention nach § 84 Abs. 1 SGB IX einer Unterrichtung im Sinne von § 95 Abs. 2 Satz 3 SGB IX gleichkommt. Sind unentschuldigte Fehlzeiten aufgetaucht, hat der Arbeitgeber den schwerbehinderten Menschen bereits unter Beteiligung der Schwerbehindertenvertretung nach § 95 Abs. 2 SGB IX abgemahnt, hat er dann im Schulterschluss mit der Schwerbehindertenvertretung und dem Betriebsrat nach Erörterung aller Möglichkeiten den Integrationsfachdienst (IFD) eingeschaltet, der eine Arbeitsplatzbegleitung durchgeführt hat, und treten die unentschuldigten Fehlzeiten trotzdem weiter auf, so kann eine nochmalige Unterrichtung nach § 95 Abs. 2 Satz 1 SGB IX vom Arbeitgeber schwerlich verlangt werden.

II. Das betriebliche Eingliederungsmanagement

174 Das betriebliche Eingliederungsmanagement (bEM) nach § 84 Abs. 2 SGB IX (§ 167 Abs. 2 SGB IX nF) wurde 2004 ins SGB IX aufgenommen. Der Gesetzgeber hat sich dafür entschieden, die Prävention im Zusammenhang mit Arbeitsunfähigkeit in die Verantwortung des Arbeitgebers und nicht der Rehabilitationsträger zu legen. Er hat damit das System des Arbeitsschutzes und die dort schon seit vielen Jahren für die Arbeitgeber bestehenden Verpflichtungen auf die Arbeitsunfähigkeit übertragen. In beiden Fällen liegt derselbe Gedanke zugrunde: Der Arbeitgeber weiß am besten um die Situation im Unternehmen bzw. Betrieb und kann die Bedingungen am Arbeitsplatz beurteilen sowie erforderlichenfalls ändern. Die Rehabilitationsträger werden im bEM-Prozess hinzugezogen; am Ende des Verfahrens wird vielfach eine konkrete Reha-Leistung mit dem Ziel der Vermeidung künftiger Fehlzeiten stehen.

175 Mit den Regelungen rund um die Prävention (§ 84 Abs. 1 und Abs. 2 SGB IX) überträgt der Gesetzgeber einen Teil der **Verantwortung für die Gesundheit der Beschäftigten** dem Betrieb beziehungsweise der Dienststelle. Auf den Einzelfall angewendet soll das bEM helfen, die Arbeitsunfähigkeit zu überwinden, erneuter Arbeitsunfähigkeit vorzubeugen, den Arbeitsplatz zu erhalten. Die Idee des bEM geht aber weiter: Es geht auch darum, eine Systematik für die Vorgehensweise zu entwickeln, die transparent ist und alle Beteiligten bei der Umsetzung im Einzelfall unterstützt. So trägt das bEM letztlich dazu bei, die Gesundheit der Belegschaft zu schützen, zu erhalten oder schnellstmöglich wiederherzustellen.

176 § 84 Abs. 2 SGB IX hat folgenden Wortlaut:

Sind Beschäftigte innerhalb eines Jahres länger als sechs Wochen ununterbrochen oder wiederholt arbeitsunfähig, klärt der Arbeitgeber mit der zuständigen Interessenvertretung im Sinne des § 93, bei schwerbehinderten Menschen außerdem mit der Schwerbehindertenvertretung, mit Zustimmung und Beteiligung der betroffenen Person die Möglichkeiten, wie die Arbeitsunfähigkeit möglichst überwunden werden und mit welchen Leistungen oder Hilfen erneuter Arbeitsunfähigkeit vorgebeugt und der Arbeitsplatz erhalten werden kann (betriebliches Eingliederungsmanagement). Soweit erforderlich wird der Werks- oder Betriebsarzt hinzugezogen. Die betroffene Person oder ihr gesetzlicher Vertreter ist zuvor auf die Ziele des betrieblichen Eingliederungsmanagements sowie auf Art und Umfang der hierfür erhobenen und verwendeten Daten hinzuweisen. Kommen Leistungen zur Teilhabe oder begleitende Hilfen im Arbeitsleben in Betracht, werden vom Arbeitgeber die örtlichen gemeinsamen Servicestellen oder bei schwerbehinderten Beschäftigten das Integrationsamt hinzugezogen. Diese wirken darauf hin, dass die erforderlichen Leistungen oder Hilfen unverzüglich beantragt und innerhalb der Frist des § 14 Abs. 2 Satz 2 erbracht werden. Die zuständige Interessenvertretung im Sinne des § 93, bei schwerbehinderten Menschen außerdem die Schwerbehindertenvertretung, können die Klärung verlangen. Sie wachen darüber, dass der Arbeitgeber die ihm nach dieser Vorschrift obliegenden Verpflichtungen erfüllt.

1. Änderungen im Zuge des BTHG

177 Der Wortlaut des § 84 Abs. 2 SGB IX ist im Zuge des Bundesteilhabegesetzes, das als Artikelgesetz am 29.12.2016 im Bundesgesetzblatt verkündet worden ist, nahezu unverändert geblieben. Mit Wirkung vom 1.1.2018 wird aus § 84 Abs. 2 SGB IX durch die komplette Neufassung des Sozialgesetzbuches – Neuntes Buch § 167 Abs. 2 SGB IX: Er hat dann folgenden Wortlaut:

Sind Beschäftigte innerhalb eines Jahres länger als sechs Wochen ununterbrochen oder wiederholt arbeitsunfähig, klärt der Arbeitgeber mit der zuständigen Interessenvertretung im Sinne des § 176, bei schwerbehinderten Menschen außerdem mit der Schwerbehindertenvertretung, mit Zustimmung und Beteiligung der betroffenen Person die Möglichkeiten, wie die Arbeitsunfähigkeit möglichst überwunden werden und mit welchen Leistungen oder Hilfen erneuter Arbeitsunfähigkeit vorgebeugt und der Arbeitsplatz erhalten werden kann (betriebliches Eingliederungsmanagement). Soweit erforderlich, wird der Werks- oder Betriebsarzt hinzugezogen. Die betroffene Person oder ihr gesetzlicher Vertreter ist zuvor auf die Ziele des betrieblichen Eingliederungsmanagements sowie auf Art und Umfang der hierfür erhobenen und verwendeten Daten hinzuweisen. Kommen Leistungen zur Teilhabe oder begleitende Hilfen im Arbeitsleben in Betracht, werden vom Arbeitgeber die Rehabilitationsträger oder bei schwerbehinderten Beschäftigten das Integrationsamt hinzugezogen. Diese wirken darauf hin, dass die erforderlichen Leistungen oder Hilfen unverzüglich beantragt und innerhalb der Frist des § 14 Abs. 2 Satz 2 erbracht werden. Die zuständige Interessenvertretung im Sinne des § 176, bei schwerbehinderten Menschen außerdem die Schwerbehindertenvertretung, können die Klärung verlangen. Sie wachen darüber, dass der Arbeitgeber die ihm nach dieser Vorschrift obliegenden Verpflichtung erfüllt.

178 Die einzige Änderung besteht somit darin, dass die gemeinsamen Servicestellen, die im Gesetzgebungsverfahren weggefallen sind, durch **Ansprechstellen** (§ 12 Abs. 1 und 2 SGB IX nF) sowie eine **ergänzende unabhängige Teilhabeberatung** (§ 32 Abs. 1 bis 3 SGB IX nF) ersetzt werden. Damit sind künftig die Rehabilitationsträger unmittelbar in das bEM einbezogen. Im Gesetzentwurf zum BTHG[254] heißt es dazu:

„In Absatz 2 sind nunmehr anstelle der Gemeinsamen Servicestellen, die in Teil 1 nicht mehr vorhanden sind, die Rehabilitationsträger hinzuzuziehen. Dies beinhaltet für die Rehabilitationsträger im Einzelfall auch die Pflicht, auf die Beratungsangebote

254 BT-Drs. 18/9522, S. 307.

und Leistungen anderer Träger hinzuweisen, sofern sie selbst keine trägerübergreifende Beratung durchführen. Dies ergibt sich aus der Verpflichtung der Rehabilitationsträger zur Koordination und Kooperation sowie der Anforderung ‚Leistungen wie aus einer Hand' zu erbringen."

Nicht verwirklicht wurde im Gesetzgebungsverfahren zum BTHG die im Koalitionsvertrag zwischen CDU, CSU und SPD für die 18. Wahlperiode des Deutschen Bundestages enthaltene Absicht, das bEM zu stärken und verbindlicher zu gestalten (S. 70). Es bleibt daher weiterhin bei dem in der Praxis vielfach unbefriedigenden Befund, dass ein im bEM gefundenes Ergebnis vom Arbeitgeber nicht zwingend umgesetzt werden muss. 179

Der Deutsche Bundestag hat jedoch parallel zum BTHG einen Entschließungsantrag der Fraktionen der CDU/CSU und SPD zu der dritten Beratung des Gesetzentwurfs der Bundesregierung – Drucksachen 18/9522, 18/9954, 18/10102 Nr. 16, 18/10523 – Entwurf eines Gesetzes zur Stärkung der Teilhabe und Selbstbestimmung von Menschen mit Behinderungen (Bundesteilhabegesetz – BTHG) vom 30.11.2016 verabschiedet.[255] In diesem heißt es ua unter Nr. 5 Stärkung des Betrieblichen Eingliederungsmanagements: 180

„Das Betriebliche Eingliederungsmanagement ist ein organisierter und kooperativer Suchprozess, um zu klären, wie ein Arbeitsplatz bei längerer oder wiederholter krankheitsbedingter Arbeitsunfähigkeit erhalten werden kann. Eine auf Ebene der Bundesarbeitsgemeinschaft für Rehabilitation abgeschlossene gemeinsame Empfehlung der Rehabilitationsträger zum Betrieblichen Eingliederungsmanagement, welche konkrete verfahrensrechtliche Mindeststandards verlangt, könnte für alle Verfahrensbeteiligte ein Anlass sein, die Suche nach dem für die betriebliche Situation geeigneten Verfahren aufzunehmen oder zu intensivieren und auf diesem Weg zugleich den präventiven Arbeitsschutz zu fördern. Dabei sollte insbesondere die Interessenlage kleiner und mittlerer Unternehmen berücksichtigt werden. Hier fehlt es häufig an den personellen und fachlichen Ressourcen, die für die Einführung eines Betrieblichen Eingliederungsmanagements notwendig sind. Das Bundesministerium für Arbeit und Soziales wird deshalb gebeten, die Bundesarbeitsgemeinschaft für Rehabilitation aufzufordern, eine entsprechende gemeinsame Empfehlung zum Betrieblichen Eingliederungsmanagement zu vereinbaren."

2. Einordnung des bEM

Auch wenn das bEM als Verpflichtung des Arbeitgebers ausgestaltet ist, bildet es einen wesentlichen Baustein in dem **dreistufen System** des SGB IX: Prävention vor Rehabilitation, Rehabilitation vor Rente. Dies hängt eng mit der demografischen Entwicklung zusammen: Im Jahr 2005 gab es in Deutschlands Betrieben und Dienststellen erstmals mehr Mitarbeiter, die über 50 Jahre alt sind als unter 30. Und im Jahr 2015 war bereits jeder dritte Beschäftigte in Deutschland älter als 50 Jahre. Verknüpft man die demografische Entwicklung mit der steigenden Arbeitsbelastung für 181

255 BT-Drs. 18/10528.

den Einzelnen, so bedeutet dies, dass die Belegschaften altern und gleichzeitig ihre Arbeitskraft intensiver genutzt wird.

182 Vor diesem Hintergrund wird die Erhaltung der Arbeitsfähigkeit der Beschäftigten nur gelingen, wenn auf die Ressourcen Gesundheit, Arbeitsfähigkeit und Erwerbsfähigkeit besser geachtet wird als bisher. Prävention im Sinne einer **Gesundheitsförderung** ist in den letzten Jahren zum integralen Bestandteil des Geschehens in vielen Betrieben und Dienststellen geworden. Die Gesundheitsförderung als Unternehmensstrategie ist ein umfassender Ansatz. Sie beinhaltet die Verbesserung der Arbeitsbedingungen in Betrieb und Dienststelle, den Arbeitsschutz, das heißt die Vermeidung von Arbeitsunfällen und Berufskrankheiten, geht aber auch über diese „klassischen" Maßnahmen zur Gesunderhaltung der Belegschaft hinaus. Wenn gesundheitliche Schwierigkeiten bereits aufgetreten sind, geht es bei der Prävention darum, durch geeignete Maßnahmen diese zu beseitigen oder zumindest eine Verschlimmerung zu verhindern. In diese umfassenden Ansätze von betrieblicher Gesundheitsförderung und Prävention ist das bEM eingebettet. Es befasst sich mit der Reaktion auf Arbeitsunfähigkeitszeiten von einiger Häufigkeit oder Dauer und den Möglichkeiten zu ihrer Überwindung sowie künftigen Verringerung. Das bEM ist somit Bestandteil der Gesundheit als Betriebskultur. Die Vorteile erfolgreicher Eingliederungsbemühungen bestehen in

- einer Verringerung künftiger Fehlzeiten bei der oder dem einzelnen betroffenen Beschäftigten, aber möglicherweise auch der Fehlzeiten anderer Beschäftigter, indem Erkenntnisse bezüglich krankmachender Faktoren im Betrieb, die in einem Einzelfall gewonnen worden sind, zur Verbesserung der fraglichen Arbeitsbedingungen genutzt werden. Eine Verringerung der Arbeitsunfähigkeitszeiten bedeutet, je nach Umfang dieser Verringerung, eine entsprechende Kostenersparnis.
- einem Instrument, um in Zeiten alternder Belegschaften erfahrene Mitarbeiter sowie Wissensträger durch frühzeitiges Erkennen eines Rehabilitationsbedarfes sowie durch frühzeitige Einleitung von Rehabilitationsmaßnahmen gesundheitlich zu stabilisieren, damit sie dem Betrieb länger zur Verfügung stehen können.
- einer Verbesserung des Betriebsklimas und des Images des Arbeitgebers. Auch die zunächst nicht von einem bEM direkt betroffenen Mitarbeiter achten darauf, wie ein Unternehmen mit älteren und gesundheitlich beeinträchtigten Kollegen umgeht. Ein bEM macht den Betrieb fair und vorbildlich im Umgang mit älteren und gesundheitlich beeinträchtigten Mitarbeitern. Dies fördert ihre Identifikation mit dem Betrieb bzw. der Dienststelle. Außerdem zeigt sich der Arbeitgeber mit der Einführung eines bEM sozial kompetent und weitblickend in der Personalarbeit. Dies ist ein nicht zu unterschätzender Imagefaktor, auch bei Kunden und bei der Rekrutierung neuer – vor allem auch jüngerer – Mitarbeiter.

183 Andererseits sind **Arbeitsunfähigkeitszeiten** nie Privatsache gewesen. Sie belasten den Betrieb/die Dienststelle mit Lohnfortzahlungskosten, Kollegen müssen die Arbeit zusätzlich übernehmen. Die Solidargemeinschaft der Versicherten wird ebenfalls mit Kosten belastet (zum Beispiel mit Krankengeld oder den Kosten von medizinischen

Rehabilitationsmaßnahmen). Wichtiger aber ist, dass das bEM zur persönlichen Gesunderhaltung des einzelnen Beschäftigten wesentlich beitragen kann. Betrieblichen Ursachen von Arbeitsunfähigkeitszeiten wird nachgegangen. Einer möglicherweise drohenden Chronifizierung von Krankheiten kann vorgebeugt werden, wenn man den Ursachen der Krankheit auf den Grund geht. Der arbeitende Mensch verbringt – jedenfalls wenn er in Vollzeit beschäftigt ist – während der Zeit seiner Erwerbstätigkeit ein Drittel des Tages am Arbeitsplatz. Arbeitszeit ist Lebenszeit. Erkenntnisse aus bEM-Verfahren, die beispielsweise zu belastungsmindernden Veränderungen in der Arbeitsorganisation, zu einer ergonomischen Arbeitsplatzgestaltung oder zur Reduzierung psychischer Stressfaktoren (unter anderem auch im Verhalten von Führungskräften) führen, aber auch die stufenweise Wiedereingliederung nach längerer Krankheit besitzen vor diesem Hintergrund erhebliche Bedeutung für die Gesundheit jedes Beschäftigten.

3. Die hervorgehobene Verantwortung der Rehabilitationsträger und Integrationsämter

Das bEM ist eine Verpflichtung des Arbeitgebers. Der Gesetzgeber hat seine Durch- 184
führung nicht in die Hände eines Rehabilitationsträgers gelegt. Führt der Arbeitgeber das bEM-Verfahren nicht ordnungsgemäß durch, hat das für ihn unter Umständen negative arbeitsrechtliche Konsequenzen im Fall einer beabsichtigen Kündigung des Arbeitsverhältnisses. Weitergehende arbeitsrechtliche oder sozialrechtliche Konsequenzen (zB eine verlängerte Lohnfortzahlungspflicht oder ein höherer Beitrag zur gesetzlichen Krankenversicherung) sind für ihn damit nicht verbunden. Der Gesetzgeber hat auch darauf verzichtet, dass ein Rehabilitationsträger den Arbeitgeber anweisen kann, ein bEM durchzuführen. Die Verknüpfung der arbeitsrechtlichen Pflichten des Arbeitgebers und der sozialrechtlichen Zuständigkeit der Rehabilitationsträger und Integrationsämter findet sich in § 167 Abs. 2 Satz 4 und 5 SGB IX nF, in denen es heißt:

> **Kommen Leistungen zur Teilhabe oder begleitende Hilfen im Arbeitsleben in Betracht, werden vom Arbeitgeber die Rehabilitationsträger oder bei schwerbehinderten Beschäftigten das Integrationsamt hinzugezogen. Diese wirken darauf hin, dass die erforderlichen Leistungen oder Hilfen unverzüglich beantragt und innerhalb der Frist des § 14 Absatz 2 Satz 2 erbracht werden.**

Die Abschaffung der Gemeinsamen Servicestellen im Zuge des BTHG führt dazu, 185
dass nun die **Rehabilitationsträger** unmittelbar in das bEM eingebunden sind. Ihre Einbindung ist für den Arbeitgeber auch verpflichtend. Das bedeutet gleichzeitig, dass sich die Rehabilitationsträger und Integrationsämter einer Hinzuziehung nicht entziehen können. Der Gesetzgeber ist sogar noch einen Schritt weitergegangen. Er hat in § 3 SGB IX nF einen direkten Bezug zur Präventionsverpflichtung der Rehabilitationsträger und Integrationsämter hergestellt. Die Rehabilitationsträger und die Integrationsämter wirken gemäß § 3 Abs. 1 SGB IX nF im Rahmen der Zusammenarbeit mit den Arbeitgebern nach § 167 SGB IX nF darauf hin, dass der Eintritt einer Behinderung einschließlich einer chronischen Krankheit vermieden wird. Um dies zu erreichen, müssen die Rehabilitationsträger und Integrationsämter darauf hinwirken, dass die erforderlichen Leistungen oder Hilfen unverzüglich beantragt und innerhalb der

Frist des § 14 Abs. 2 Satz 2 SGB IX nF erbracht werden. In § 167 Abs. 2 Satz 4 SGB IX nF ist allgemein von Leistungen zur Teilhabe die Rede, dh es geht nicht nur um Leistungen zur Teilhabe am Arbeitsleben (§§ 33 ff. SGB IX bzw. §§ 49 ff. SGB IX nF), sondern um alle in § 5 SGB IX genannten Leistungsgruppen, vor allem auch um Leistungen zur medizinischen Rehabilitation (§§ 26 ff. SGB IX bzw. §§ 42 ff. SGB IX nF). Daneben treten die Leistungen der begleitenden Hilfe im Arbeitsleben der Integrationsämter (§ 102 SGB IX bzw. § 185 SGB IX nF). Indem zwischen den Leistungen der Rehabilitationsträger und der Integrationsämter ein „oder" steht, wird verdeutlich, dass für die Leistungen der begleitenden Hilfe der Integrationsämter ein Aufstockungsverbot besteht.[256] Die Leistungen der begleitenden Hilfe im Arbeitsleben dürfen nur für schwerbehinderte und diesen gleichgestellten Menschen erbracht werden. Gleichzeitig sind die Rehabilitationsträger auch für schwerbehinderte und diesen gleichgestellte Menschen zuständig. Zieht der Arbeitgeber in einem bEM-Verfahren beispielsweise die Rentenversicherung als Rehabilitationsträger hinzu, so muss sich diese unter den Voraussetzungen der §§ 14 ff. SGB IX um die Koordinierung der erforderlichen Rehabilitationsleistungen kümmern.[257] Unter Umständen muss ein Teilhabeplanverfahren (§ 19 ff. SGB IX nF) initiiert werden, in das der Arbeitgeber sinnvollerweise mit eingebunden wird.[258] Vor allem wird es für die Rehabilitationsträger darum gehen, die Leistungen der medizinischen und beruflichen Rehabilitation sinnvoll aufeinander abzustimmen, um schon im Rahmen der medizinischen Rehabilitation festzustellen, welche Anforderungen der Arbeitnehmer an seinem Arbeitsplatz nach Abschluss der Maßnahme erfüllen muss und wie die Reha-Leistungen hierauf abgestimmt werden müssen. Die in diesem Rahmen sinnvollen und erforderlichen Maßnahmen erschöpfen sich nicht in einer stufenweisen Wiedereingliederung,[259] sondern gehen im Interesse des Beschäftigten und seines Arbeitgebers weit darüber hinaus.

4. Die gesetzliche Regelung des bEM im Überblick

186 Mit der Novellierung des SGB IX durch das Gesetz zur Förderung der Ausbildung und Beschäftigung schwerbehinderter Menschen[260] ist das bEM 2004 gesetzlich eingeführt worden. Das bEM hat seinen Standort in dem mit der amtlichen Überschrift „Prävention" versehenen § 84 SGB IX (§ 176 SGB IX nF). Dessen Absatz 2 Satz 1 bestimmt wörtlich:

> **Sind Beschäftigte innerhalb eines Jahres länger als sechs Wochen ununterbrochen oder wiederholt arbeitsunfähig, klärt der Arbeitgeber mit der zuständigen Interessenvertretung im Sinne des § 93, bei schwerbehinderten Menschen außerdem mit der Schwerbehindertenvertretung, mit Zustimmung und Beteiligung der betroffenen Person die Möglichkeiten, wie die Arbeitsunfähigkeit möglichst überwunden werden und mit welchen Leistungen oder Hilfen erneuter Arbeitsunfähigkeit vorgebeugt und der Arbeitsplatz erhalten werden kann (betriebliches Eingliederungsmanagement).**

---

256 § 102 Abs. 5 Satz 2 am Ende SGB IX bzw. § 185 Abs. 6 Satz 2 am Ende SGB IX nF: Eine Aufstockung durch Leistungen des Integrationsamtes findet nicht statt.

257 Gemäß § 34 SGB IX (§ 50 SGB IX nF) kann der Arbeitgeber auch selber Leistungen zur Teilhabe am Arbeitsleben – auch technische Arbeitshilfen – beim zuständigen Rehabilitationsträger beantragen.

258 Eine ausdrückliche Nennung des Arbeitgebers fehlt in §§ 19 ff. SGB IX.

259 § 28 SGB IX bzw. § 44 SGB IX nF.

260 BGBl. I, 606.

Das Eingliederungsmanagement verfolgt also das Ziel, im Betrieb mit den dort vorhandenen Akteuren und Strukturen sowie unter Nutzung der dort gegebenen oder herstellbaren spezifischen Potenziale, Beschäftigte gesund und arbeitsfähig zu halten beziehungsweise deren Arbeitsfähigkeit wieder (vollständig) herzustellen. 187

Die gesetzliche Verpflichtung zum bEM in § 84 Abs. 2 Satz 1 SGB IX zielt darauf ab, durch geeignete Gesundheitsprävention das Arbeitsverhältnis im Einzelfall möglichst dauerhaft zu sichern. Dieser einzelfallbezogene Ansatz sollte möglichst ergänzt werden um ein gemeinsam im Betrieb/in der Dienststelle vereinbartes systematisches Vorgehen zur Sicherstellung eines erfolgreichen bEM. Der Gesetzgeber hat hierfür als Instrument vor allem die **Inklusionsvereinbarung** im Blick. § 83 Abs. 2 a Nr. 5 SGB IX (§ 166 Abs. 3 Nr. 5 SGB IX nF) sieht vor, dass in einer solchen Vereinbarung insbesondere auch Regelungen getroffen werden können zur Durchführung der betrieblichen Prävention (betriebliches Eingliederungsmanagement) und zur Gesundheitsförderung. Mit der am 30.12.2016 in Kraft getretenen Ergänzung des § 80 Abs. 1 Nr. 4 BetrVG ist der Betriebsrat ausdrücklich ermächtigt, den Abschluss einer Inklusionsvereinbarung von sich aus zu fördern.[261] 188

Das **Ziel** des bEM ist es, den Ursachen von Arbeitsunfähigkeitszeiten einer/eines Beschäftigten gemeinsam nachzugehen, nach Möglichkeiten zu suchen, künftige Arbeitsunfähigkeitszeiten zu vermeiden oder zumindest zu verringern, Rehabilitationsbedarfe zur Sicherung der Erwerbsfähigkeit der Beschäftigten frühzeitig zu erkennen und entsprechende Rehabilitationsmaßnahmen rechtzeitig einzuleiten. Das bEM nutzt somit sowohl dem einzelnen Beschäftigten als auch seinem Arbeitgeber und den Sozialversicherungssystemen. 189

Am bEM sind mehrere Personen beziehungsweise Stellen innerhalb und außerhalb des Betriebs/der Dienststelle beteiligt: 190

Der **Arbeitgeber** ist verpflichtet, das bEM durchzuführen. Er hat zunächst die Aufgabe, zu überprüfen, ob im Einzelfall die Voraussetzungen, die einen bEM-Prozess gemäß § 84 Abs. 2 Satz 1 SGB IX auslösen, gegeben sind (Dauer der Arbeitsunfähigkeitszeiten bezogen auf die letzten zwölf Monate), um dann das bEM-Verfahren durch eine erste Kontaktaufnahme mit dem Beschäftigten zu starten. Der Arbeitgeber bleibt für den gesamten Ablauf des bEM-Prozesses (letzt-)verantwortlich, auch wenn er innerbetrieblich eine Einzelperson (den bEM-Beauftragten), ein bEM-Team oder den Betriebsarzt mit der Durchführung der weiteren Verfahrensschritte, der Veranlassung von Maßnahmen (zum Beispiel ärztliche Untersuchungen, Einschaltung des beratenden Ingenieurs des Integrationsamtes) beauftragt. Er kann das Verfahren auch einer externen persönlichen oder juristischen Person übertragen. Geklärt sein muss aber stets, dass der Arbeitgeber die Verantwortung für das ordnungsgemäße Verfahren und die Umsetzung von konkreten Schritten als Ergebnis aus dem bEM behält. Auch die datenschutzrechtlichen Fragen bei der Einbindung eines externen Dritten müssen gelöst werden. 191

261 Art. 18 BTHG, BGBl. I vom 29.12.2016, 3329.

192 Beim bEM handelt es sich um eine Maßnahme zugunsten der beschäftigten Person. Es dient der Überwindung beziehungsweise der Vorbeugung von Arbeitsunfähigkeit und soll den Arbeitsplatz der oder des Beschäftigten sichern helfen. Eine Mitwirkungspflicht der Beschäftigten im bEM-Verfahren besteht nicht. Im Gegenteil ist das gesamte Verfahren durch das Prinzip der **Freiwilligkeit** der Teilnahme geprägt. Die freiwillige Teilnahme des Beschäftigten ist eines der wesentlichen Leitprinzipien des bEM-Verfahrens. Er entscheidet selbst, ob er teilnehmen möchte oder nicht. Zu beachten ist, dass die Beschäftigten ein Selbstbestimmungsrecht über ihre gesundheitlichen Daten haben. Um die Freiwilligkeit zu gewährleisten, bedarf es einer entsprechenden Information durch den Arbeitgeber, die so gestaltet ist, dass der Beschäftigte selbstbestimmt über die Teilnahme am bEM-Verfahren entscheiden kann. Entscheidend für die Akzeptanz der Beschäftigten für das bEM ist, dass sie erkennen können, dass bEM zur präventiven Unterstützung und nicht zur Vorbereitung einer eventuellen Kündigung angeboten wird. Insoweit kommt der ersten Kontaktaufnahme mit dem Betroffenen besondere Bedeutung zu. Ohne die Einwilligung des Beschäftigten kann kein bEM-Verfahren durchgeführt werden. Das Erfordernis der Einwilligung bezieht sich dabei auf alle Verfahrensschritte des bEM sowie auf alle beteiligten Personen. Datenschutzrechtliche Aspekte sind zu beachten. Liegt die Einwilligung des Beschäftigten nicht vor, kann es seitens des Arbeitgebers keine weiteren Aktivitäten zur Überwindung oder Verringerung der Arbeitsunfähigkeitszeiten im bEM-Verfahren geben. Die Beschäftigten sind am gesamten bEM-Prozess zu beteiligen. Dies geschieht zum Beispiel durch die Einbeziehung in einzelne Maßnahmen, etwa eine Arbeitsplatzbegehung oder eine Teilnahme an Beratungsgesprächen. Ist der Beschäftigte mit dem bEM-Verfahren einverstanden, sollte er auch am Verfahren aktiv mitwirken. Er sollte zum Beispiel Auskunft geben über besondere Belastungen am Arbeitsplatz (betriebliche Ursachen der Arbeitsunfähigkeit) und mithelfen, Auswirkungen gesundheitlicher Probleme auf die berufliche Leistungsfähigkeit aufzuklären.

5. Beteiligung der Interessenvertretungen und externer Personen

193 Weitere Akteure des bEM-Prozesses sind die **Schwerbehindertenvertretung** (bei schwerbehinderten Beschäftigten) sowie der **Betriebs- oder Personalrat**. Sie dürfen von sich aus die Einleitung eines bEM beim Arbeitgeber anstoßen (siehe dazu § 95 Abs. 1 Satz 2 SGB IX für die Schwerbehindertenvertretung, § 80 Abs. 1 Nummern 1, 2, 4, 6, 8 und 9 BetrVG für die Betriebsräte und § 68 Abs. 1 Nummern 1, 3 und 4 BPersVG, § 64 Nummern 1, 4–6 LPVG NW für die Personalräte). Die Beschäftigtenvertretungen unterstützen den bEM-Prozess, sie bringen eigene Vorschläge ein und fördern das Verfahren durch Unterstützung der/des einzelnen Beschäftigten im Rahmen ihrer Aufgabenstellung nach dem Schwerbehinderten-, Betriebsverfassungs- beziehungsweise Personalvertretungsrecht. Die Schwerbehindertenvertretung, aber auch ein Betriebs- oder Personalratsmitglied kann Teilaufgaben des bEM-Prozesses im Einvernehmen mit dem Arbeitgeber übernehmen. Im Betrieb oder in der Dienststelle kann ein bEM-Team gebildet werden, das beispielsweise aus der Schwerbehindertenvertretung, einem Betriebs- und Personalratsmitglied sowie weiteren innerbetriebli-

chen Akteuren wie dem Betriebsarzt und der Arbeitssicherheitsfachkraft bestehen kann. Diesem bEM- oder Integrationsteam kann der Arbeitgeber, nachdem er den Erstkontakt zu der/dem betroffenen Beschäftigten hergestellt und deren/dessen Zustimmung zum bEM-Verfahren eingeholt hat, die weitere Durchführung des bEM-Prozesses im Betrieb/in der Dienststelle übertragen. Wichtig ist in diesem Zusammenhang, dass die Absprachen, die gemeinsam vom Beschäftigten, dem Arbeitgeber (Vertreter), der Schwerbehindertenvertretung und dem Betriebs-/Personalratsmitglied im Rahmen des bEM-Verfahrens getroffen worden sind, danach auch gemeinsam getragen und umgesetzt werden. Das muss auch für eventuell notwendige betriebsverfassungs- beziehungsweise personalvertretungsrechtliche Mitbestimmungsverfahren gelten, in denen es um die im bEM abgesprochene (Personal-)Maßnahme geht. Das bEM ist in § 84 Abs. 2 SGB IX als Kooperationsprozess angelegt. Ein erfolgreiches bEM braucht deshalb zuverlässige Partner und wechselseitiges Vertrauen in das Worthalten aller Beteiligten.

6. Einzelfragen

Die Regelung des § 84 Abs. 2 SGB IX (§ 167 Abs. 2 SGB IX nF) wirft eine Reihe von **194**
Fragen auf. Die arbeits- und verwaltungsgerichtliche Rechtsprechung hat in den letzten Jahren zu einer Vielzahl von ihnen Antworten gefunden. Um die Fragen und ihre Antworten zu strukturieren, werden sie nachfolgend in drei Themenblöcken dargestellt, die sich am Verlauf eines bEM orientieren:

a) Die Einleitung des bEM

b) Der Such- bzw. Klärungsprozess im bEM

c) Die Umsetzung der im bEM beschlossenen Maßnahmen

a) Die Einleitung des bEM

§ 84 Abs. 2 SGB IX gilt für alle Beschäftigten. Der Anwendungsbereich der Vorschrift **195**
ist damit weiter als bei § 84 Abs. 1, der nur für schwerbehinderte und gleichgestellte behinderte Beschäftigte gilt. Dies ergibt sich aus dem Wortlaut der Vorschrift. In ihrem Text ist der Adressatenkreis genannt („*Sind Beschäftigte ...*“) und weiter geregelt, dass die notwendigen Maßnahmen immer mit der Interessenvertretung im Sinne des § 93 SGB IX, aber nur bei schwerbehinderten und gleichgestellten behinderten Menschen auch mit der Schwerbehindertenvertretung abzuklären sind.[262]

Grundsätzlich gilt die Vorschrift für alle Mitarbeiter, die in einem regulären Beschäf- **196**
tigungsverhältnis stehen. Daher gilt sie selbstverständlich auch für alle Teilzeitkräfte unabhängig von der wöchentlichen Stundenzahl. Der Arbeitsplatzbegriff des § 73 SGB IX mit seinen Ausnahmen findet hier keine Anwendung, da allein auf den Beschäftigten abzustellen ist. Insofern gilt die Vorschrift auch für Aushilfskräfte, wobei zu berücksichtigen ist, dass natürlich auch alle Pflichten des Arbeitgebers mit dem Ende des Arbeitsverhältnisses enden. Eine Ausnahme hiervon besteht insoweit, als vor einer Kündigung innerhalb der **Probezeit** ein Präventionsverfahren nach § 84

262 LAG Hamm, Urteil vom 24.1.2007 – 2 Sa 991/06; BAG, Urteil vom 12.7.2007 – 2 AZR 716/06.

Abs. 1 SGB IX nicht durchgeführt werden muss. Die Rechtsprechung begründet dies damit, dass in Fällen, in denen das Arbeitsverhältnis noch keine sechs Monate gedauert hat, der Arbeitnehmerin/dem Arbeitnehmer weder der allgemeine Kündigungsschutz (§ 1 KSchG) noch der Sonderkündigungsschutz nach § 85 SGB IX zusteht.[263] Die Ausführungen sind auf § 84 Abs. 2 SGB IX übertragbar, zumal nach der Rechtsprechung des Bundesarbeitsgerichts das bEM eine Ausprägung des **Verhältnismäßigkeitsprinzips** ist, welches erst im Anwendungsbereich des KSchG zur Geltung kommt.

197 § 84 Abs. 2 SGB IX gilt auch für **Beamte**. Dass diese „*Beschäftigte*" sind, ist bei § 81 Abs. 2 SGB IX unstreitig und gilt auch bei § 84 SGB IX. Auch der Begriff des „Arbeitgebers" beruht auf der gesetzlichen Begriffsbestimmung für das SGB IX in § 71 Abs. 1 SGB IX, wonach Arbeitgeber im Sinne dieses Gesetzes alle privaten und öffentlichen Arbeitgeber sind, auch wenn es einzelne – immer weitergehende – Regelungen für öffentliche Arbeitgeber gibt. Die Pflicht zur Durchführung eines bEM erstreckt sich auf alle Beamten mit einer krankheitsbedingten Fehlzeit von mehr als sechs Wochen innerhalb eines Jahreszeitraumes.[264]

198 Bei der **Jahresfrist** ist nicht auf das Kalenderjahr, sondern darauf abzustellen, ob die betroffene Person in den letzten zwölf Monaten insgesamt länger als sechs Wochen ununterbrochen oder wiederholt arbeitsunfähig war. Nur diese Berechnung ist mit dem Ziel des bEM, der Gesundheitsprävention am Arbeitsplatz, vereinbar. Eine sinnvolle Gesundheitsprävention hat keinen Bezug zu dem jeweiligen Kalenderjahr, sondern muss allein darauf abstellen, dass bei einem Beschäftigten über einen bestimmten Zeitraum gehäufte oder längerfristige Erkrankungen vorliegen.[265]

199 Die **Frist von sechs Wochen** berechnet sich abhängig davon, ob die Erkrankung länger als sechs Wochen ununterbrochen besteht oder die Frist von sechs Wochen durch mehrere Perioden von Arbeitsunfähigkeit erreicht wird. Die erste Frist ist leicht zu bestimmen. Eine Erkrankung über sechs Wochen – 42 Tage – erfüllt die Voraussetzungen. Bei mehreren Erkrankungen ist abzustellen auf die Zahl der Arbeitstage und die Frist dann unter Berücksichtigung der üblichen Arbeitswoche zu berechnen. Arbeitet die betroffene Person in der Fünftagewoche, liegen die gesetzlichen Voraussetzungen nach 30 Arbeitstagen mit Arbeitsunfähigkeitsmeldung vor. In der Sechstagewoche sind 36 Arbeitstage mit Arbeitsunfähigkeitsmeldung erforderlich. Da der Gesetzgeber lediglich vorschreibt, dass es auf die Dauer der gesundheitlichen Beeinträchtigung ankommt und daraus abgeleitet wird, dass auch die arbeitsfreien Tage mit einzubeziehen sind, kann alternativ unabhängig von der vertraglichen wöchentlichen Arbeitszeit und unabhängig von der Anwesenheit am Arbeitsplatz wie folgt berechnet werden: Alle Zeiten der Arbeitsunfähigkeit werden zusammengerechnet und durch sieben geteilt (1 Woche = 7 Tage). Die Sechswochenfrist ist erfüllt, wenn am Ende eine „6" oder eine höhere Zahl steht. Diese Variante bietet sich insbesondere bei Beschäftigten im Schichtdienst an.

263 BAG, Urteil vom 28.6.2007 – 6 AZR 750/06 und Urteil vom 21.4.2016 – 8 AZR 402/14.
264 BVerwG, Beschluss vom 4.9.2012 – 6 P 5.11 sowie Urteil vom 5.6.2014 – 2 C 22.13.
265 Vgl. LAG Rheinland-Pfalz, Urteil vom 10.1.2017 – 8 Sa 359/16.

Für die zu zählenden Tage kommt es nicht darauf an, ob eine **AU-Bescheinigung** vorliegt. Grundsätzlich muss zwar erst ab dem dritten Tag einer Erkrankung eine ärztliche Arbeitsunfähigkeitsbescheinigung vorgelegt werden. Bei den beiden ersten Tagen liegt aber bereits eine Arbeitsunfähigkeit vor, so dass selbstverständlich auch diese Tage mitzuzählen sind. 200

In die **Berechnung der Sechswochenfrist** fließen alle Zeiten der Arbeitsunfähigkeit mit ein. Für den Begriff der „*Arbeitsunfähigkeit*" ist eine vom Arzt nach objektiven Maßstäben vorzunehmende Bewertung des Gesundheitszustands maßgebend.[266] Die Arbeitsfähigkeit beurteilt sich nach der vom Arbeitnehmer arbeitsvertraglich geschuldeten Leistung, wie sie der Arbeitgeber ohne die Arbeitsunfähigkeit als vertragsgemäß annehmen muss. Arbeitsunfähigkeit liegt vor, wenn der Arbeitnehmer seine vertraglich geschuldete Tätigkeit nicht mehr ausüben kann oder nicht mehr ausüben sollte, weil die Heilung der Krankheit nach ärztlicher Prognose verhindert oder verzögert würde.[267] Auch Kuren (gegebenenfalls abweichend bei Beamten) und Reha-Maßnahmen gehen vielfach mit einer Arbeitsunfähigkeit einher. Außerdem ist es unerheblich, ob – falls bekannt – dieselbe oder verschiedene Krankheitsursachen vorliegen. Die Berücksichtigung der Gründe für krankheitsbedingte Fehlzeiten erfolgt erst im weiteren Verlauf des bEM, in der Regel bereits beim Erstgespräch. 201

Bei der Frage, was „*wiederholt arbeitsunfähig*" bedeutet, ist ausschließlich auf die **zeitliche Komponente** der wiederholten Arbeitsunfähigkeit abzustellen (insgesamt sechs Wochen). Die Art der Erkrankung muss die betroffene Person nicht offenbaren. Es kommt weder darauf an, ob berufliche oder private Ursachen zu der Arbeitsunfähigkeit geführt haben, noch ob immer die gleiche oder ganz unterschiedliche Erkrankungen vorliegen. Einerseits können ganz unterschiedliche Symptome eine gemeinsame physische oder psychische Ursache haben. Andererseits ist der Arbeitgeber nicht immer über die Art der Erkrankung informiert. Aber auch dann, wenn alle Erkrankungen bekannt sein sollten, lohnt es sich, einen Blick auf die wirklichen Ursachen zu werfen und gemeinsam mit der betroffenen Person zu überlegen, wie die Arbeitsunfähigkeit überwunden und erneuter Arbeitsunfähigkeit vorgebeugt werden kann. 202

Grundsätzlich muss jeder Arbeitgeber ein bEM durchführen. Das Gesetz trifft keine Differenzierungen etwa nach der Größe des Unternehmens oder der Beschäftigungspflicht nach dem SGB IX. § 84 Abs. 2 SGB IX gilt auch in einem Betrieb ohne Betriebsrat und Schwerbehindertenvertretung und auch im **Kleinbetrieb**, ist also nicht abhängig von einer bestimmten Anzahl von Arbeitnehmern.[268] Jedoch stellt es in einem Betrieb, der nicht dem KSchG unterfällt, kein Indiz für eine Sittenwidrigkeit oder Treuwidrigkeit einer Kündigung dar, wenn der Arbeitgeber kündigt, ohne zuvor ein BEM durchgeführt zu haben.[269] 203

266 Vgl. die Richtlinie des Gemeinsamen Bundesausschusses über die Beurteilung der Arbeitsunfähigkeit und die Maßnahmen zur stufenweisen Wiedereingliederung nach § 92 Abs. 1 Satz 2 Nr. 7 SGB V vom 14. November 2013, zuletzt geändert durch Beschluss vom 17. Dezember 2015, BAnz. AT 16. März 2016 B2.
267 BAG, Urteil vom 23.1.2008 – 5 AZR 393/07 – Rn. 19.
268 BAG, Urteil vom 30.9.2010 – 2 AZR 88/09.
269 BAG, Urteil vom 24.1.2008 – 6 AZR 96/07.

204 Der Arbeitgeber muss tätig werden und dem betroffenen Arbeitnehmer ein bEM **anbieten**, sobald die Sechswochenfrist erfüllt ist.[270] Auch die Weigerung des betroffenen Beschäftigten, Angaben zu seinem Krankheitsbild zu machen, führen nicht dazu, dass der Arbeitgeber ein bEM für entbehrlich halten darf. Gleiches gilt, wenn der betroffene Beschäftigte erklärt, der Arbeitgeber könne zur Vermeidung künftiger Arbeitsunfähigkeit nichts beitragen, seine Erkrankungen seien schicksalhaft gewesen.[271] Von einer Aussichts- bzw. Nutzlosigkeit des bEM kann erst dann ausgegangen werden, wenn dem Arbeitnehmer ein bEM ordnungsgemäß angeboten worden ist und er daraufhin seine Teilnahme bzw. Auskünfte zur Art der bestehenden Beeinträchtigungen verweigert.[272] Der Arbeitgeber soll nicht erst aktiv werden, wenn der Beschäftigte nach der Erkrankung wieder an den Arbeitsplatz zurückkehrt. Das bEM ist kein **Krankenrückkehrgespräch**. Insofern sollte bereits während der Phase der Arbeitsunfähigkeit der Kontakt zu der betroffenen Person gesucht werden. Je nach konkreter Erkrankung ist dann das weitere Vorgehen abzustimmen. Während der Dauer einer krankheitsbedingten Arbeitsunfähigkeit kann der Arbeitgeber den Arbeitnehmer jedoch nur dann anweisen, zu einem Personalgespräch in den Betrieb zu kommen, wenn hierfür ein dringender betrieblicher Anlass besteht, der einen Aufschub der Weisung auf einen Zeitpunkt nach Beendigung der Arbeitsunfähigkeit nicht gestattet, und die persönliche Anwesenheit des Arbeitnehmers im Betrieb dringend erforderlich ist und ihm zugemutet werden kann.[273] Das Angebot zu einem bEM muss der Arbeitgeber dennoch machen. Der arbeitsunfähig erkrankte Beschäftigte ist frei, dieses Angebot anzunehmen oder abzulehnen. Kennt der Arbeitgeber bereits den Grund der Erkrankung, kann dies bei der Festlegung des weiteren Vorgehens berücksichtigt werden. Im Ausnahmefall kann es in einem solchen Fall auch angeraten sein, von dem Angebot eines bEM erst einmal abzusehen, zB bei einer schweren Krebserkrankung. Der Grund für das Absehen von dem Angebot sollte aber auf jeden Fall in der bEM-Akte vermerkt und ein Wiedervorlagetermin gesetzt werden. Nach einem schweren Autounfall oder bei einer langfristigen schweren Erkrankung können Maßnahmen am Arbeitsplatz außerdem erst in Betracht kommen, wenn die Genesung fortgeschritten ist. Sind psychische Gründe Ursache der Erkrankung, kann es auch für die erfolgreiche ärztliche Behandlung wichtig sein, konkrete Maßnahmen am Arbeitsplatz sofort zu vereinbaren.

205 **Beispiel:** Ist eine Kassiererin einer Bank Opfer eines Banküberfalls geworden und infolgedessen arbeitsunfähig, kann es notwendig sein, ihr unverzüglich die Versetzung in eine interne Abteilung zuzusagen. Zur praktischen Handhabung wählen vor allem größere Arbeitgeber Stichtagsregelungen für die Erhebung der Daten. Dies ist akzeptabel, soweit die Stichtage nicht zu weit auseinander liegen (bis zu drei Monate).

---

270 Dem Betriebsrat kommt insoweit nur eine Überwachungspflicht zu (§ 84 Abs. 2 Satz 7 SGB IX). Bei Untätigkeit des Arbeitgebers kann der Betriebsrat die Durchführung von Maßnahmen beantragen (§ 84 Abs. 2 Satz 6 SGB IX), nicht jedoch deren Unterlassen, vgl. LAG Mecklenburg-Vorpommern, Beschluss vom 18.10.2016 – 2 TaBVGa 1/16.

271 LAG Rheinland-Pfalz, Urteil vom 10.1.2017 – 8 Sa 359/16.

272 BAG, Urteil vom 13.5.2015 – 2 AZR 565/14.

273 BAG, Urteil vom 2.11.2016 – 10 AZR 596/15.

Wenn **keine Interessenvertretung gewählt** ist, fehlt dem Arbeitgeber zwar der innerbetriebliche Partner für die notwendige Klärung, wie ein bEM im Einzelfall umgesetzt werden kann. Er bleibt aber zur Durchführung des Verfahrens, welches in diesem Fall weder unmöglich noch sinnlos ist, verpflichtet.[274] Wenn keine Schwerbehindertenvertretung gewählt wurde, nimmt allein der Betriebs- oder Personalrat an dem Verfahren teil. 206

b) Der Such- bzw. Klärungsprozess im bEM

Das Bundesarbeitsgericht bezeichnet das bEM sowohl als einen unverstellten, verlaufs- und ergebnisoffenen Suchprozess[275] als auch als einen Klärungsprozess.[276] Der Begriff des Suchprozesses bezieht sich auf das individual-arbeitsrechtliche Verfahren zugunsten eines betroffenen Beschäftigten. Der Klärungsprozess wird als Teil des bEM verwandt, um die kollektiv-arbeitsrechtlichen Grenzen der Mitbestimmung des Betriebsrates zu bestimmen.[277] 207

Ein bEM kann nur mit **Zustimmung** der betroffenen Person durchgeführt werden. Es gilt der Grundsatz der **Freiwilligkeit**. Daher ist die betroffene Person bereits mit dem Angebot zum bEM darüber zu informieren, warum der Arbeitgeber nach sechs Wochen Arbeitsunfähigkeit an sie herantritt, welches Ziel dies hat und welche datenschutzrechtlichen Bestimmungen zu beachten sind[278] und wer in dem Verfahren beteiligt werden soll. Der nach § 84 Abs. 2 Satz 3 SGB IX erforderliche Hinweis über den Inhalt eines betrieblichen Eingliederungsmanagements muss auch deutlich machen, dass eine Hinzuziehung des Betriebsrats zur Klärung von Möglichkeiten nach § 84 Abs. 2 Satz 1 SGB IX das Einverständnis des betroffenen Beschäftigten voraussetzt.[279] Vor jedem weiteren Schritt ist zunächst die Zustimmung des Betroffenen erforderlich. Hinzukommen muss die datenschutzrechtliche Einwilligung. Hierbei sollte ein, am besten schriftlicher, Hinweis auf die gesetzlichen datenschutzrechtlichen Bestimmungen erfolgen. Dies schließt die Information über den Datenschutz und besonders darüber ein, dass die Einwilligung ebenfalls freiwillig erteilt wird und jederzeit mit Wirkung für die Zukunft widerrufen werden kann (§ 4 Abs. 1 Satz 4 DSG NRW, § 4 a Abs. 1 BDSG). 208

Auch die Zustimmung zum bEM kann später wieder zurückgezogen werden, da das gesamte Verfahren für den Beschäftigten freiwillig ist. In diesem Fall trägt dieser jedoch das Risiko, wenn bestimmte Maßnahmen nicht mehr umgesetzt werden können. Daher sollte vor einem solchen Schritt stets zuerst das Gespräch mit dem Betriebs- bzw. Personalrat sowie der Schwerbehindertenvertretung gesucht werden. 209

Der Arbeitgeber darf den Betriebsrat/Personalrat oder die Schwerbehindertenvertretung vor der Zustimmung der betroffenen Person zum bEM über das Vorliegen der Voraussetzungen informieren. **Datenschutzrechtliche Gründe** stehen dem nicht entge- 210

274 BAG, Urteil vom 30.9.2010 – 2 AZR 88/09.
275 BAG, Urteil vom 10.12.2009 – 2 AZR 198/09.
276 BAG, Beschluss vom 22.3.2016 – 1 ABR 14/14.
277 BAG, aaO.
278 BAG, Urteil vom 24.3.2011 – 2 AZR 170/10.
279 BAG, Beschluss vom 22.3.2016 – 1 ABR 14/14.

gen. Zwar darf während eines laufenden bEM jede Information über Ursachen und Auswirkungen der Erkrankung oder jede sonstige inhaltliche Information nur mit Zustimmung der betroffenen Person an die Interessenvertretung (Betriebsrat/Personalrat) oder die Schwerbehindertenvertretung weitergegeben werden. Vor Beginn des bEM ist der Arbeitgeber aber datenschutzrechtlich nicht gehindert, die Interessenvertretung und – bei schwerbehinderten und gleichgestellten behinderten Menschen – die Schwerbehindertenvertretung darüber zu informieren, dass die betroffene Person länger als sechs Wochen erkrankt ist und ein Erstkontakt hergestellt wird. Das Bundesarbeitsgericht hatte bereits im Jahr 1997 festgestellt, dass der Betriebsrat gegenüber dem Arbeitgeber nicht als „Dritter" im Sinne des Datenschutzrechts anzusehen sei, da er nicht außerhalb der speichernden Stelle, also des Unternehmens, stehe.[280] Daran anknüpfend hat der 1. Senat klargestellt, der Betriebsrat könne verlangen, dass ihm der Arbeitgeber die Arbeitnehmer namentlich benennt, welche nach § 84 Abs. 2 die Voraussetzungen für die Durchführung des betrieblichen Eingliederungsmanagements erfüllen. Die Benennung der Arbeitnehmer sei zur Durchführung der sich aus § 80 Abs. 1 Nummer 1 BetrVG, § 84 Abs. 2 Satz 7 SGB IX ergebenden Überwachungsaufgabe erforderlich. Sie hänge nicht von der vorherigen Einwilligung des Arbeitnehmers ab. Die Wahrnehmung des Beteiligungsrechts aus § 80 Abs. 1 Nummer 1 BetrVG stehe nicht zur Disposition des Arbeitnehmers. Nach § 84 Abs. 2 SGB IX müsse der Arbeitgeber in einer ersten Phase allen Arbeitnehmern mit den erforderlichen Krankheitszeiten im Jahreszeitraum ein bEM anbieten. Erst danach sei in einer zweiten Phase zu klären, wie die Arbeitsunfähigkeit möglichst überwunden, erneuter Arbeitsunfähigkeit vorgebeugt und wie der Arbeitsplatz erhalten werden könne. Das Gesetz zwinge den betroffenen Arbeitnehmer nicht, ein bEM durchzuführen, sondern verpflichte lediglich den Arbeitgeber, dem Arbeitnehmer unter den gesetzlich normierten Voraussetzungen ein bEM anzubieten. Die nach § 84 Abs. 2 Satz 1 SGB IX erforderliche Zustimmung der betroffenen Person beziehe sich nur auf den Klärungsprozess, nicht aber auf die vorhergehende Phase, die mit dem Zugang des Angebotes über die Durchführung des bEM beim Arbeitnehmer ende. Für diesen Teil des bEM habe der Gesetzgeber kein Zustimmungserfordernis normiert. Der Übermittlung der Namen stünden auch keine datenschutzrechtlichen Gründe entgegen. Das Erheben von Daten über die krankheitsbedingten Fehlzeiten durch den Arbeitgeber und ihre Übermittlung an den Betriebsrat sei auch bei fehlender Zustimmung der betroffenen Arbeitnehmer nach § 28 Abs. 6 Nummer 3 Bundesdatenschutzgesetz (BDSG) zulässig.[281]

211 Diese Sichtweise wird vom Bundesverwaltungsgericht aus personalvertretungsrechtlicher Sicht geteilt.[282] Die Grundsätze zu den Informationsrechten des Betriebs- bzw. Personalrates sind auf die Schwerbehindertenvertretung zu übertragen. Die Vertrauensperson der schwerbehinderten Menschen ist nach § 84 Abs. 2 Satz 7 SGB IX be-

280 BAG, Beschluss vom 11.11.1997 – 1 ABR 21/97.
281 BAG, Beschluss vom 7.2.2012 – 1 ABR 46/10.
282 BVerwG, Beschluss vom 23.6.2010 – 6 P 8/09 und Beschluss vom 4.9.2012 – 6 P 5/11 sowie Parallelentscheidung vom selben Tag – 6 P 7/11.

rechtigt, vom Arbeitgeber die betroffenen schwerbehinderten Kolleginnen und Kollegen benannt zu bekommen, die die Voraussetzungen für ein bEM erfüllen und Einsicht in die Anschreiben zu nehmen.

Der betroffene Beschäftigte kann eine Teilnahme des Betriebsrates/Personalrates oder 212
der Schwerbehindertenvertretung beziehungsweise eine Mitwirkung des betriebsärztlichen Dienstes ablehnen, wenn er ansonsten mit der Durchführung eines bEM einverstanden ist. Auf dieses Recht ist vom Arbeitgeber bereits mit dem Angebot zur Durchführung eines bEM hinzuweisen.[283] Die aktive Beteiligung der zuständigen Interessenvertretung ist grundsätzlich geeignet, das nötige Vertrauen beim Beschäftigten für das bEM zu wecken. Gleichwohl ist es immer denkbar, dass einzelne Beschäftigte – aus welchen Gründen auch immer – kein Vertrauen zu ihrer Interessenvertretung haben.[284] Grundsätzlich gilt dies auch für den Betriebsarzt, soweit der Arbeitgeber nicht aus anderen Gründen berechtigt ist, diesen hinzuzuziehen.

Die betroffene Person muss dem Arbeitgeber oder dem bEM-Team die **Diagnose** der 213
Erkrankung nicht mitteilen. Die Diagnose ist keine Information, die dem Arbeitgeber oder dem Integrationsteam zu offenbaren ist. Im Einzelfall kann es aber sinnvoll sein, den Betriebsarzt darüber zu informieren, damit dieser – gegebenenfalls nach Einholung weiterer Informationen der behandelnden Ärzte auf Basis einer entsprechenden Entbindung von der Schweigepflicht durch die betroffene Person – die übrigen Beteiligten über Auswirkungen der Erkrankung am Arbeitsplatz informiert. Die Preisgabe der äußerst sensiblen gesundheitlichen Daten beziehungsweise der Daten über Behinderungen und deren Folgen kann Beschäftigten nur dann zugemutet werden, wenn der Schutz dieser personenbezogenen Daten während des gesamten bEM-Verfahrens gewährleistet ist. Das heißt für den Arbeitgeber, dass die Zahl derjenigen, die von diesen sensiblen Daten Kenntnis erlangen, auf das unumgänglich Notwendige zu beschränken ist. Für die Beschäftigten bedeutet es, dass die Entscheidung zur Mitteilung von Krankheitsdaten ihnen selbst überlassen bleibt. Es wird empfohlen, sensible Daten nur dann und nur insoweit zu offenbaren, wie sie für die Sachverhaltsermittlung im Verfahren von Bedeutung sind.

Die **Einhaltung der Datenschutzbestimmungen** durch den Arbeitgeber und alle übri- 214
gen Beteiligten des bEM-Prozesses ist von ausschlaggebender Bedeutung für die vertrauensvolle Mitwirkung der Beschäftigten beim bEM und für die Gewissheit der Beschäftigten, dass das Verfahren tatsächlich in ihrem Interesse und nicht zur Vorbereitung einer Kündigung durchgeführt wird. Erteilt der Beschäftigte seine Zustimmung zur Einleitung des bEM-Verfahrens nicht oder zieht er diese Zustimmung später zurück oder beteiligt sich im weiteren Ablauf des bEM-Prozesses nicht mehr an den erforderlichen Maßnahmen, so endet das bEM-Verfahren an dieser Stelle. Der Arbeitgeber ist in diesem Fall nicht mehr zu einer Durchführung von Maßnahmen im Rahmen des bEM verpflichtet.

283 BAG, Beschluss vom 22.3.2016 – 1ABR 14/14.
284 Vgl. BVerwG, Beschluss vom 23.6.2010 – 6 P 8.09.

215 Die Frage, ob sensible gesundheitliche Daten für das bEM-Verfahren genutzt werden können, hängt auch davon ab, ob diese für die Umsetzung des Verfahrens *„zwingend erforderlich"* sind. Hierüber ist die betroffene Person in geeigneter Weise unter Hinweis darauf aufzuklären, dass sich die Frage nach einer gegebenenfalls freiwilligen Preisgabe von Krankheitsangaben nur dann stellen könnte, wenn sie nach einer Erörterung der sonstigen belastenden Gesichtspunkte und in Frage kommender Hilfsangebote unabweisbar erscheint.

216 Hiervon zu unterscheiden ist die Frage, ob die betroffene Person im **öffentlichen Dienst** zum Amtsarzt geschickt werden kann. Diese Frage beantwortet sich allein nach den allgemeinen Bestimmungen, die durch § 84 Abs. 2 SGB IX nicht erweitert werden. Insofern kann eine betroffene Person, die im öffentlichen Dienst arbeitet, gegen ihren Willen dann zum Amtsarzt geschickt werden, wenn dies nach den allgemein hierfür bestehenden Vorschriften möglich ist.[285] Es ist nicht zwingend erforderlich, dass vor einer amtsärztlichen Untersuchung ein bEM angeboten oder durchgeführt wurde. Zwischen dem bEM und dem Verfahren zur Klärung einer eventuellen Dienstunfähigkeit besteht kein Stufenverhältnis. Die Durchführung des bEM ist keine Rechtmäßigkeitsvoraussetzung für eine beamtenrechtliche Zurruhesetzungsverfügung.[286] Im Rahmen einer amtsärztlichen Untersuchung kann der Amtsarzt durchaus auch zu möglichen Maßnahmen des bEM Stellung nehmen.[287] Es ist jedoch anzuraten, das amtsärztliche Verfahren klar von einem ggf. parallel verlaufenden bEM-Verfahren zu trennen.

217 In die **Personalakte** darf nur aufgenommen werden, dass die Durchführung eines bEM angeboten wurde, ob die betroffene Person hiermit einverstanden war oder nicht und welche konkreten Maßnahmen zur Überwindung beziehungsweise Vorbeugung von Arbeitsunfähigkeit angeboten und umgesetzt werden. Darüber hinausgehende Informationen im Rahmen des bEM-Verfahrens sind in gesonderter Weise, in einer separaten bEM-Akte, aufzubewahren und spätestens nach einem Zeitraum von drei Jahren zu vernichten. Ein Arbeitnehmer hat einen Anspruch darauf, dass die Aufbewahrung sensibler Gesundheitsdaten unter Berücksichtigung seiner Interessen geschieht. Einer solchen Einschränkung des Rechts zur Personalaktenführung steht nicht das berechtigte Interesse des Arbeitgebers an der Vollständigkeit der Personalakte entgegen.[288] Wie er die gesonderte Aufbewahrung und damit die berechtigten Arbeitnehmerinteressen gewährleistet, obliegt seiner Personal- und Organisationshoheit. Ärztliche Aussagen und Gutachten, Stellungnahmen der Reha-Träger oder des IFD und ähnliches gehören nicht in die Personalakte, sondern entweder in die bEM-Akte oder in die Akte beim Betriebsarzt. Bei ärztlichen Aussagen und Gutachten sollte stets überlegt werden, ob sie überhaupt zu den Unterlagen genommen oder dem Betroffenen nicht besser nach Einsicht wieder zurückgegeben werden.

285 Zum Mitbestimmungsrecht des Personalrates BVerwG, Beschluss vom 5.11.2010 – 6 P 18/09.
286 BVerwG, Urteil vom 5.6.2014 – 2 C 22.13.
287 Vgl. OVG Niedersachsen, Beschluss vom 20.1.2007 – 5 ME 61/07.
288 Vgl. BAG, Urteil vom 12.9.2006 – 9 AZR 271/06.

Die im Rahmen des bEM-Verfahrens erhobenen **Krankheitsdaten** können vom Arbeitgeber bei einer nachfolgenden Kündigung erst einmal nicht herangezogen werden. § 84 Abs. 2 Satz 3 SGB IX verlangt ausdrücklich, dass der Arbeitnehmer auf Art und Umfang der erhobenen und verwendeten Daten hinzuweisen ist. Soweit besondere Arten personenbezogener Daten – wie Krankheitsdaten – erhoben, verarbeitet oder genutzt werden sollen, muss sich die Einwilligung des Arbeitnehmers ausdrücklich auf diese Daten beziehen (§ 4 a Abs. 3 BDSG). Die im bEM-Verfahren erteilte Einwilligung des Betroffenen zur Verarbeitung seiner krankheitsbezogenen Daten bezieht sich nur auf dieses Verfahren. Eine Verwendung der Daten im Rahmen eines Kündigungsverfahrens würde eine Zweckänderung darstellen, die ohne entsprechende Einwilligung unzulässig ist. Das Bundesarbeitsgericht hat dementsprechend entschieden, dass das Zivilprozessrecht ein „Sachvortragsverwertungsverbot" nicht kennt. Der von den Parteien beigebrachte Tatsachenstoff sei entweder unschlüssig oder unbewiesen, aber nicht „unverwertbar". Das Arbeitsgericht ist an ordnungsgemäß in den Prozess eingeführten Sachvortrag der Parteien gebunden. Insbesondere unstreitige Tatsachen muss es berücksichtigen und darf einen Parteivortrag nicht ohne gesetzliche Grundlage unbeachtet und unverwertet lassen. Für die Annahme eines Verwertungsverbotes bedarf es einer ausdrücklichen gesetzlichen Grundlage.[289] 218

Ein solches **Verwertungsverbot** findet sich in § 32 BDSG, der die Datenerhebung, -verarbeitung und -nutzung für Zwecke des Beschäftigungsverhältnisses regelt. Nach § 32 Abs. 1 Satz 1 BDSG dürfen personenbezogene Daten eines Beschäftigten für Zwecke des Beschäftigungsverhältnisses erhoben, verarbeitet oder genutzt werden, wenn dies für die Entscheidung über die Begründung eines Beschäftigungsverhältnisses oder nach Begründung des Beschäftigungsverhältnisses für dessen Durchführung oder Beendigung erforderlich ist. Der Gesetzgeber hat damit ua das arbeitsgerichtlich bereits lange anerkannte berechtigte Interesse des Arbeitgebers an der Speicherung der Arbeitsunfähigkeitszeiten eines Beschäftigten gesetzlich verankert. Er räumt dem Arbeitgeber aber keine weitergehenden Rechte ein, insbesondere nicht die Möglichkeit, präventiv von einem Beschäftigten zur Verfügung gestellte persönliche Daten für eine repressive Maßnahme in Form einer einseitigen Beendigung des Arbeits- oder Dienstverhältnisses zu nutzen. Der Arbeitgeber kann in einem arbeitsgerichtlichen Kündigungsschutzverfahren somit grundsätzlich nur vortragen, dass er ein bEM-Verfahren ordnungsgemäß angeboten hat und dies vom klagenden Arbeitnehmer abgelehnt wurde bzw. dieser es angenommen hat und das Verfahren durchgeführt wurde. Macht der Arbeitnehmer daraufhin jedoch von sich aus Einwände dagegen geltend, ist der Arbeitgeber berechtigt, diese durch Vorlage der entsprechenden Auszüge aus der bEM-Akte zu entkräften. Die im Rahmen des bEM-Verfahrens erhobenen Krankheitsdaten werden auf diese Weise durch den Arbeitnehmer in das arbeitsgerichtliche Verfahren eingeführt und können vom Arbeitsgericht zur Urteilsfindung herangezogen werden. Wenn die betroffene Person die Durchführung eines bEM ablehnt, hat dies keine rechtlichen Auswirkungen. Sie muss auch keine Gründe angeben, kann 219

289 BAG, Urteil vom 13.12.2007 – 2 AZR 537/06.

dies aber selbstverständlich tun.[290] Stimmt der Arbeitnehmer trotz ordnungsgemäßer Aufklärung nicht zu, ist das Unterlassen eines bEM „kündigungsneutral".[291] Das bedeutet, der Arbeitgeber muss wie in jedem Fall einer krankheitsbedingten Kündigung gemäß § 1 Abs. 2 Satz 4 KSchG vortragen und beweisen, dass eine negative Gesundheitsprognose vorliegt, durch die Fehlzeiten erhebliche betriebliche Interessen beeinträchtigt sind und auch die abschließende Interessenabwägung nicht gegen die soziale Rechtmäßigkeit der Kündigung spricht. Der arbeitsgerichtliche Prüfungspunkt „ordnungsgemäßes bEM" fällt ersatzlos weg. Der betroffene Beschäftigte nimmt sich jedoch die tatsächliche Möglichkeit, gemeinsam mit dem Arbeitgeber und den weiteren am bEM beteiligten Personen eine gemeinsam erarbeitete Lösung zur Vermeidung oder Verringerung der Arbeitsunfähigkeitszeiten zu finden.

220 Bietet der Arbeitgeber kein bEM an, hat dies unmittelbar **keine negativen Konsequenzen**, insbesondere ist die fehlende Durchführung eines bEM nicht als Ordnungswidrigkeit in § 156 SGB IX (§ 238 SGB IX nF) benannt. Ein Verstoß des Arbeitgebers gegen § 84 Abs. 2 SGB IX stellt auch kein Indiz im Sinne des § 22 AGG für eine unzulässige Benachteiligung wegen einer Behinderung dar.[292] Jedoch ist eine krankheitsbedingte Kündigung, die ohne Durchführung eines Verfahrens, das die Fragestellung des § 84 Abs. 2 SGB IX beantwortet, ausgesprochen wurde, in der Regel unverhältnismäßig und damit sozialwidrig. Daher muss der Arbeitgeber dem Beschäftigten zuvor ein bEM anbieten und im Fall der Zustimmung auch durchführen.

221 Dabei ist die Durchführung eines bEM zwar nicht formelle Wirksamkeitsvoraussetzung für eine krankheitsbedingte Kündigung. Nach der Rechtsprechung des Bundesarbeitsgerichts konkretisiert § 84 Abs. 2 SGB IX aber das dem Kündigungsrecht ohnehin innewohnende Ultima-Ratio-Prinzip insofern, als über diese Vorschrift dem Arbeitgeber das Maß an Prüfung vorgegeben wird, die er zur Verhinderung der krankheitsbedingten Kündigung vornehmen muss.[293]

222 Die öffentlich-rechtliche Präventionspflicht des Arbeitgebers löst insofern zugleich **arbeitsvertragliche Pflichten** aus. Vor einer krankheitsbedingten Kündigung muss der Arbeitgeber daher zunächst alle ihm zumutbaren Möglichkeiten ausschöpfen, den Arbeitsplatz behinderungs- beziehungsweise leidensgerecht auszugestalten oder die betroffene Person auf einem anderen Arbeitsplatz gegebenenfalls auch zu geänderten Arbeitsbedingungen weiter zu beschäftigen. Das bEM gibt ihm das Verfahren, die Möglichkeiten und Hilfen für eine Weiterbeschäftigung der gesundheitsgefährdeten betroffenen Person zu klären. Es ist ein vom Arbeitgeber dem Betroffenen anzubietendes Verfahren, das die zu beteiligenden Stellen, Ämter und Personen einbezieht, keine vernünftigerweise in Betracht zu ziehende Anpassungs- und Änderungsmöglichkeiten ausschließt und in dem die von den Teilnehmern eingebrachten Vorschläge

290 Vgl. LAG Düsseldorf, Urteil vom 20.10.016 – 13 Sa 356/16.
291 BAG, Urteil vom 24.3.2011 – 2 AZR 170/10.
292 BAG, Urteil vom 28.4.2011 – 8 AZR 515/10.
293 Grundlegend BAG, Urteil vom 12.7.2007 – 2 AZR 716/06 sowie Urteil vom 23.4.2008 – 2 AZR 1012/06, Urteil vom 10.12.2009 – 2 AZR 400/08, Urteil vom 10.12.2009 – 2 AZR 198/09, Urteil vom 30.9.2010 – 2 AZR 88/09 sowie Urteil vom 24.3.2011 – 2 AZR 170/10.

sachlich erörtert werden.[294] Es geht somit um die Etablierung eines unverstellten, verlaufs- und ergebnisoffenen Suchprozesses.[295] Die Darlegungs- und Beweislast dafür, dass ein bEM deshalb entbehrlich war, weil es wegen der gesundheitlichen Beeinträchtigungen des Arbeitnehmers unter keinen Umständen ein positives Ergebnis hätte bringen können, trägt der Arbeitgeber.[296]

Führt der Arbeitgeber kein bEM durch, hat dies daher negative Folgen für seine **Darlegungs- und Beweislast.**[297] Er kann sich nicht pauschal darauf berufen, ihm seien **223**
keine alternativen, der Erkrankung angemessenen Einsatzmöglichkeiten bekannt.[298] Der Arbeitgeber hat vielmehr von sich aus denkbare oder vom Arbeitnehmer (außergerichtlich) bereits genannte Alternativen zu würdigen und im Einzelnen darzulegen, aus welchen Gründen sowohl eine Anpassung des bisherigen Arbeitsplatzes an dem Arbeitnehmer zuträgliche Arbeitsbedingungen als auch die Beschäftigung auf einem anderen – leidensgerechten – Arbeitsplatz ausscheiden. Dies kann zum Beispiel im Falle einer Alkoholerkrankung bei mangelnder Therapiewilligkeit des Betroffenen im Kündigungszeitpunkt gegeben sein.[299] Der Arbeitgeber trägt die primäre Darlegungslast für die Nutzlosigkeit eines eigentlich erforderlichen bEM. Bezieht der Arbeitnehmer eine volle Erwerbsminderungsrente, muss der Arbeitgeber vortragen, weshalb ihm nicht – ggf. nach zumutbaren Umorganisationsmaßnahmen – ein Arbeitsplatz zumindest in Teilzeit oder jedenfalls mit einer Arbeitszeit von bis zu drei Stunden täglich hätte angeboten werden können. Dabei kommt es nicht darauf an, ob es vom Direktionsrecht des Arbeitgebers gemäß § 106 GewO gedeckt wäre, dem Kläger eine solche Tätigkeit auf einem leidensgerechten anderen Arbeitsplatz zuzuweisen. Der Arbeitgeber hätte ihm zur Vermeidung einer Beendigungskündigung eine nach zumutbarer Umorganisation bestehende Beschäftigungsmöglichkeit zu geänderten Arbeitsbedingungen notfalls im Wege der Änderungskündigung anbieten müssen.[300] Erst dann ist es Sache des Arbeitnehmers, sich hierauf substantiiert einzulassen und darzulegen, wie er sich selbst eine leidensgerechte Beschäftigung vorstellt.[301] Hingegen besteht grundsätzlich keine Pflicht des Arbeitgebers, einen Arbeitsplatz „freizukündigen", selbst nicht zugunsten eines schwerbehinderten oder gleichgestellten Beschäftigten. Eine Pflicht des Arbeitgebers zur „Freikündigung" scheidet jedenfalls dann aus, wenn der Inhaber der infrage kommenden Stelle den allgemeinen Kündigungsschutz genießt. Ob ohne diesen Schutz anderes gilt, wenn der Stelleninhaber nicht seinerseits behindert ist und die Kündigung für ihn keine besondere Härte darstellt, hat der 2. Senat des Bundesarbeitsgerichts offen gelassen.[302] Für das Vorliegen

294 BAG, Urteil vom 10.12.2009 – 2 AZR 400/08.
295 BAG, Urteil vom 10.12.2009 – 2 AZR 198/09.
296 BAG, Urteil vom 24.3.2011 – 2 AZR 170/10; LAG Hamm, Urteil vom 27.1.2012 – 13 Sa 1493/11.
297 Vgl. LAG Berlin-Brandenburg, Urteil vom 11.1.2017 – 4 Sa 900/16, wonach dies auch gilt, wenn eine Regelung die Beendigung eines Arbeitsverhältnisses bei einem auf einem unbegehbaren körperlichen Mangel beruhenden Unvermögen zur Erbringung der Arbeitsleistung und dem Fehlen einer anderweitigen Beschäftigungsmöglichkeit vorsieht.
298 So zuerst BAG, Urteil vom 12.7.2007 – 2 AZR 716/06.
299 BAG, Urteil vom 20.3.2014 – 2 AZR 565/12.
300 BAG, Urteil vom 13.5.2015 – 2 AZR 565/14.
301 BAG, Urteil vom 10.12.2009 – 2 AZR 400/08 und Urteil vom 10.12.2009 – 2 AZR 198/09.
302 BAG, Urteil vom 20.11.2014 – 2 AZR 664/13.

dieser Voraussetzungen trägt der Arbeitnehmer, der sich auf die Möglichkeit einer „Freikündigung" beruft, die Darlegungs- und Beweislast.[303] Das gilt auch dann, wenn der Arbeitgeber die Durchführung eines bEM unterlassen hat. Dieser Umstand führt zwar zu einer Verschärfung der ihn nach § 1 Abs. 2 Satz 4 KSchG treffenden Vortragslast, nicht aber zu einer Umkehr der Darlegungslast in solchen Fällen, in denen sie von vorneherein beim Arbeitnehmer liegt.[304]

224 Der Arbeitgeber muss sorgfältig darauf achten, dass er das bEM **ordnungsgemäß** anbietet. Hat er zur Erfüllung seiner Verpflichtung aus § 84 Abs. 2 SGB IX ein Verfahren durchgeführt, das nicht den gesetzlichen Mindestanforderungen an ein bEM genügt, so ist das gleichbedeutend mit einem nicht durchgeführten bEM. Zu diesen Mindestanforderungen gehört, dass der Arbeitgeber den Betroffenen vor seiner Zustimmung auf die Ziele des bEM sowie auf Art und Umfang der hierfür erhobenen und verwendeten Daten hingewiesen hat.[305] Außerdem muss der nach § 84 Abs. 2 Satz 3 SGB IX erforderliche Hinweis über den Inhalt eines bEM deutlich machen, dass eine Hinzuziehung des Betriebsrates zur *„Klärung von Möglichkeiten"* nach § 84 Abs. 2 Satz 1 SGB IX das Einverständnis des betroffenen Beschäftigten voraussetzt.[306]

225 Auch ansonsten sind dem Arbeitgeber enge Grenzen gesetzt, sich zB darauf zu berufen, der Arbeitnehmer sei „offensichtlich" nicht zu einem bEM-Verfahren bereit gewesen. Der Arbeitgeber muss den Arbeitnehmer eindeutig zu einem bEM auffordern beziehungsweise ihm ein entsprechendes **Angebot unterbreiten**.[307] Hat der Arbeitgeber dies nicht getan, kann er sich nicht spekulativ darauf berufen, der Arbeitnehmer hätte diesem Vorgehen ohnehin nicht zugestimmt.[308] Liegt das letzte Angebot eines bEM bereits mehr als ein Jahr zurück, kann der Arbeitgeber nicht davon ausgehen, der betroffene Beschäftigte werde es ein weiteres Mal ablehnen und deshalb auf ein erneutes Angebot eines bEM verzichten. Das bEM muss zeitnah vor Ausspruch der Kündigung durchgeführt werden, da es ansonsten seinen Zweck nicht erfüllt.[309] Indem der Arbeitgeber den Ausspruch einer Kündigung zeitnah zu der Ablehnung eines bEM unterlassen hat, bringt er vielmehr zum Ausdruck, dass es selber bezogen auf die Beschäftigung des Arbeitnehmers keine negative Prognose gesehen hat.[310]

226 Die Verpflichtung des Arbeitgebers, ein bEM anzubieten, bleibt auch bestehen, wenn der Arbeitnehmer äußert, der Arbeitgeber könne nichts zur Wiederherstellung der Arbeitsfähigkeit beitragen. Die pauschale Aussage des Arbeitnehmers hat arbeitsrechtlich keine Relevanz. Der Arbeitgeber muss trotz der gegenteiligen subjektiven Einschätzung des Arbeitnehmers in einem arbeitsgerichtlichen Verfahren dessen Arbeitsunfähigkeit im Falle des späteren Bestreitens beweisen. Ebenso bleibt es bei der Ver-

303 BAG, Urteil vom 13.5.1992 – 5 AZR 437/91.
304 BAG, Urteil vom 20.11.2014 – 2 AZR 664/13.
305 BAG, Urteil vom 24.3.2011 – 2 AZR 170/10.
306 BAG, Beschluss vom 22.3.2016 – 1 ABR 14/14.
307 Vgl. BAG, Urteil vom 2.11.2016 – 10 AZR 596/15.
308 Vgl. BAG, Urteil vom 12.2.2007 – 2 AZR 716/06.
309 LAG Rheinland-Pfalz, Urteil vom 16.12.2009 – 7 Sa 413/09.
310 LAG Düsseldorf, Urteil vom 20.10.2016 – 13 Sa 356/16.

pflichtung des Arbeitgebers, in einem bEM-Verfahren abzuklären, ob die subjektive Einschätzung des Arbeitnehmers bezüglich der möglichen Wiederherstellung der Arbeitsfähigkeit zutreffend ist. Eine solche Äußerung des Arbeitnehmers stellt auch keine (ausdrückliche) Ablehnung eines BEM-Verfahrens dar. Beruhen die Fehlzeiten eines Arbeitnehmers auf einer überdurchschnittlichen Krankheitsanfälligkeit, so kann Gegenstand eines betrieblichen Eingliederungsmanagements auch die Erarbeitung eines umfassenden Konzeptes zur Änderung der generellen (das heißt auch privaten) Lebensweise sein, damit der Arbeitnehmer auf diese Weise seine gesundheitliche Verfassung gerade bei körperlich anstrengenden Tätigkeiten verbessert und damit seine Krankheitsanfälligkeit mindert.[311]

Eine besondere Konstellation ergibt sich schließlich, wenn der betroffene Beschäftigte **schwerbehindert** oder **gleichgestellt** ist. Die Kündigung gegenüber einem schwerbehinderten Menschen ist nur dann zulässig, wenn das Integrationsamt nach §§ 85 ff. SGB IX (§§ 168 ff. SGB IX nF) seine Zustimmung erteilt hat. Der Sonderkündigungsschutz nach dem SGB IX gewährleistet ein geordnetes Verfahren zur Prüfung der Rechte des schwerbehinderten Arbeitnehmers durch das Integrationsamt, dessen Entscheidung in mehreren Instanzen gerichtlich nachgeprüft werden kann. Hierbei sind die Interessen des Schwerbehinderten und die betrieblichen Interessen gegeneinander abzuwägen. Ist das Integrationsamt nach eingehender Prüfung zu dem Ergebnis gelangt, dass die Zustimmung zur Kündigung zu erteilen ist, kann nur bei Vorliegen besonderer Anhaltspunkte davon ausgegangen werden, dass ein BEM nach § 84 Abs. 2 SGB IX die Kündigung verhindert hätte.[312] Diese Sichtweise wird vom Bundesarbeitsgericht im Ergebnis geteilt. Der Zustimmungsbescheid des Integrationsamt entfaltet jedenfalls dann keine entsprechende Indizwirkung, wenn sich aus seiner Begründung oder der des Widerspruchsbescheids Anhaltspunkte dafür ergeben, dass mögliche, kündigungsrechtlich beachtliche Beschäftigungsalternativen im Verwaltungsverfahren nicht in den Blick genommen worden sind.[313] 227

In der verwaltungsgerichtlichen Rechtsprechung wird – unter Bezug auf die Arbeitsgerichte – davon ausgegangen, dass die Durchführung des Präventionsverfahrens nach § 84 Abs. 1 und 2 SGB IX keine Rechtmäßigkeitsvoraussetzung für die Zustimmungsentscheidung des Integrationsamtes nach §§ 85 ff. SGB IX ist. Jedoch kann das Integrationsamt im Rahmen seiner Ermessensentscheidung das Fehlen eines bEM gegebenenfalls zulasten des Arbeitgebers berücksichtigen, wenn bei Durchführung des Präventionsverfahrens die Möglichkeit bestanden hätte, die Kündigung zu vermeiden.[314] 228

311 LAG Frankfurt, Urteil vom 3.6.2013 – 21 Sa 1456/12.

312 LAG Frankfurt, Urteil vom 12.11.2013 – 8 Sa 312/13.

313 BAG, Urteil vom 20.11.2014 – 2 AZR 664/13; zum Präventionsverfahren vgl. BAG, Urteil vom 7.12.2006 – 2 AZR 182/06.

314 Vgl. BVerwG, Beschluss vom 29.8.2007 – 5 B 77.07; OVG Münster, Beschluss vom 4.7.2007 – 12 A 641/07 sowie Beschluss vom 25.4.2008 – 12 A 395/08 und vom 5.3.2009 – 12 A 122/09.

c) Die Umsetzung der im bEM beschlossenen Maßnahmen

229 Eine gesetzliche Verpflichtung zur Einführung des bEM als System mit bEM-Team und auf der Grundlage einer Vereinbarung mit dem Betriebsrat/Personalrat besteht nicht.[315] Das Gesetz fordert die Durchführung des bEM im **Einzelfall.** Kleinere Arbeitgeber werden daher auch nur auf den Einzelfall reagieren und versuchen, diesen mithilfe der externen Partner, also der gemeinsamen Servicestelle, der Reha-Träger und gegebenenfalls des Integrationsamtes zu lösen. Bei größeren Arbeitgebern ab 200 Beschäftigten ist es allerdings sinnvoll, das Verfahren **einheitlich** und durch Einbeziehung eines **festen bEM-Teams** zu erarbeiten und umzusetzen. Dies legt auch § 83 Abs. 2 a Nr. 5 SGB IX (§ 166 Abs. 3 Nr. 5 SGB IX nF) nahe, der die Regelung des bEM-Verfahrens in einer Integrationsvereinbarung hervorhebt.

230 Zwar enthält § 84 Abs. 2 SGB IX keine nähere gesetzliche Ausgestaltung des bEM, das Verfahren soll vielmehr den jeweiligen Gegebenheiten im Betrieb beziehungsweise in der Dienststelle angepasst werden. Gleichwohl lassen sich aus dem Gesetz gewisse **Mindeststandards** ableiten.[316] Danach entspricht jedes Verfahren den gesetzlichen Anforderungen, das die zu beteiligenden Stellen, Ämter und Personen einbezieht, das keine vernünftigerweise in Betracht zu ziehende Anpassungs- und Änderungsmöglichkeit ausschließt und in dem die von den Teilnehmern eingebrachten Vorschläge sachlich erörtert werden.[317] Zu den Mindestanforderungen gehört, dass der Arbeitgeber den Betroffenen gemäß § 84 Abs. 2 Satz 3 SGB IX vor seiner Zustimmung auf die Ziele des bEM sowie auf Art und Umfang der hierfür erhobenen und verwendeten Daten hinweist.[318] Außerdem ist auf eine ordnungsgemäße Beteiligung der Interessenvertretung zu achten. Es reicht zum Beispiel nicht aus, wenn der Arbeitgeber dem Betriebsrat im Nachhinein lediglich das Ergebnis der arbeitsmedizinischen Untersuchung in Kopie zuschickt.[319] Die Rahmenvorschrift des § 84 Abs. 2 Satz 1 SGB IX bezieht sich auf das Verfahren über die Klärung von Möglichkeiten, eine bestehende Arbeitsunfähigkeit zu überwinden, erneuter Arbeitsfähigkeit vorzubeugen und eine möglichst dauerhafte Fortsetzung des Beschäftigungsverhältnisses zu fördern. Führt der Klärungsprozess zwischen Arbeitgeber und Betriebsrat zu keiner übereinstimmenden Beurteilung der Möglichkeiten, verbleibt es bei einem Dissens. Eine sich anschließende Umsetzung von konkreten Maßnahmen wird von der Rahmenvorschrift des § 84 Abs. 2 Satz 1 SGB IX nicht mehr erfasst.[320]

231 Die Vertretung des Arbeitgebers im bEM kann beispielsweise aus dem Vorgesetzten, einem Vertreter der Personalabteilung oder dem Inklusionsbeauftragten gemäß § 98 SGB IX (§ 181 SGB IX nF) bestehen. Wichtig ist, dass die Person, die diese Aufgaben wahrnimmt, selbst berechtigt ist, Entscheidungen zu treffen, oder über Rückfragen schnell Entscheidungen des Arbeitgebers zum Beispiel über eine Veränderung des Arbeitsplatzes oder eine Versetzung herbeiführen kann. Daneben können ein Mitglied

315 LAG Hamburg, Beschluss vom 21.5.2008 – H 3 TaBV 1/08.
316 Zu den Aufgaben eines Integrationsteams vgl. BAG, Urteil vom 28.9.2016 – 7 AZR 699/14.
317 BAG, Urteil vom 10.12.2009 – 2 AZR 400/08.
318 BAG, Urteil vom 24.3.2011 – 2 AZR 170/10.
319 LAG Frankfurt, Urteil vom 3.6.2013 – 21 Sa 1456/12.
320 BAG, Beschluss vom 22.3.2016 – 1 ABR 14/14.

des Betriebsrates beziehungsweise Personalrates, die Schwerbehindertenvertretung und der werksärztliche Dienst hinzugezogen werden. Hier sollte eine regelmäßige Vertretung angestrebt werden. Ist die Schwerbehindertenvertretung festes Mitglied eines **bEM-Teams**, kann sie wie die übrigen Team-Mitglieder auch an Verfahren mit nicht schwerbehinderten Beschäftigten beteiligt werden. § 84 Abs. 2 SGB IX benennt keine Personen oder Stellen, denen die Leitung des bEM anvertraut wäre.[321] Um den Klärungsprozess gemäß § 84 Abs. 2 Satz 1 SGB IX auf ein entsprechendes Gremium zu übertragen, bedarf es betriebsverfassungsrechtlich einer freiwilligen Übereinkunft von Arbeitgeber und Betriebsrat nach § 28 Abs. 2 BetrVG.[322]

Häufig sehen Betriebs-/Dienst- oder Integrationsvereinbarungen zum bEM vor, dass die betroffene Person die Möglichkeit hat, zu bestimmen, welche **Mitglieder des Integrationsteams** in ihrem konkreten Verfahren beteiligt werden sollen. **232**

Es ist auch möglich, zusätzlich eine **außenstehende Person** des Vertrauens hinzuzuziehen. Es besteht jedoch keine Pflicht des Arbeitgebers, zu Gesprächen im Rahmen bEM einen Rechtsbeistand des Arbeitnehmers hinzuzuziehen.[323] **233**

Die **externen Partner**, also die Rehabilitationsträger, das Integrationsamt, die Fachstellen oder der Integrationsfachdienst sind nicht Mitglied des Integrationsteams und nehmen – allein aus Zeitgründen – auch in der Regel nicht an dessen Sitzungen teil. Sie beraten das bEM-Team lediglich zu konkreten Leistungen. **234**

Ein bEM muss **kein bestimmtes Ergebnis** haben, erst recht muss und kann es nicht immer erfolgreich sein. Das Gesetz schreibt weder bestimmte Mittel vor, die auf jeden – oder auf gar keinen – Fall in Erwägung zu ziehen sind, noch beschreibt es bestimmte Ergebnisse, die das bEM haben muss oder nicht haben darf. Es vertraut vielmehr darauf, dass die Einbeziehung von Arbeitgeber, Arbeitnehmerin/Arbeitnehmer, Betriebsrat/Personalrat sowie gegebenenfalls Schwerbehindertenvertretung und externen Stellen sowie die abstrakte Beschreibung des Ziels ausreichen, um die Vorstellungen der Betroffenen sowie internen und externen Sachverstand in ein faires und sachorientiertes Gespräch einzubringen, dessen Verlauf im Einzelnen und dessen Ergebnis sich nach den Erfordernissen des jeweiligen Einzelfalls zu richten haben.[324] Fest steht aber auch, dass das bEM-Verfahren einen Abschluss haben muss. Dies erwartet nicht zuletzt die betroffene Person. Führt der Klärungsprozess zwischen Arbeitgeber und Betriebsrat zu keiner übereinstimmenden Beurteilung der Möglichkeiten, verbleibt es bei einem Dissens.[325] **235**

Ein oftmals beklagter Mangel des Verfahrens besteht in der Unverbindlichkeit des im bEM gefundenen Ergebnisses für den Arbeitgeber. Es gibt keine Möglichkeit, dass der betroffene Arbeitnehmer die Umsetzung des Ergebnisses einklagen kann. Hat das bEM jedoch zu einem positiven Ergebnis geführt, ist der Arbeitgeber grundsätzlich **236**

321 BAG, Urteil vom 10.12.2009 – 2 AZR 198/09.
322 BAG, Beschluss vom 22.3.2016 – 1 ABR 14/14.
323 LAG Rheinland-Pfalz, Urteil vom 18.12.2014 – 5 Sa 518/14 sowie LAG Hamm, Urteil vom 13.11.2014 – 15 Sa 979/14.
324 BAG, Urteil vom 10.12.2009 – 2 AZR 198/09.
325 BAG, Beschluss vom 22.3.2016 – 1 ABR 14/14.

verpflichtet, vor Ausspruch einer krankheitsbedingten Kündigung die empfohlene Maßnahme – soweit diese in seiner alleinigen Macht steht – als milderes Mittel umzusetzen. Kündigt er, ohne sie umgesetzt zu haben, muss er im Einzelnen und konkret darlegen, warum die Maßnahme entweder trotz Empfehlung undurchführbar war oder selbst bei einer Umsetzung diese keinesfalls zu einer Vermeidung oder Reduzierung von Arbeitsunfähigkeitszeiten geführt hätte. Dem wird der Arbeitnehmer regelmäßig mit einem einfachen Bestreiten entgegentreten können.[326] Zu den gebotenen Maßnahmen des betrieblichen Eingliederungsmanagements gemäß § 84 Abs. 2 SGB IX gehört auch die Durchführung einer ärztlich empfohlenen **stufenweisen Wiedereingliederung**. Kommt der Arbeitgeber dem nicht nach, können **Schadenersatzansprüche** des Arbeitnehmers gemäß § 280 BGB, § 823 Abs. 2 BGB in Verbindung mit § 84 Abs. 2 SGB IX in Betracht kommen.[327] Der betroffene Arbeitnehmer muss dem im bEM gefundenen Ergebnis grundsätzlich Folge leisten und zum Beispiel eine **Rehabilitationsmaßnahme** beantragen. Das bEM-Verfahren beinhaltet eine gemeinsame Klärung der Situation am Arbeitsplatz und ein Ergebnis wird somit gemeinsam gesucht und gefunden. Setzt die betroffene Person die gefundene Maßnahme nicht um, muss der Arbeitgeber sie darauf hinweisen, dass sie im Weigerungsfall mit einer Kündigung rechnen muss. Lehnt die betroffene Person die Maßnahme dennoch ab oder bleibt sie trotz Aufforderung untätig, braucht der Arbeitgeber die Maßnahme vor Ausspruch einer krankheitsbedingten Kündigung nicht mehr als milderes Mittel zu berücksichtigen.[328]

237 Führt das bEM zu dem **negativen Ergebnis**, dass es keine Möglichkeit gibt, die Arbeitsunfähigkeit zu überwinden oder künftig zu vermeiden, ist dies ebenfalls bei einer eventuellen krankheitsbedingten Kündigung zu berücksichtigen. Der Arbeitgeber genügt seiner arbeitsgerichtlichen Darlegungslast, wenn er auf diesen Umstand hinweist und behauptet, es bestünden keine anderen Beschäftigungsmöglichkeiten. Der nunmehr darlegungspflichtige Arbeitnehmer genügt seiner Darlegungslast grundsätzlich nicht dadurch, dass er auf alternative Beschäftigungsmöglichkeiten verweist, die während des bEM behandelt und verworfen worden sind. Auch der Verweis auf nicht behandelte Alternativen wird grundsätzlich ausgeschlossen sein. Der Arbeitnehmer muss diese bereits in das bEM einbringen. Er kann allenfalls auf Möglichkeiten verweisen, die sich erst nach Abschluss des bEM bis zum Zeitpunkt der Kündigung ergeben haben.[329] Ebenso verhält es sich, wenn das im bEM gefundene Ergebnis fehlschlägt. Der Arbeitgeber muss jedoch dafür sorgen, dass der Arbeitnehmer die realistische Möglichkeit zur Umsetzung erhält und darf zum Beispiel bei einer stufenweisen Wiedereingliederung (§ 28 SGB IX)[330] nicht einen ungeeigneten Arbeitsplatz zur Verfügung stellen oder bereits nach wenigen Tagen eine volle Arbeitsleistung verlangen.

326 BAG, Urteil vom 10.12.2009 – 2 AZR 400/08.
327 LAG Hamm, Urteil vom 4.7.2011 – 8 Sa 726/11.
328 BAG, Urteil vom 10.12.2009 – 2 AZR 400/08; vergleiche auch LAG Frankfurt, Urteil vom 3.6.2013 – 21 Sa 1456/12.
329 BAG, Urteil vom 10.12.2009 – 2 AZR 400/08.
330 § 44 SGB IX nF.

§ 84 Abs. 2 SGB IX ist vorrangig als öffentlich-rechtliche Verpflichtung des Arbeitgebers anzusehen, die zugleich arbeitsvertragliche Pflichten auslöst.[331] Aus dieser Verpflichtung ergibt sich jedoch auch ein **Individualanspruch** des Arbeitnehmers gegen seinen Arbeitgeber auf Durchführung eines betrieblichen Eingliederungsmanagements. Dieser einklagbare Anspruch folgt zwar nicht ohne Weiteres aus der öffentlich-rechtlichen Norm des § 84 Abs. 2 Satz 1 SGB IX, jedoch aus § 241 Abs. 2 BGB iVm § 84 Abs. 2 SGB IX als Konkretisierung der allgemeinen Fürsorgepflicht des Arbeitgebers.[332] Ein einklagbarer Anspruch des Arbeitnehmers besteht außerdem in den Fällen, in denen eine Betriebs-/Dienstvereinbarung abgeschlossen wurde, die ein entsprechendes individuelles Recht des einzelnen Beschäftigten beinhaltet. Unabhängig hiervon kann sich die Mitarbeiterin beziehungsweise der Mitarbeiter natürlich jederzeit an den Betriebsrat/Personalrat sowie die Schwerbehindertenvertretung wenden. 238

Dem Betriebsrat steht bei der Ausgestaltung der „Klärung von Möglichkeiten" eines betrieblichen Eingliederungsmanagements nach der Rahmenvorschrift des § 84 Abs. 2 Satz 1 SGB IX durch generelle Verfahrensregelungen ein Initiativrecht nach § 87 Abs. 1 Nr. 7 BetrVG zu. Der Betriebsrat kann seine Unterrichtung und eine Beratung mit dem Ziel der Verständigung über die Möglichkeiten eines bEM verlangen. Nicht erfasst vom Mitbestimmungsrecht des § 87 Abs. 1 Nr. 7 BetrVG wird eine sich anschließende Umsetzung konkreter Maßnahmen.[333] In den Fällen, in denen der Arbeitgeber für alle Beschäftigten generell ein standardisiertes Verfahren zum bEM einführt, ist bei der Ausgestaltung des bEM für jede einzelne Regelung zu prüfen, ob ein Mitbestimmungsrecht besteht.[334] Bei vielen Arbeitgebern wird es so gehandhabt, dass Arbeitgeber und Betriebsrat/Personalrat und Schwerbehindertenvertretung bereits bei der Einführung des bEM, zum Beispiel bei der Erstellung des Rundbriefes, zusammenarbeiten. 239

Ein standardisiertes Verfahren ist nur dann erfolgreich, wenn alle Beteiligten gemeinsam etwas für die Prävention und für die Gesundheitsvorsorge in dem Unternehmen tun wollen. Daher sollte hier ein gemeinsames Konzept aller Beteiligten angestrebt werden, von dem die Beschäftigten und der Arbeitgeber in gleicher Weise etwas haben. § 83 Abs. 2 a Nummer 5 SGB IX geht davon aus, dass in einer **Integrationsvereinbarung** Regelungen zur Durchführung eines bEM getroffen werden. Es empfiehlt sich jedoch, in der Integrationsvereinbarung lediglich auf eine **Betriebsvereinbarung** zu verweisen beziehungsweise zu regeln, dass hierzu eine Betriebsvereinbarung abgeschlossen wird. Der Grund hierfür liegt darin, dass eine Integrationsvereinbarung in erster Linie die Integration schwerbehinderter und gleichgestellter behinderter Menschen regeln soll und vornehmlich mit der Schwerbehindertenvertretung zu verhandeln ist. Der Betriebsrat/Personalrat ist dabei zu beteiligen. Da das bEM aber alle Beschäftigten betrifft, ist hier eine Vereinbarung mit dem Betriebsrat/Personalrat unter Beteiligung der Schwerbehindertenvertretung notwendig, die dann auch für alle Be- 240

331 Vgl. LAG Hamm, Urteil vom 24.1.2007 – 2 Sa 991/06.
332 LAG Hamm, Urteil vom 13.11.2014 – 15 Sa 979/14.
333 BAG, Beschluss vom 22.3.2016 – 1 ABR 14/14.
334 BAG, Beschluss vom 13.3.2012 – 1 ABR 78/10.

schäftigten gilt. Daher empfiehlt sich eine Betriebsvereinbarung. In der Rechtsprechung wird zwar ein Anspruch der Schwerbehindertenvertretung gegenüber dem Arbeitgeber auf Aufnahme von Verhandlungen über eine Integrationsvereinbarung, nicht jedoch auf Abschluss einer Integrationsvereinbarung anerkannt.[335]

241 Das Bundesarbeitsgericht hat 2014 allgemeine Grundsätze aufgestellt, was im Rahmen eines bEM-Verfahrens zu ermitteln und umzusetzen ist. In dem Urteil des 2. Senats heißt es unter anderem:[336]

„Nach der Konzeption des Gesetzes lässt das bEM den Beteiligten bei der Prüfung, mit welchen Maßnahmen, Leistungen oder Hilfen eine künftige Arbeitsunfähigkeit des Arbeitnehmers möglichst vermieden werden und das Arbeitsverhältnis erhalten bleiben kann, jeden denkbaren Spielraum. Es soll erreicht werden, dass keine vernünftigerweise in Betracht kommende, zielführende Möglichkeit ausgeschlossen wird. ... Zugleich sollen auf diese Weise medizinische Rehabilitationsbedarfe frühzeitig, ggf. präventiv erkannt und auf die beruflichen Anforderungen abgestimmt werden. Kommen Leistungen zur Teilhabe oder begleitende Hilfen im Arbeitsleben in Betracht, hat der Arbeitgeber deshalb gemäß § 84 Abs. 2 Satz 4 SGB IX auch bei nicht behinderten Arbeitnehmern die örtlichen gemeinsamen Servicestellen hinzuzuziehen. Diese wirken darauf hin, dass die erforderlichen Hilfen und Leistungen unverzüglich beantragt und innerhalb der Frist des § 14 Abs. 2 Satz 2 SGB IX erbracht werden. Als Hilfen zur Beseitigung und möglichst längerfristigen Überwindung der Arbeitsunfähigkeit kommen dabei – neben Maßnahmen zur kurativen Behandlung – insbesondere Leistungen zur medizinischen Rehabilitation iSv. § 26 SGB IX in Betracht. Denkbares Ergebnis eines bEM kann es damit sein, den Arbeitnehmer auf eine Maßnahme der Rehabilitation zu verweisen. Dem steht nicht entgegen, dass deren Durchführung von seiner Mitwirkung abhängt und nicht in der alleinigen Macht des Arbeitgebers steht. Ggf. muss der Arbeitgeber dem Arbeitnehmer eine angemessene Frist zur Inanspruchnahme der Leistung setzen. Eine Kündigung kann er dann wirksam erst erklären, wenn die Frist trotz Kündigungsandrohung ergebnislos verstrichen ist. ... Eine Kündigung muss, damit sie durch Gründe iSv. § 1 Abs. 2 Satz 1 KSchG „bedingt" ist, unter allen Gesichtspunkten verhältnismäßig, dh. unvermeidbar sein. Daraus kann sich die Verpflichtung des Arbeitgebers ergeben, auf bestehende Therapiemöglichkeiten Bedacht zu nehmen. Wenn er ein bEM unterlassen hat, kann er gegen eine solche Verpflichtung nicht einwenden, ihm seien im Kündigungszeitpunkt – etwa schon mangels Kenntnis der Krankheitsursachen – entsprechende Möglichkeiten weder bekannt gewesen, noch hätten sie ihm bekannt sein können. Das bedeutet nicht, dass der Arbeitgeber bei Unterlassen eines bEM, um die Verhältnismäßigkeit der Kündigung aufzuzeigen, für jede nur erdenkliche Maßnahme der Gesundheitsprävention – etwa bis zu möglichen Änderungen in der privaten Lebensführung des Arbeitnehmers – von sich aus darzulegen hätte, dass und weshalb sie zur nachhaltigen Verminderung der Fehlzeiten nicht geeignet gewesen sei. Es reicht aus, wenn er dartut, dass jeden-

335 Vgl. LAG Hamm, Beschluss vom 19.1.2007 – 13 TaBV 58/06.
336 BAG, Urteil vom 20.11.2014 – 2 AZR 755/13.

falls durch gesetzlich vorgesehene Hilfen oder Leistungen der Rehabilitationsträger künftige Fehlzeiten nicht in relevantem Umfang hätten vermieden werden können. Der Grundsatz der Verhältnismäßigkeit verlangt lediglich die Berücksichtigung solcher Präventions- und Rehabilitationsmaßnahmen, deren Beachtung dem Arbeitgeber zumutbar ist. Zumutbar wiederum ist nur eine Beachtung solcher Maßnahmen, deren Zweckmäßigkeit hinreichend gesichert ist. Auch muss deren tatsächliche Durchführung objektiv überprüft werden können. Beides trifft auf gesetzlich vorgesehene Leistungen und Hilfen, die der Prävention und/oder Rehabilitation dienen, typischerweise zu. Solche Maßnahmen muss der Arbeitgeber deshalb grundsätzlich in Erwägung ziehen. Hat er ein bEM unterlassen, muss er von sich aus ihre objektive Nutzlosigkeit aufzeigen und ggf. beweisen. Dabei kommt eine Abstufung seiner Darlegungslast in Betracht, falls ihm die Krankheitsursachen unbekannt sind.“

7. Vorschriften im Zusammenhang mit einem bEM

Es gibt im Sozialgesetzbuch eine Reihe von Vorschriften, die – ohne einen Anspruch **242**
auf Vollständigkeit zu erheben – den am bEM-Verfahren beteiligten Personen hilfreich sein können. Für die **Rehabilitationsträger**, die **Leistungen zur Teilhabe am Arbeitsleben (LTA)** oder **zur medizinischen Rehabilitation** erbringen (§§ 5, 6 SGB IX), sind dies:

§ 145 SGB III	Minderung der Leistungsfähigkeit (Bundesagentur für Arbeit)
§ 146 SGB III	Leistungsfortzahlung bei Arbeitsunfähigkeit (Bundesagentur für Arbeit)
§ 20 b SGB V	Betriebliche Gesundheitsförderung (Gesetzliche Krankenversicherung)
§ 20 c SGB V	Maßnahmen zur betrieblichen Gesundheitsförderung (Gesetzliche Krankenversicherung)
§ 40 SGB V	Leistungen zur medizinischen Rehabilitation (Gesetzliche Krankenversicherung)
§ 42 SGB V	Belastungserprobung und Arbeitstherapie (Gesetzliche Krankenversicherung)
§§ 44, 48 SGB V	Anspruch auf Krankengeld und Dauer des Bezuges (Gesetzliche Krankenversicherung)
§ 51 SGB V	Wegfall des Krankengeldes, Antrag auf Leistungen zur Teilhabe (Gesetzliche Krankenversicherung)
§ 275 Abs. 1 SGB V	Begutachtung und Beratung durch den medizinischen Dienst zur Beseitigung von Zweifeln an der Arbeitsunfähigkeit (Gesetzliche Krankenversicherung)

§§ 10, 11 SGB VI	Persönliche und versicherungsrechtliche Voraussetzungen für Leistungen zur Teilhabe (Gesetzliche Rentenversicherung)
§ 14 SGB VI	Leistungen zur Prävention (Gesetzliche Rentenversicherung)
§ 17 SGB VI	Leistungen zur Nachsorge (Gesetzliche Rentenversicherung)
§ 43 SGB VI	Rente wegen Erwerbsminderung (Gesetzliche Rentenversicherung)
§ 116 SGB VI	Besonderheiten bei Leistungen zur Teilhabe (Gesetzliche Rentenversicherung)
§ 240 SGB VI	Rente wegen teilweiser Erwerbsminderung bei Berufsunfähigkeit (Gesetzliche Rentenversicherung)
§§ 8, 9 SGB VII	Arbeitsunfall und Berufskrankheit (Gesetzliche Unfallversicherung)
§ 35 SGB VII	Leistungen zur Teilhabe am Arbeitsleben (Gesetzliche Unfallversicherung)

243 Daneben gibt es im SGB IX eine Reihe von hilfreichen Vorschriften, die grundsätzlich für **alle Rehabilitationsträger bei Vorliegen einer Behinderung** (§ 2 SGB IX) gelten:

§ 14 SGB IX (§§ 14–16 SGB IX nF)	Zuständigkeitsklärung (hierzu BSG, Urteil vom 24.1.2013 – B 3 KR 5/12 R sowie Urteil vom 18.5.2011 – B 3 KR 10/10 R)
§ 28 SGB IX (§ 44 SGB IX nF)	Stufenweise Wiedereingliederung
§ 33 SGB IX (§ 49 SGB IX nF)	Leistungen zur Teilhabe am Arbeitsleben (hierzu LSG Baden-Württemberg, Urteil vom 1.4.2014 – L 13 R 2341/13; zur Abgrenzung der Zuständigkeit der einzelnen Rehabilitationsträger vergleiche SG Dresden, Urteil vom 28.2.2011 – S 24 KN 625/09)
§ 34 SGB IX (§ 50 SGB IX nF)	Leistungen an Arbeitgeber (spezielle Zuschüsse für Arbeitshilfen im Betrieb)

244 Nur bei **schwerbehinderten oder ihnen gleichgestellten Beschäftigten** kommen daneben die **Unterstützungs- und Fördermöglichkeiten der Integrationsämter** in Betracht:

§ 102 Abs. 2, 3 SGB IX (§ 185 Abs. 2, 3 SGB IX nF)	Begleitende Hilfe im Arbeitsleben (weiterführende Regelungen in der SchwbAV)
§ 102 Abs. 4 SGB IX (§ 185 Abs. 5 SGB IX nF)	Arbeitsassistenz (hierzu OVG Berlin-Brandenburg, Urteil vom 18.5.2011 – OVG 6 B 1.09)

§§ 109, 110 SGB IX (§ 192, 193 SGB IX nF)	Integrationsfachdienste, Personenkreis und Aufgaben

Nicht aus den Augen verloren werden darf hierbei jedoch die **Fürsorgepflicht des Arbeitgebers**. Diese gilt für alle Arbeitnehmer, die krankheits- bzw. behinderungsbedingt eine bestimmte Tätigkeit nicht oder nicht mehr in vollem Umfang ausüben können.[337] Für schwerbehinderte und ihnen gleichgestellte Arbeitnehmer ist der Anspruch auf eine behinderungsgerechte Beschäftigung darüber hinaus in § 81 Abs. 4 SGB IX (§ 164 Abs. 4 SGB IX nF) ausdrücklich gesetzlich geregelt.[338] 245

8. Prämien und Bonus

Die Rehabilitationsträger und die Integrationsämter können Arbeitgeber, die ein betriebliches Eingliederungsmanagement einführen, durch Prämien oder einen Bonus gemäß § 84 Abs. 3 SGB IX (§ 167 Abs. 3 SGB IX nF) fördern. 246

Die Bundesarbeitsgemeinschaft der Integrationsämter und Hauptfürsorgestellen (BIH) hat dazu für die Integrationsämter **Empfehlungen** erarbeitet (zu finden unter www.integrationsaemter.de). Das LVR-Integrationsamt beispielsweise vergibt seit 2006 jährlich bis zu fünf bEM-Prämien. Dabei müssen die bEM-Regelungen des jeweiligen Arbeitgebers über die gesetzlichen Mindestvorgaben hinausgehen. Voraussetzung ist das Vorliegen einer betrieblichen Vereinbarung zum bEM, die konkrete Regelungen zu betrieblichen Abläufen und Zuständigkeiten enthält und geeignet ist, die gesetzlichen Ziele der Präventionsbestimmung zu realisieren sowie die Persönlichkeitsrechte der betroffenen Mitarbeiterinnen und Mitarbeiter zu sichern (zu finden unter www.integrationsamt.lvr.de). Die Unfallversicherungsträger können gemäß § 162 Abs. 2 SGB VII unter Berücksichtigung der Wirksamkeit der von den Unternehmern getroffenen Maßnahmen zur Verhütung von Arbeitsunfällen und Berufskrankheiten und für die Verhütung von arbeitsbedingten Gesundheitsgefahren Prämien gewähren. Dabei sollen sie auch die in Integrationsvereinbarungen (§ 83 SGB IX) getroffenen Maßnahmen der betrieblichen Prävention (§ 84 SGB IX) berücksichtigen.[339] 247

III. Wegfall einer Ordnungswidrigkeit

Eine Abweichung vom Inhalt des Vorschaltgesetzes enthält § 238 SGB IX 2018. Dort sind die in § 156 Abs. 1 SGB IX aufgeführten Ordnungswidrigkeitstatbestände nicht vollständig übernommen worden. Der bisher in § 156 Abs. 1 Nr. 8 SGB IX aufgeführte Tatbestand, wonach der Arbeitgeber ordnungswidrig handelt, wenn er seine Pflicht zur Erörterung mit der SBV und der betrieblichen Interessenvertretung Personal- bzw. Betriebsrat nach § 81 Abs. 1 Satz 7 SGB IX nicht erfüllt, wird als überflüssig angesehen[340] und deshalb ersatzlos gestrichen. Warum die Streichung erst zum 1. Janu- 248

337 Vgl. BAG, Urteil vom 19.5.2010 – 5 AZR 162/09.
338 Vgl. BAG, Urteil vom 14.3.2006 – 9 AZR 411/05.
339 Art. 8 BTHG, BGBl. I vom 29.12.2016, S. 3313 passt die gesetzlichen Verweisungsnormen zum 1.1.2018 entsprechend an.
340 BT-Drs. 18/9522, S. 313.

ar 2018 erfolgen soll, wird in der ministerialen Gesetzesbegründung nicht erläutert. Es handelt sich vermutlich um einen handwerklichen Mangel. Es ist wohl übersehen worden, den Wegfall in das Vorschaltgesetz zu übertragen. Dieses Versehen wird auch nicht durch das Korrekturgesetz zum BVG berichtigt.

IV. Umbenennung des Beauftragten des Arbeitgebers

249 Art. 1 des BTHG führt in § 181 SGB IX 2018 für den Beauftragten des Arbeitgebers, der ihn in den Angelegenheiten der schwerbehinderten Menschen verantwortlich vertritt, die Bezeichnung „*Inklusionsbeauftragter*" ein. Das ist überraschend, weil bereits im Vorschaltgesetz in Art. 2 BTHG für 2017 die alte Bezeichnung Arbeitgeberbeauftragter (§ 98 SGB IX) noch weiter verwandt wird, obwohl in § 83 SGB IX bereits für 2017 die Bezeichnung Integrationsvereinbarung in Inklusionsvereinbarung abgeändert worden ist. Warum die entsprechende Umbenennung des Arbeitgeberbeauftragten noch nicht für 2017 vorgenommen worden ist, kann schwer nachvollzogen werden. Der Sinn der Umbenennung wird von den ministerialen Verfassern der Gesetzesbegründung so erläutert: „*Die Umbenennung des Beauftragten des Arbeitgebers in Inklusionsbeauftragten in § 181 (SGB IX 2018)*[341] *soll erfolgen, um die Inklusion von Menschen mit Behinderungen zu verdeutlichen*".[342] Bei positiver Deutung dieser Begründung könnte daraus geschlossen werden, dass erst ab 2018 der Arbeitgeberbeauftragte verpflichtet werden soll, sich auch aktiv für das Ziel der Inklusion von Menschen mit Behinderung einzusetzen. Vermutlich liegt nur ein handwerklicher Fehler vor. Es ist wohl vergessen worden, die Umbenennung in Art. 2 des BTHG zu übernehmen. Handwerklich zwar schlecht, aber in der Sache unschädlich ist auch, dass eine ausdrückliche Erweiterung der Aufgaben des Beauftragten in dem aus § 98 SGB IX alt in § 181 SGB IX 2018 übernommenen Katalog der zugewiesenen Aufgaben fehlt.

V. Verschwiegenheitspflicht

250 Nach der durch Art. 2 BTHG nicht geänderten Fassung des § 96 Abs. 7 Satz 1 Nr. 1 SGB IX sind die Vertrauenspersonen ua verpflichtet, „*über ihnen wegen ihres Amtes bekannt gewordene persönliche Verhältnisse und Angelegenheiten von Beschäftigten im Sinne des 73 SGB IX, die ihrer Bedeutung oder ihrem Inhalt nach einer vertraulichen Behandlung bedürfen, Stillschweigen zu bewahren*". Nicht alle Stellen, auf denen Beschäftigte tätig werden, sind Arbeitsplätze im Sinne von § 73 Abs. 1 SGB IX. Das zeigt sich besonders deutlich in den im Negativkatalog des § 73 Abs. 2 Nr. 7 und Abs. 3 SGB IX aufgeführten Fällen:

- Personen, deren Arbeits-, Dienst- oder sonstiges Beschäftigungsverhältnis wegen Wehr- oder Zivildienst, Elternzeit, unbezahltem Urlaub, wegen Bezuges einer Rente auf Zeit oder bei Altersteilzeitarbeit in der Freistellungsphase (Verblockungsmodell) ruht, solange für sie eine Vertretung eingestellt ist,

341 Klammerzusatz vom Verfasser.
342 BT-Drs. 18/9522, S. 308.

- Personen, die auf Stellen beschäftigt werden, die nach der Natur der Arbeit oder nach den zwischen den Parteien getroffenen Vereinbarungen nur auf die Dauer von höchstens acht Wochen besetzt sind,
- Personen, die auf Stellen tätig werden, auf denen Beschäftigte weniger als 18 Stunden wöchentlich beschäftigt werden.

Es ist nicht nachvollziehbar, dass die Verschwiegenheitspflicht für die vertrauliche Behandlung der persönlichen Verhältnisse dieser Personen nicht bestehen soll. Es handelt sich hier um eine Regelungslücke. Das hat auch der Gesetzgeber des BTHG erkannt. In der durch Art. 1 neugefassten Norm des § 179 Abs. 7 Satz 1 Nr. 1 SGB IX heißt es: 251

Die Vertrauenspersonen sind verpflichtet,

1. ihnen wegen ihres Amtes anvertraute oder sonst bekannt gewordene fremde Geheimnisse, namentlich zum persönlichen Lebensbereich gehörende Geheimnisse, nicht zu offenbaren und

...

Dort ist der Beschränkung der Verschwiegenheitspflicht auf die persönlichen Verhältnisse von Personen, die auf einem Arbeitsplatz beschäftigt werden, entfallen. Die ab 2018 geltende Neufassung nimmt nämlich nicht auf den Arbeitsplatz Bezug, dessen Begriff im reformierten SGB IX 2018 in § 156 SGB IX übernommen worden ist. Somit liegt nur für die Zeit 30.12.2016 bis 31.12.2017 eine Regelungslücke vor. Auch hier handelt es sich um eine unbewusste Regelungslücke, die auf einem redaktionellen Versehen beruht. Es ist versäumt worden, die notwendige Folgeänderung in das Vorschaltgesetz des Art. 2 BTHG zu übernehmen. Auch hier findet keine Korrektur durch das Berichtigungsgesetz zum BVG statt. 252

§ 10 Seit 30.12.2016 geltende Änderungen des BetrVG

I. Ergänzungen zur Inklusionsaufgabe

Nach Art. 26 Abs. 2 BTHG sind zeitgleich mit dem in Art. 2 geregelten Vorschaltgesetz auch einige in Art. 18 BTHG enthaltene Änderungen des BetrVG in Kraft getreten. Es handelt sich um inhaltlich mit dem Schwerbehindertenrecht verknüpfte Bestimmungen. Auch sie dienen dem Ziel eines **inklusiven Betriebs**. Sie sollen dazu die im Teil 2 SGB IX zur Stärkung der SBV vorgenommenen Änderungen flankieren. 253

II. Aufgaben des Betriebsrats

§ 80 Abs. 1 Nr. 4 BetrVG regelt die besondere Aufgabe des Betriebsrats, die Eingliederung (nach alter Fassung) Schwerbehinderter und sonstiger besonders schutzbedürftiger Personen zu fördern. Die neue sprachlich alles andere als gelungene Fassung („*Förderung des Abschlusses von Inklusionsvereinbarungen ... fördern*“) betont stärker als die Vorgängerfassung, dass der Betriebsrat sowohl das das Recht als auch die Pflicht hat, auf den Abschluss von Inklusionsvereinbarungen hinzuwirken. 254

III. Freiwillige Betriebsvereinbarungen

Die Ergänzung der beispielhaften Aufzählung der Regelungsgegenstände in § 88 BetrVG stellt sicher, dass der Betriebsrat auch Maßnahmen zur Eingliederung schwerbehinderter Menschen zum Gegenstand einer **freiwilligen Betriebsvereinbarung** machen darf. Geschieht das, so wirkt sich das zugunsten der Rechte von Beschäftigten aus; denn nach § 77 Abs. 4 Satz 2 bis 4 sind dann diese Rechte vor **Verfall und Verzicht** geschützt. Für einen wirksamen Verzicht bedarf es der Zustimmung des Betriebsrats und für die Geltung von Ausschlussfristen einer ausdrücklichen Zulassung in einem Tarifvertrag oder in einer Betriebsvereinbarung. 255

IV. Personalplanung

Nach § 92 Abs. 1 BetrVG ist der Arbeitgeber seit langem verpflichtet, den Betriebsrat über den gegenwärtigen und künftigen **Personalbedarf** rechtzeitig und umfassend zu unterrichten. Neu eingefügt ist, dass zu dieser Unterrichtung auch die Berichterstattung über die Maßnahmen zählen, die der Arbeitgeber zur Eingliederung schwerbehinderter Menschen plant. Damit gewinnt die bislang weitgehend unbekannte Bestimmung in § 81 Abs. 3 SGB IX an Bedeutung. Danach ist jeder Arbeitgeber verpflichtet, geeignete **Maßnahmen zur Schwerbehindertenintegration** zu ergreifen. Er hat sicherzustellen, dass mindestens 5 % der Arbeits- und Ausbildungsplätze mit schwerbehinderten und gleichgestellt behinderten Menschen besetzt werden. Der Betriebsrat hat nunmehr die Aufgabe, die Informationen des Arbeitgebers darauf zu überprüfen, ob tatsächlich geeignete Maßnahmen geplant werden; denn er ist nach § 93 Satz 2 SGB IX für die Überwachung zuständig, ob der Arbeitgeber die ihm obliegende Mindestbeschäftigungspflicht erfüllt. Der Betriebsrat ist nicht darauf beschränkt, unzureichende Maßnahmen zu beanstanden. Er kann nach § 90 Abs. 2 256

BetrVG auch dem Arbeitgeber Vorschläge für von ihm für geeignet angesehene Maßnahmen und deren Durchführung machen.

§ 11 Neuerungen zur Ausgleichsabgabe

I. Bekanntmachung der Erhöhungsbeträge

Seit der letzten Neufestsetzung der Ausgleichsabgabensätze ist die Bezugsgröße von 31.500 EUR für 2012 auf 34.860 EUR für das Jahr 2016 gestiegen.[343] Da der Anstieg um wenigstens 10 Prozent erfolgte, war vom zuständigen BMAS für 2016 eine erneute Anpassung vorzunehmen. Deshalb sind mit der Bekanntmachung vom 14.12.2015[344] die monatlichen Sätze der Ausgleichsabgabe erhöht worden. Danach ergibt sich folgende Tabelle: 257

Erfüllungsquote	Abgabe je monatlich unbesetzter Pflichtplatz ab 2012 bis 2015	Ab 2016 Abgabe je monatlich unbesetzter Pflichtplatz
3 bis unter 5 Prozent	115 EUR	125 EUR
2 bis unter 3 Prozent	200 EUR	220 EUR
0 bis unter 2 Prozent	290 EUR	320 EUR

Die für das Jahr 2015 zu zahlende Ausgleichsabgabe war noch nach den alten Sätzen zu berechnen. Die neuen Sätze gelten erst für die im Jahr 2016 unbesetzt gebliebenen Pflichtplätze, die mit der Anzeige für 2016 spätestens am 31.3.2017 zu melden sind. 258

Für die öffentlichen Arbeitgeber des Bundes gilt nach § 159 Abs. 1 SGB IX weiterhin eine **Pflichtquote von sechs Prozent**. Für diese beträgt bei einer Beschäftigung von fünf bis unter sechs Prozent die Ausgleichsabgabe ab 2016 125 EUR je monatlich unbesetzten Pflichtarbeitsplatz. 259

II. Erleichterungen für Kleinunternehmer

Unklar ist, welche konkreten Ausgleichsabgabensätze für Kleinunternehmer gelten. 260

Eindeutig ist, was ab 1.1.2018 gilt; denn nach der Neufassung des 77 Abs. 2 Satz 2 durch § 160 Abs. 2 Satz 2 SGB IX im Art. 1 des BTHG ist für Kleinunternehmer ab 1.1.2018 die folgende Regelung bestimmt: 261

> Abweichend von Satz 1 beträgt die Ausgleichsabgabe je unbesetztem Pflichtarbeitsplatz für schwerbehinderte Menschen
>
> 1. für Arbeitgeber mit jahresdurchschnittlich weniger als 40 zu berücksichtigenden Arbeitsplätzen bei einer jahresdurchschnittlichen Beschäftigung von weniger als einem schwerbehinderten Menschen 125 Euro und
> 2. für Arbeitgeber mit jahresdurchschnittlich weniger als 60 zu berücksichtigenden Arbeitsplätzen bei einer jahresdurchschnittlichen Beschäftigung von weniger als zwei schwerbehinderten Menschen 125 Euro und bei einer jahresdurchschnittlichen Beschäftigung von weniger als einem schwerbehinderten Menschen 220 Euro.

343 Sozialversicherungs-Rechengrößenverordnung 2016 v. 30.11.2015; BGBl. I, 2137.
344 BAnz AT 24.12.2015 B2.

262 Fraglich ist, ob diese Regelung nicht schon ab 1.1.2016 gilt; denn die zum 1.1.2016 vorgenommene Anpassung der Ausgleichabgabensätze müsste folgerichtig auch für Kleinunternehmer gelten. Sie sollen davor geschützt werden, dass sie in die höchste Klasse der Ausgleichsabgabensätze für Nichterfüller eingestuft werden. In der seit 8.11.2006 geltenden Fassung des SGB IX, die durch Art. 2 BTHG zum 30.12.2016 insoweit nicht geänderten worden ist, heißt es wörtlich:

Abweichend von Satz 1 beträgt die Ausgleichsabgabe je unbesetzten Pflichtarbeitsplatz für schwerbehinderte Menschen

1. für Arbeitgeber mit jahresdurchschnittlich weniger als 40 zu berücksichtigenden Arbeitsplätzen bei einer jahresdurchschnittlichen Beschäftigung von weniger als einem schwerbehinderten Menschen 105 Euro und
2. für Arbeitgeber mit jahresdurchschnittlich weniger als 60 zu berücksichtigenden Arbeitsplätzen bei einer jahresdurchschnittlichen Beschäftigung von weniger als zwei schwerbehinderten Menschen 105 Euro und bei einer jahresdurchschnittlichen Beschäftigung von weniger als einem schwerbehinderten Menschen 180 Euro.

263 Die Frage ist, ob die im Gesetzeswortlaut genannte Höhe der Abgabensätze aus 2006 unverändert trotz der 2011 und 2015 gemäß § 77 Abs. 3 Satz 5 SGB IX bekanntgegebenen Erhöhungsbeträge bis 2018 bestehen bleiben. Das Schrifttum ist für die 2012 erfolgte Erhöhung von einer Nichtberücksichtigung ausgegangen.[345] Dem ist zu widersprechen. Wie § 77 Abs. 3 Satz 1 SGB IX deutlich zum Ausdruck bringt, sollen die in Abs. 2 Satz 1 und 2 geregelte Werte der Abgabenhöhe insgesamt und nicht nur die in Satz 1 geregelten Werte dynamisch abgepasst werden. Das ist auch die Auffassung der BA. Diese erläutert:[346]

„Die Ausgleichsabgabe beträgt nach § 77 Absatz 2 Satz 2 SGB IX je unbesetzten Pflichtarbeitsplatz bei einer jahresdurchschnittlichen Arbeitsplatzzahl von 20 bis weniger als 40 und einer jahresdurchschnittlichen Beschäftigung schwerbehinderter Menschen von weniger als 1 monatlich 125 Euro. Liegt die jahresdurchschnittliche Arbeitsplatzzahl bei 40 bis weniger als 60 und werden in der jahresdurchschnittlichen Betrachtungsweise 1 bis unter 2 schwerbehinderte Menschen beschäftigt, beträgt die Ausgleichsabgabe monatlich 125 Euro. Wird jahresdurchschnittlich weniger als 1 schwerbehinderter Mensch beschäftigt, beträgt sie monatlich 220 Euro.“

264 Die Unklarheit ist eine Folge der fachlich dringend verbesserungswürdigen Regelungstechnik des Gesetzgebers. Es fehlt eine abstrakte Regelung, die deutlich klarstellt, wie die bekanntgemachten Erhöhungsbeträge auf die Erleichterungen für Kleinunternehmer anzuwenden sind.

345 So im Ergebnis ohne Begründung LPK-SGB IX/Joussen, 4. Aufl. 2014, § 77 Rn. 9; BIH, ABC Behinderung und Beruf, Handbuch für die betriebliche Praxis, 5. Aufl. 2014, Stichwort Ausgleichsabgabe.

346 BA, Erläuterungen zum Anzeigeverfahren 2016, veröffentlicht unter: http://www.rehadat-elan.de/export/sites/elan/downloads/elan/Erlaeuterungen_BA_2016.pdf, Aufruf 20.4.2017.

Aus der obigen Auslegung des § 77 Abs. 2 S. 2 SGB IX ergibt sich ab 2016 folgende 265
Tabelle der ermäßigten Abgabensätze:

Jahresdurchschnittliche Arbeitsplatzzahl	Jahresdurchschnittlich beschäftigte schwerbehinderte Menschen	Ausgleichsabgabe ab 2016
Bis 39	< 1	125 EUR
Bis 59	< 2	125 EUR
Bis 59	< 1	220 EUR

III. Unterrichtung der Arbeitnehmervertretungen

Die Beschäftigungspflicht nach §§ 71 ff. SGB IX wird organisatorisch mit einem Sys- 266
tem der Selbstveranlagung des Arbeitgebers kombiniert, das die Entscheidung vorbereitet, ob die Ausgleichsabgabe nach § 77 SGB IX zu zahlen ist.[347] Es ist daher erforderlich, dass die dazu notwendigen Informationen dokumentiert und den zuständigen Stellen zur Verfügung gestellt werden. Zu diesen gehören auch Betriebs- und Personalräte sowie Schwerbehindertenvertretungen. § 80 Abs. 2 Satz 3 SGB IX schreibt vor, dass diesen sowohl die für den jeweiligen Betrieb zu führenden Verzeichnisse der schwerbehinderten Beschäftigten als auch eine Kopie der an die Agentur für Arbeit gerichteten **Anzeige** zu übermitteln sind. Diese beiden Dokumente unterscheiden sich jedoch in einer wesentlichen Eigenschaft: Die Verzeichnisse werden betriebsbezogen geführt, die Anzeige wird unternehmensbezogen erstellt.[348] Vor diesem Hintergrund entwickelte sich inzwischen eine Reihe von arbeitsgerichtlichen Verfahren, ob und in welcher Weise hier Betriebsrat bzw. Gesamtbetriebsrat Gläubiger des Informationsrechts sind. Das LAG München hat erkannt: In einem Betrieb, der zu einem Unternehmen mit mehreren Betrieben mit einem dort errichteten Gesamtbetriebsrat gehört, hat der **örtliche Betriebsrat** Anspruch auf Übermittlung einer Kopie des Verzeichnisses iSd § 80 Abs. 1 SGB IX bezogen auf den Betrieb, für den er gewählt ist, und auf Übermittlung der Kopie der Anzeige iSd § 80 Abs. 2 Satz 1 SGB IX bezogen auf das Gesamtunternehmen. Dies ergibt sich aus der am Wortlaut sowie am Sinn und Zweck orientierten Auslegung des § 80 Abs. 2 Satz 3 SGB IX unter Berücksichtigung der Aufgabenstellungen des örtlichen Betriebsrats.[349]

Die Verzahnung zwischen Betriebsverfassungs- und Schwerbehindertenrecht ist nicht 267
gelungen. Rechtliche Grundlagen sind in § 93 SGB IX und § 80 BetrVG enthalten. Durch § 93 SGB IX werden die Interessenvertretungen, vor allem Betriebs- und Personalrat, verpflichtet, die Eingliederung schwerbehinderter Menschen zu fördern und besonders darauf zu achten, dass die Beschäftigungspflicht nach §§ 71, 72 SGB IX erfüllt wird. Dagegen fehlt im SGB IX jeglicher Hinweis auf den Gesamtbetriebsrat so-

347 Kohte in Knickrehm/Kreikebohm/Waltermann, Sozialrecht, 4. Aufl. 2015, §§ 71–80 SGB IX Rn. 18.

348 Kohte in KKW §§ 71–80 SGB IX Rn. 7.

349 LAG München 28.7.2016 – 3 TaBV 91/15, Rechtsbeschwerde anhängig unter 1 ABR 56/16; ebenso: LAG München 28.7.2016 – 3 TaBV 90/15, Rechtsbeschwerde anhängig unter anhängig 1 ABR 57/16, aA LAG München 17.5.2015 – 8 TaBV 8/15, rechtskräftig, jedoch nicht dokumentiert.

wie die Stufenvertretungen des Personalvertretungsrechts. Im Schrifttum wird angesichts der Planwidrigkeit dieser Regelungslücke eine analoge Anwendung von § 93 SGB IX für Gesamtbetriebsräte favorisiert; diesen sind sowohl die unternehmensbezogene Anzeige als auch sämtliche Verzeichnisse vorzulegen.[350] Dies ist naheliegend; denn die wichtige Aufgabe der Eingliederung behinderter Menschen in den Arbeitsmarkt ist auch eine unternehmensbezogene Aufgabe. Dies verdeutlicht Art. 18 des BTHG,[351] der nach Art. 26 Abs. 2 BTHG bereits zum 30.12.2016 das Schwerbehindertenrecht geändert hat. Danach sind auch bei der Personalplanung die Fragen der Eingliederung behinderter Menschen rechtzeitig zu erörtern. Personalplanung ist bekanntlich eng mit anderen Bereichen der Unternehmensplanung verbunden.[352]

268 Als weitere Anspruchsgrundlage kommt hier § 80 Abs. 2 BetrVG in Betracht, denn die §§ 71 ff. SGB IX gehören zu den zugunsten der Arbeitnehmer geltenden gesetzlichen Bestimmungen. Dem widerspricht die 8. Kammer des LAG München, wonach die §§ 71 ff. SGB IX den Arbeitnehmern keine subjektiven Rechte vermitteln und daher auch nicht vom Betriebsrat zu überwachen seien. Dieser Einschätzung ist die 3. Kammer des LAG München zu Recht nicht gefolgt,[353] denn § 81 Abs. 1 S. 7–9 SGB IX dokumentiert, dass bei Defiziten in der Erfüllung der Beschäftigungspflicht eine besondere Erörterung mit dem Betriebsrat und der Schwerbehindertenvertretung stattzufinden hat. Die Rechtsprechung des BAG verortet diese Rechte des Betriebsrats zutreffend bei § 99 BetrVG; bei Defiziten in der Erfüllung von § 81 Abs. 1 SGB IX kann der Betriebsrat einer Einstellung eines nicht behinderten Bewerbers nach § 99 Abs. 2 Nr. 1 BetrVG widersprechen.[354]

269 Für das Verhältnis zwischen Betriebsrat und Gesamtbetriebsrat ist die Verortung bei § 80 BetrVG von Bedeutung, denn nach ständiger Rechtsprechung des BAG ist die Überwachungspflicht durch den Betriebsrat vorzunehmen. Der Regelungsvorbehalt bei übergreifenden Angelegenheiten nach § 50 BetrVG erfasst nach der Rechtsprechung des BAG nicht die Überwachungsfragen, so dass hier die basisnahe Konzeption des BetrVG zur Geltung kommt.[355] Zutreffend hat daher die 3. Kammer des LAG München eine Beschränkung der unternehmensbezogenen Anzeige auf die betriebsrelevanten Informationen verneint.[356] Das für diesen Fall nicht maßgebliche obiter dictum der 3. Kammer zu den Rechten des nicht beteiligten Gesamtbetriebsrats ist zutreffend. Die Förder- und Überwachungspflicht in § 93 SGB IX kann nicht auf den Betriebsrat allein beschränkt werden. Die analoge Anwendung von § 93 SGB IX für Gesamt- und Konzernbetriebsrat ist sachgerecht. Im Gesetzgebungsverfahren zum BTHG sind die Verzahnungen zum BetrVG in Art. 18 nur sporadisch diskutiert wor-

350 Pahlen in Neumann/Pahlen/Majerski-Pahlen, SGB IX, 12. Aufl. 2010, § 93 Rn. 17; LPK-SGB IX/Düwell, 4. Aufl. 2014, § 93 Rn. 7.
351 BGBl. 2016 I, 3234, 3329.
352 HaKo-BetrVG/Schulze-Doll, 4. Aufl. 2014, § 92 Rn. 9.
353 LAG München 11.10.2016 – 9 TaBV 49/16.
354 Dazu bereits BAG 14.11.1989 – 1 ABR 88/88 – NZA 1990, 368; Kohte in FS Kissel 1994, S. 547, 545; zuletzt bestätigt durch BAG 23.6.2010 – 7 ABR 3/09 – NZA 2010, 1361.
355 BAG 20.12.1988 – 1 ABR 63/87 – NZA 1989, 393, 395; 16.8.2011 – 1 ABR 22/10 – NZA 2012, 342; dazu Ahrendt jurisPR-ArbR 17/2012 Anm. 2; ebenso HK-BetrVG/Kohte/Schulze-Doll § 80 Rn. 44.
356 Anders LAG München 17.11.2016 – 4 TaBV 15/16.

den, so dass insoweit auch weiterhin von einer Lücke auszugehen ist. Bemerkenswert ist im Übrigen, dass Änderungen des BPersVG zu keinem Zeitpunkt in das Gesetzgebungsverfahren eingebracht worden sind, obgleich auch hier eine Ergänzung zu §§ 68 Abs. 1 Nr. 4, 78 Abs. 3 S. 3 BPersVG sachgerecht gewesen wäre.

§ 12 Änderungen im Individual-Schwerbehindertenrecht

I. Änderung des Behindertenbegriffes

Nach dem bis 31.12.2017 geltenden § 2 Abs. 1 SGB IX liegt eine **Behinderung** vor, wenn die körperliche Funktion, geistige Fähigkeit oder seelische Gesundheit mit hoher Wahrscheinlichkeit länger als sechs Monate von dem für das Lebensalter typischen Zustand abweicht und daher die Teilhabe des Betroffenen am Leben in der Gesellschaft (also nicht nur am Arbeitsleben!) beeinträchtigt ist. Art. 1 des BTHG ändert zum 1.1.2018 diese Definition. Die neue Definition trägt dem Übereinkommen der Vereinten Nationen vom 13.12.2006 über die Rechte von Menschen mit Behinderungen (UN-BRK)[357] Rechnung.[358] Es besteht seit der Ratifikation im Jahre 2009 Anpassungsbedarf; denn Art. 1 Abs. 2 der UN-BRK verlangt die Einbeziehung von Umfeldfaktoren: „*langfristige körperliche, seelische, geistige oder Sinnesbeeinträchtigungen ..., welche ... in Wechselwirkung mit verschiedenen Barrieren an der vollen, wirksamen und gleichberechtigten Teilhabe an der Gesellschaft hindern können*". Demgegenüber wird bislang in § 2 Abs. 1 Satz 1 SB IX auf die Beeinträchtigungen abgestellt, die allein durch einen Körper- und Gesundheitszustand hervorgerufen werden. Eine der BRK angepasste Definition muss die jeweiligen Wechselbeziehungen mit umweltbezogenen und personenbedingten Kontextfaktoren berücksichtigen.[359] Dem entsprechend sind nach § 2 Abs. 1 Satz 1 SGB IX nF Menschen mit Behinderungen solche, die körperliche, seelische, geistige oder Sinnesbeeinträchtigungen haben, die sie in Wechselwirkung mit einstellungs- und umweltbedingten Barrieren an der gleichberechtigten Teilhabe an der Gesellschaft mit hoher Wahrscheinlichkeit länger als sechs Monate hindern können. 270

Die UN-BRK als Völkerrechtsnorm steht seit ihrem Inkrafttreten in Deutschland im Rang eines Bundesgesetzes. Sie ist, soweit nicht unmittelbar anwendbar, jedenfalls bei der Auslegung des nationalen Rechts zu berücksichtigen. Die Rechtsprechung hat deshalb zu Recht dem **erweiterten Begriffsverständnis der UN-BRK** bereits bei der Auslegung des § 2 Abs. 1 SGB IX Rechnung getragen.[360] Die Bestimmungen der UN-BRK sind darüber, da die Europäische Union mit Beschluss vom 26. November 2009 das Übereinkommen ratifiziert hat, Bestandteil der Unionsrechtsordnung EuGH[361] und damit zugleich Bestandteil des unionsrechtskonform auszulegenden deutschen Rechts.[362] Deshalb ist nicht verständlich, dass die gesetzliche Anpassung erst zum 1.1.2018 in Kraft treten soll. Unabhängig von dem formellen Inkrafttreten der gesetzlichen Neufassung ist sie inhaltlich **schon jetzt anzuwenden**. Das zeigt der vom Sechsten Senat entscheidende Fall des wegen seiner HIV-Infektion diskriminierten Ar- 271

357 Zustimmungsgesetz vom 21.12.2008, BGBl. II 2008, 1419, für Deutschland nach Hinterlegung der Ratifikationsurkunde in Kraft seit dem 26.3.2009, BGBl. II 2009, 812.

358 Vgl. BT-Drs. 18/9522, S. 227.

359 Zutreffend: Siefert, jurisPR-SozR 6/2017 Anm. 1.

360 BSG 16.3.2016 – B 9 SB 1/15 R – Rn. 16 – SozR 4-3250 § 69 Nr. 22.

361 EuGH 11.4.2013 – C-335/11 u.a. – HK Danmark, auch genannt „Ring, Skouboe Werge" Rn. 28 ff. – NZA 2013, 553.

362 BAG 4.11.2015 – 7 ABR 62/13 – Rn. 27 – NZA-RR 2016, 191; BAG 19.12.2013 – 6 AZR 190/12 – Rn. 53 – BAGE 147, 60.

beitnehmers. Dort hat der Senat es für die Annahme der Behinderung genügen lassen, dass der infizierte Arbeitnehmer in interpersonellen Beziehungen und bei der Arbeit Stigmatisierungen ausgesetzt sein kann.[363] Damit sind die nach der UN-BRK zu berücksichtigenden gesellschaftliche Kontextfaktoren einbezogen worden.

II. Budget für Arbeit

272 Art. 1 BTHG führt zum 1.1.2018 in § 61 SGB IX **bundeseinheitlich** das Budget für Arbeit ein. Damit werden modellhaft in einigen Ländern erprobte Regelungen in das SGB IX übernommen, um den Übergang von der Schule und von der Werkstatt für behinderte Menschen auf den allgemeinen Arbeitsmarkt zu erleichtern. Zum förderungsfähigen Personenkreis gehören nach § 61 Abs. 1 SGB IX 2018 Menschen mit Behinderungen, die nach § 58 SGB IX 2018 leistungsberechtigt sind. Das sind Menschen, die im Arbeitsbereich einer anerkannten Werkstatt für behinderte Menschen tätig sind, weil für sie wegen Art oder Schwere der Behinderung weder eine Beschäftigung auf dem allgemeinen Arbeitsmarkt einschließlich einer Beschäftigung in einem Inklusionsbetrieb noch eine Berufsvorbereitung oder eine individuelle betriebliche Qualifizierung im Rahmen Unterstützter Beschäftigung oder eine berufliche Anpassung und Weiterbildung oder eine berufliche Ausbildung in Betracht kam, die aber in der Lage waren, wenigstens ein Mindestmaß wirtschaftlich verwertbarer Arbeitsleistung zu erbringen. Wenn diesen Menschen von einem privaten oder öffentlichen Arbeitgeber ein sozialversicherungspflichtiges Arbeitsverhältnis mit einer tarifvertraglichen oder ortsüblichen Entlohnung angeboten wird, erhalten sie mit Abschluss dieses Arbeitsvertrags als Leistungen zur Teilhabe am Arbeitsleben ein Budget für Arbeit. Das Budget für Arbeit umfasst einen Lohnkostenzuschuss an den Arbeitgeber zum Ausgleich der Leistungsminderung des Beschäftigten und die Aufwendungen für die wegen der Behinderung erforderliche Anleitung und Begleitung am Arbeitsplatz. Dieser **Lohnkostenzuschuss beträgt bis zu 75 Prozent** des vom Arbeitgeber regelmäßig gezahlten Arbeitsentgelts, höchstens jedoch 40 Prozent der monatlichen Bezugsgröße nach § 18 Abs. 1 des Vierten Buches. Durch Landesrecht kann von dem Prozentsatz nach oben abgewichen werden. Zur Vermeidung von missbräuchlichen Gestaltungen ist nach § 61 Abs. 3 SGB IX 2018 der Lohnkostenzuschuss ausgeschlossen, wenn zu vermuten ist, dass der Arbeitgeber die Beendigung eines anderen Beschäftigungsverhältnisses veranlasst hat, um durch die ersatzweise Einstellung eines Menschen mit Behinderungen den Lohnkostenzuschuss zu erhalten.

273 Ob mit der weiteren auf das gesamte Bundesgebiet ausgedehnten Anwendung des Budget für Arbeit eine spürbare Wirkung erzielt werden kann, erscheint zweifelhaft. Nach den bisherigen Erfahrungen mit den vergleichbaren Programmen von acht Ländern gelang nur 0,16 Prozent der WfbM-Beschäftigten pro Jahr der Schritt auf den ersten Arbeitsmarkt.[364] Gleichzeitig ist die Zahl der Menschen, die in einer Werkstatt

---

363 BAG 19.12.2013 – 6 AZR 190/12 – Rn. 73 f – BAGE 147, 60.

364 Antwort der Bundesregierung auf die Große Anfrage der Fraktion DIE LINKE, „Entwicklungsstand und Umsetzung des Inklusionsgebotes in der Bundesrepublik Deutschland" BT-Drs. 18/6533 vom 20.10.2015, Frage Nr. 121.

für behinderte Menschen beschäftigt werden, seit zehn Jahren um 65.000 auf über 310.000 gestiegen.[365]

III. Gleichstellung behinderter Jugendlicher

Art. 3 Abs. 12 Nr. 1 des Neunten Gesetzes zur Änderung des Zweiten Buches Sozial- 274
gesetzbuch – Rechtsvereinfachung – sowie zur vorübergehenden Aussetzung der Insolvenzantragspflicht vom 26. Juli 2016[366] hat mit Wirkung zum 1. August 2016 den Personenkreis, der nach § 68 Abs. 4 SGB IX gleichgestellt ist, um Jugendliche und junge Erwachsene, die sich in der Phase der beruflichen Orientierung befinden, erweitert. Nach der ergänzten Fassung des § 68 Abs. 4 Satz 1 SGB IX sind schwerbehinderten Menschen behinderte Jugendliche und junge Erwachsene während der Zeit einer Berufsausbildung in Betrieben und Dienststellen oder einer beruflichen Orientierung gleichgestellt. Dies ist eine besondere Art der Gleichstellung, die nach § 68 Abs. 4 Satz 3 SGB IX darauf beschränkt ist, Arbeitgebern den Zugang zu den Geldleistungen der von den Integrationsämtern zu gewährenden begleitenden Hilfe im Arbeitsleben zu eröffnen. Die Integrationsämter können nach § 102 Abs. 3 Nr. 2 c SGB IX an die Arbeitgeber Prämien und Zuschüsse zu den Kosten der Berufsausbildung erbringen, die behinderte Jugendliche und junge Erwachsene während der Zeit einer Berufsausbildung in ihren Betrieben und Dienststellen oder einer beruflichen Orientierung beschäftigen. Wegen dieser Beschränkung der Gleichstellungswirkung kann der Grad der Behinderung der Jugendlichen und jungen Erwachsenen auch weniger als 30 betragen. Fehlt eine Feststellung des Grades der Behinderung, so wird nach § 68 Abs. 4 Satz 2 SGB IX der Nachweis der Behinderung durch eine Stellungnahme der Agentur für Arbeit oder durch einen Bescheid über Leistungen zur Teilhabe am Arbeitsleben erbracht. § 68 Abs. 4 Satz 3 SGB IX stellt ausdrücklich klar, dass die Gleichstellung nur für die Leistungen des Integrationsamts nach § 102 Abs. 3 Nr. 2 c SGB IX gilt. Es werden diesen Gleichgestellten anders als den nach § 68 Abs. 2 SGB IX durch einen Bescheid der Arbeitsagentur mit schwerbehinderten Menschen Gleichgestellten keine Rechte aus Teil 2 SGB IX eingeräumt.

Die Wirkung der Vorschrift besteht also darin, zur Entlastung der öffentlichen Haus- 275
halte von Bund, Ländern und Bundesagentur für Arbeit die nach § 77 Abs. 5 SGB IX streng an Zwecke der Schwerbehindertenbeschäftigung gebundenen **Mittel der Ausgleichsabgabe** verfügbar zu machen. Zulasten der sonstigen Aufgabenerfüllung der Integrationsämter sollen auch dann Mittel aus diesem durch eine Sonderabgabe der Arbeitgeber finanzierten Topf zur Verfügung gestellt werden, wenn nach Einschätzung der Agentur für Arbeit Jugendliche und junge Erwachsene wegen einer Behinderung Schwierigkeiten für eine Beschäftigung im Rahmen einer Berufsorientierungsmaßnahme oder einer Berufsausbildung erwarten. Da die Geldleistungen ausschließlich den Arbeitgebern zufließen, die auch über die Ausgleichsabgabe den Topf füllen, können verfassungsrechtliche Bedenken gegen eine Zweckentfremdung zurückgestellt

365 https://www.integrationsaemter.de/Budget-fuer-ArbeitAlles-aus-einer-Hand/546c7899i1p62/index.html, Aufruf 14.4.2017.
366 BGBl. I, 1824.

werden. Es handelt sich um eine Förderung, die die in § 38 a SGB IX geregelte „*Unterstützte Beschäftigung*" ergänzt. In beiden Fällen wird der Übergang von behinderten Menschen mit besonderem Unterstützungsbedarf von der Schule in den Beruf gefördert. Im Rahmen der Unterstützten Beschäftigung nach § 38 a SGB IX werden Leistungen der Rehabilitationsträger zur individuellen betrieblichen Qualifizierung und zur späteren Stabilisierung eines sozialversicherungspflichtigen Beschäftigungsverhältnisses erbracht. § 68 Abs. 4 SGB IX iVm § 102 Abs. 3 Nr. 2 c SGB IX schaffen die Rechtsgrundlage dafür, mit Geldleistungen in Form von Prämien und Zuschüssen zu den Kosten von Maßnahmen der Berufsorientierung und Berufsausbildung Arbeitgeber zu bewegen, jungen behinderten Menschen berufsorientierende Praktikums- oder Ausbildungsstellen anzubieten. Betriebs-, Personalräte und Schwerbehindertenvertretungen sollten diese Förderungsmöglichkeit kennen. Sie kann ins Spiel gebracht werden, wenn nach § 72 Abs. 2 Satz 2 SGB IX der Arbeitgeber seiner Verpflichtung nachkommt, mit ihnen zu beraten, was die angemessene betriebliche Ausbildungsquote für schwerbehinderte Menschen ist.

276 Zwar sind die nach § 68 Abs. 4 SGB IX Gleichgestellten nicht nach § 75 SGB IX anzurechnen, aber deren Beschäftigung ist dennoch ein Beitrag zur Inklusion von Menschen mit Behinderung. Ebenso ist diese Förderungsmöglichkeit in die Erörterung der Personalplanung einzubringen. Nach dem § 92 Abs. 1 BetrVG ist der Arbeitgeber verpflichtet, bei der Personalplanung auch alle geplanten personellen Maßnahmen darzustellen. Dazu gehören nach dem durch Art. 18 Abs. 1 Nr. 3 BTHG angefügten § 92 Abs. 3 BetrVG ausdrücklich auch die Maßnahmen „*zur Eingliederung schwerbehinderter Menschen*". Ein von der SBV beratener Betriebsrat kann nach § 92 Abs. 2 BetrVG zusätzlich zu den Maßnahmen für schwerbehinderte Menschen auch Vorschläge zur Eingliederung der behinderten Jugendlichen und jungen Erwachsenen machen.

IV. Feststellung der Schwerbehinderung

1. Amtliche Feststellung

277 Für die Schwerbehinderteneigenschaft genügt das objektive Vorliegen der Voraussetzungen des § 2 Abs. 2 SGB IX:

- Grad der Behinderung von wenigstens 50,
- Wohnsitz, gewöhnlicher Aufenthalt oder Arbeitsplatz rechtmäßig in der Bundesrepublik Deutschland.

278 Auf Antrag des behinderten Menschen stellen die für die Durchführung des Bundesversorgungsgesetzes zuständigen Behörden das Vorliegen einer Behinderung, den Grad der Behinderung und Eigenschaft als schwerbehinderter Mensch fest. Die behördliche Feststellung hat deklaratorische Wirkung.[367] Die amtliche Anerkennung ist erforderlich, sofern die Schwerbehinderung nicht offensichtlich ist oder wie zB beim Wahlrecht zur SBV nach § 94 Abs. 2 SGB IX von der Rspr. als Voraussetzung ver-

367 BSG 30.4.1979 – 8 b RK 1/78 – BSGE 48, 167; BAG 28.1.1982 – 6 AZR 636/79 – AP Nr. 3 zu § 44 SchwbG; BVerwG 15.12.1988 – 5 C 67/85 – NZA 1989, 554; LPK-SGB IX/Dau § 69 Rn. 4.

langt wird. Je nach Land sind unterschiedliche Behörden zuständig. Zuständig sind, soweit das jeweilige Land nicht von der Ermächtigung in § 69 Abs. 1 Satz 7 (ab 1.1.2018: § 152 Abs. 1 Satz 7) SGB IX Gebrauch gemacht hat, die Versorgungsämter. Das ergibt sich aus nach § 69 Abs. 1 Satz 1 (ab 1.1.2018: § 152 Abs. 1 Satz 1) SGB IX iVm § 2 Abs. 1 Satz 1 des Gesetzes über das Verwaltungsverfahren der Kriegsopferversorgung. Viele Länder haben die Zuständigkeit abweichend geregelt. Daraus ergibt sich ein bundesweit sehr unübersichtliches Zuständigkeitsbild:

- *Baden-Württemberg:* 35 Landratsämter und Aufsicht beim Landesversorgungsamt beim Regierungspräsidium Stuttgart
- *Bayern:* Zentrum Familie und Soziales mit Regionalstellen in den sieben Regierungsbezirken
- *Berlin:* Landesamt für Gesundheit und Soziales
- *Brandenburg:* Landesamt für Soziales und Versorgung des Landes Brandenburg mit Außenstellen in Cottbus, Frankfurt/Oder und Potsdam
- *Bremen:* Versorgungsamt
- *Hamburg:* Versorgungsamt
- *Hessen:* sechs Ämter für Versorgung und Soziales in Kassel, Gießen, Fulda, Wiesbaden, Frankfurt am Main und Darmstadt, Aufsicht Landesversorgungsamt beim Regierungspräsidium Gießen
- *Mecklenburg-Vorpommern:* Landesamt für Gesundheit und Soziales in Rostock und mit vier weitere Dezernaten in Stralsund, Schwerin, Rostock und Neubrandenburg
- *Niedersachsen:* Landesamt für Soziales, Jugend und Familie mit sieben Regionalstellen in Braunschweig, Hannover, Hildesheim, Oldenburg, Osnabrück, Verden und Lüneburg
- *Nordrhein-Westfalen:* Kreise und kreisfreie Städte, Landschaftsverbände LVR (Köln) und LWL (Münster)
- *Rheinland-Pfalz:* vier Ämter für Soziale Angelegenheiten in Koblenz, Landau, Mainz und Trier und Landesamt für Soziales, Jugend und Versorgung Rheinland-Pfalz in Mainz
- *Saarland:* Landesamt für Soziales, Gesundheit und Verbraucherschutz
- *Sachsen:* Kommunaler Sozialverband Sachsen – Außenstelle Chemnitz, Fachbereich 4, Landesversorgungsamt
- *Sachsen-Anhalt:* Landesverwaltungsamt
- *Schleswig-Holstein:* Landesamt für soziale Dienste in Neumünster und vier Außenstellen in Kiel, Heide, Lübeck und Schleswig
- *Thüringen:* Kreise und kreisfreie Städte

279 Das behördliche Feststellungsverfahren ist nach § 69 Abs. 1 Satz 3 (ab 1.1.2018: § 152 Abs. 1 Satz 3) SGB IX (vordem bis 29.12.2016: § 69 Abs. 1 Satz 2 SGB IX) bei Anträgen von Erwerbstätigen auf Feststellen der Eigenschaft schwerbehinderter Mensch zu beschleunigen. Die behördliche Feststellung erfolgt in Zehnerstufen ab einem **GdB** von wenigstens 20 (§ 69 Abs. 1 Satz 5 und 6; ab 1.1.2018: § 152 Abs. 1 Satz 5 und 6 SGB IX). Wenn bereits in einem Rentenbescheid oder einer entsprechenden Verwaltungs- oder Gerichtsentscheidung eine Feststellung über die Erwerbsminderung oder den Grad der Schädigung (**GdS**) getroffen worden ist, gilt diese auch als GdB-Feststellung, es sei denn, der Betroffene macht das Interesse an einer anderweitigen Feststellung glaubhaft (§ 69 Abs. 2, ab 1.1.2018: § 152 Abs. 2 SGB IX). Bei Ablehnung von Anträgen ist innerhalb eines Monats Widerspruch einzulegen.

2. Rückwirkung der Feststellungsentscheidung

280 Die behördliche Erstfeststellung wirkt nach § 6 Abs. 1 Satz 1 SchwbAwV auf den Zeitpunkt der Antragstellung zurück. Nach § 6 Abs. 1 Satz 2 SchwbAwV kann ein weiter **zurückliegendes Datum** in den Ausweis eingetragen werden. Dazu bedurfte es nach der Rspr. lange Zeit sowohl einer Offensichtlichkeit der früher aufgetretenen Behinderung als auch einer Glaubhaftmachung eines besonderen Interesses. Die Rechtsprechung war sehr restriktiv, bis das BSG die Anforderungen senkte und das Merkmal Offensichtlichkeit entfallen ließ.[368] Danach enthält die Pflicht zur Glaubhaftmachung auch die Verpflichtung, in angemessenem Umfang konkrete Tatsachen zur Erreichbarkeit des angestrebten Vorteils vorzutragen und Belege beizubringen.[369] In Art. 2 Nr. 2 a und b des BTHG ist mit Wirkung zum 30.12.2016 diese Rspr. festgeschrieben worden. Dazu sind in Satz 1 die Wörter *„zum Zeitpunkt der Antragstellung"* eingefügt und nach Satz 1 der neue Satz eingefügt worden: *„Auf Antrag kann festgestellt werden, dass ein Grad der Behinderung oder gesundheitliche Merkmale bereits zu einem früheren Zeitpunkt vorgelegen haben, wenn dafür ein besonderes Interesse glaubhaft gemacht wird."* Nach dem neugefassten § 69 Abs. 1 Satz 1 und 2 (ab 1.1.2018: Abs. 1 Satz 1 und 2) SGB IX stellen deshalb die zuständigen Behörden das Vorliegen einer Behinderung, den Grad der Behinderung und die Eigenschaft schwerbehinderter Mensch regelmäßig rückwirkend zum Zeitpunkt der Antragstellung fest. Auf besonderen Antrag kann festgestellt werden, dass ein Grad der Behinderung oder gesundheitliche Merkmale bereits zu einem früheren Zeitpunkt vorgelegen haben. Dafür muss das besondere Interesse entsprechend den Anforderungen, wie sie in der neueren Rspr. aufgestellt sind, glaubhaft gemacht werden.

3. Rückwirkung der Feststellung auf Stichtage

281 Die Neufassung des § 69 Abs. 1 Satz 1 und 2 (ab 1.1.2018: Abs. 1 Satz 1 und 2) SGB IX stellt klar, dass auf diese Weise von stichtagsgebundenen Besitzstandsregelun-

---

368 BSG 7.4.2011 – B 9 SB 3/10 R – BeckRS 2011, 72909, in Abgrenzung zu BSG 29.5.1991 – 9a/9 RVs 11/89 – NZA 1991, 996.

369 BSG 16.2.2012 – B 9 SB 1/11 R – SozR 4-3250 § 69 Nr. 15; vgl. auch LSG Berlin-Brandenburg 22.8.2013 – L 13 SB 42/12 – juris; LSG München 10.9.2014 – L 3 SB 235/13 – mit Anm. Lange/Meßmann, jurisPR-SozR 5/2015, Anm. 5.

gen wie zB zur abschlagsfreien **Altersrente** für schwerbehinderte Menschen (§ 236 a SGB VI) oder von **steuerlichen Erleichterungen** für zurückliegende noch nicht abgeschlossene Veranlagungszeiträume nachträglich Gebrauch gemacht werden kann. Allerdings dürfte diese Möglichkeit für die nachträgliche Inanspruchnahme von Nachteile auf dem Arbeitsmarkt ausgleichenden Sonderleistungen für schwerbehinderte Menschen in Sozialplänen ausgeschlossen sein. Sofern Sozialpläne derartige Leistungen festsetzen, sind diese auf den Zeitpunkt der Betriebsänderung oder einen davon abweichend bestimmten Stichtag bezogen. So hat die Rspr. es gebilligt, dass die Betriebsparteien in einem **Sozialplan** einen Kinderzuschlag von den beim Aufstellen des Sozialplans bekannten Eintragungen des Kinderfreibetrags auf der Lohnsteuerkarte abhängig gemacht haben. Maßgebend ist der Umstand, dass im Zeitpunkt des Abschlusses des Sozialplans feststehen muss, welche finanziellen Belastungen auf den Arbeitgeber zukommen.[370] Das gilt auch für die Verpflichtung des Arbeitgebers, die Schwerbehinderteneigenschaft zu berücksichtigen; denn diese Eigenschaft muss spätestens beim Aufstellen des Sozialplans dem Arbeitgeber bekannt gegeben sein. Nur sofern dem Arbeitgeber das Vorliegen der Eigenschaft schwerbehinderter Mensch rechtzeitig mitgeteilt worden ist, dieser aber mangels Nachweis die Schwerbehinderung bestritten hat, hat eine rückwirkende amtliche Feststellung Bedeutung. In diesem Fall kann die Nachholung der amtlichen Feststellung zur Durchsetzung eines im Sozialplan bestimmten Nachteilsausgleichs führen.

4. Auswirkung auf den besonderen Kündigungsschutz

In § 85 SGB IX ist geregelt, dass die Arbeitgeberkündigung eines Arbeitsverhältnisses **282** mit einem schwerbehinderten Menschen unter dem Vorbehalt einer Zustimmung des Integrationsamts steht. Seit Mai 2004 sind von diesem Sonderkündigungsschutz aufgrund des § 90 Abs. 2 a Alt. 2 SGB IX diejenigen ausgenommen, die zu spät vor dem Zugang der Kündigung den **Feststellungsantrag** gestellt haben. Um den Kündigungsschutz zu erhalten, muss der Antragsteller den Feststellungsantrag so früh stellen, dass er bei ordnungsgemäßer Durchführung des für Erwerbstätige geschaffenen beschleunigten Verfahrens noch **vor Zugang der Kündigung** den Feststellungsbescheid über das Vorliegen der Eigenschaft schwerbehinderter Mensch erhalten hätte. Maßgebend war dazu die in § 69 Abs. 1 Satz 2 SGB IX idF bis 29.12.2016 (ab 30.12.2016 = § 69 Abs. 1 Satz 3, ab 1.1.2018: § 152 Abs. 1 Satz 3 SGB IX) enthaltene Verweisung auf die *„in § 14 Abs. 2 Satz 2 und 4 sowie Abs. 5 Satz 2 und 5 SGB IX genannten Fristen"*. Diese Fristen gelten an sich für die Bewilligung von Leistungen der Rehabilitation. Je nach Lage des Falles, nämlich ob die Einholung eines Gutachtens dafür erforderlich ist, oder ob ohne Gutachten entschieden werden kann, beträgt die Frist für die Bewilligung danach sieben oder drei Wochen. Der Gesetzgeber hat bei der Novellierung des SGB IX 2004 dieses Fristenregime unmittelbar für das beschleunigte Feststellungsverfahren und mittelbar für den Kündigungsschutz übernommen. Der

370 Vgl. BAG 12.3.1997 – 10 AZR 648/96 – BAGE 85, 252 Rn. 22 ff.; LAG Hamm 15.3.2006 – 18 (4) Sa 2038/05 – juris Rn. 66; LAG Brandenburg 8.5.2012 – 5 Sa 703/01 – NZA-RR 2003, 424; LAG Baden-Württemberg 21.2.2013 – 11 Sa 130/12 – juris Rn. 44; aA LAG Düsseldorf 2.9.2015 – 12 Sa 543/15 – LAGE Art. 3 GG Nr. 20.

Zweite Senat des BAG hat das Fristenregime „*vereinfacht*". Er entnimmt ihm für die rechtzeitige Antragstellung eine regelmäßige **Vorfrist von drei Wochen**: Wer mindestens drei Wochen vor Zugang der Kündigung einen entsprechenden Antrag gestellt hat, gelangt durch die rückwirkende behördliche Feststellung in den persönlichen Geltungsbereich des Zustimmungserfordernisses aus § 85 SGB IX.[371] Ein Problem ist jetzt dadurch entstanden, dass Art. 2 Nr. 2 b BTHG in § 69 Abs. 1 nach Satz 1 einen neuen Satz 2 mit der Regelung der Voraussetzungen der über den Antragszeitpunkt hinausgehenden rückwirkenden Feststellung angefügt hat. Das dadurch denknotwendig verursachte Aufrücken des bisherigen Satzes 2 zum Satz 3 ist im Verlauf des Gesetzgebungsverfahrens übersehen worden. Dadurch geht die für das Kündigungsrecht wichtige Kettenverweisung in § 90 Abs. 2 a Alt. 2 SGB IX auf die seit dem 30.12.2016 in § 69 Abs. 1 Satz 3 SGB IX enthaltende Verweisung auf die „*in § 14 Abs. 2 Satz 2 und 4 sowie Abs. 5 Satz 2 und 5 SGB IX genannten Fristen*" ins Leere. Es ist versäumt worden, die Satzfolge entsprechend anzupassen. § 90 Abs. 2 a Alt. 2 SGB IX verweist so seit dem 30.12.2016 auf die in § 69 Abs. 1 Satz 2 SGB IX enthaltene Regelung „*Auf Antrag kann festgestellt werden, dass ein Grad der Behinderung oder gesundheitliche Merkmale bereits zu einem früheren Zeitpunkt vorgelegen haben, wenn dafür ein besonderes Interesse glaubhaft gemacht wird.*" Das ist offensichtlich eine Fehlverweisung. Diese muss als Redaktionsversehen korrigiert werden; denn die Verweisung in § 90 Abs. 2 a Alt. 2 SGB IX soll ausdrücklich auf die in § 69 Abs. 1 SGB IX genannte „*Frist*" (redaktionell richtig: „*Fristen*") verweisen, die wegen der Einfügung des Satzes 2 nunmehr inzwischen nach Satz 3 aufgerückt ist (sind). In der ab 1.1.2018 geltenden, durch Art. 1 BTHG geänderten Fassung von § 152 Abs. 3 SGB IX ist der Verweisungsfehler behoben:

Beantragt eine erwerbstätige Person die Feststellung der Eigenschaft als schwerbehinderter Mensch (§ 2 Absatz 2), gelten die in § 14 Absatz 2 Satz 2 und 3 sowie § 17 Absatz 1 Satz 1 und Absatz 2 Satz 1 genannten Fristen sowie § 60 Absatz 1 des Ersten Buches entsprechend.

Für das bis 31.12.2017 geltende Übergangsrecht ist der Fehler durch eine korrigierende Auslegung zu berichtigen.

V. Ermächtigungsgrundlage Versorgungsmedizin

283 Die Bestimmung des Grades der Behinderung orientierte sich früher an den „Anhaltspunkten für die ärztliche Gutachtertätigkeit im sozialen Entschädigungsrecht und nach dem Schwerbehindertenrecht" (kurz: AHP). Seit dem 1.1.2009 gelten die in der Anlage zur **Versorgungsmedizin-Verordnung** (VersMedV) aufgestellten „**Versorgungsmedizinischen Grundsätze**". Mit deren Hilfe soll eine einheitliche Feststellungspraxis sichergestellt und gewährleistet werden, so dass die unterschiedlichen Beeinträchtigungen angemessen und in sachgerechter Relation zueinander bewertet werden.

371 BAG 29.11.2007 – 2 AZR 613/06 – NZA 2008, 36; aA LAG Schleswig-Holstein 11.12.2007 – 5 Sa 386/07 – NZA-RR 2008, 408; LPK-SGB IX/Düwell § 90 Rn. 43 f; KR/Etzel/Gallner §§ 85–90 SGB IX Rn. 53 g, die bei Einholung eines Gutachtens eine siebenwöchige Vorfrist annehmen.

Die Frage, ob die Versorgungsmedizinischen Grundsätze als Rechtsverordnung verbindliche Festlegungen hinsichtlich der Voraussetzungen für die Vergabe von **Merkzeichen** enthalten dürfen, war lange Zeit umstritten. Zu Recht vertraten gewichtige Stimmen im Schrifttum die Auffassung, es fehle dazu eine Ermächtigungsgrundlage; denn in der Ermächtigungsgrundlage zur Schaffung einer Rechtsverordnung seien die im SGB IX geregelten Nachteilsausgleiche nicht angegeben. Insbesondere enthalte weder die durch die Versorgungsmedizinischen Grundsätze in Bezug genommene Regelung des § 30 Abs. 17 BVG aF noch § 30 Abs. 16 BVG eine entsprechende Ermächtigung.[372] Die Regelungen der Versorgungsmedizinischen Grundsätze zum **Nachteilsausgleich aG** seien damit mangels entsprechender Ermächtigungsgrundlage rechtswidrig. Rechtsgrundlage seien daher allein die gesetzlichen Bestimmungen und die hierzu in ständiger Rechtsprechung anzuwendenden Grundsätze. 284

Darauf hat Gesetzgeber reagiert.[373] Durch Gesetz zum Vorschlag für einen Beschluss des Rates über einen Dreigliedrigen Sozialgipfel für Wachstum und Beschäftigung und zur Aufhebung des Beschlusses 2003/174/EG vom 7.1.2015[374] wurde in § 70 SGB IX ein Absatz 2 angefügt, in dem nun das Bundesministerium für Arbeit und Soziales ausdrücklich ermächtigt wird, durch **Rechtsverordnung** mit Zustimmung des Bundesrates die Grundsätze aufzustellen, die für die medizinische Bewertung des Grades der Behinderung und die medizinischen Voraussetzungen für die Vergabe von Merkzeichen maßgebend sind, die nach Bundesrecht im Schwerbehindertenausweis einzutragen sind. Darüber hinaus wurde § 159 SGB IX um einen Absatz 7 erweitert. Danach gelten, solange noch keine Verordnung nach § 70 Abs. 2 erlassen ist, die Maßstäbe des § 30 Abs. 1 des BVG und der aufgrund des § 30 Abs. 16 des BVG erlassenen Rechtsverordnungen entsprechend. Diese Änderungen sind am 15.1.2015 in Kraft getreten. Damit hat der Gesetzgeber nunmehr eine eindeutige und hinreichende normative Grundlage für die Anwendung der Versorgungsmedizinischen Grundsätze hinsichtlich der Voraussetzungen für die Feststellung der gesundheitlichen Voraussetzungen für die Inanspruchnahme von **Merkzeichen** geschaffen.[375] Spätestens seit dem 15.1.2015 ist damit klar, dass die Versorgungsmedizinischen Grundsätze als Rechtsverordnung unmittelbare – auch die Gerichte bindende – Wirkung entfalten. Für die Zeit davor bleibt es dabei, dass die in Teil B Ziffer 3 der Versorgungsmedizinischen Grundsätze richterrechtlich zur Bestimmung des Vorliegens der gesundheitlichen Voraussetzungen herangezogen werden konnten. Im Ergebnis ergeben sich hierdurch mithin keine Änderungen.[376] 285

Die Ermächtigungsgrundlage für die Verordnung in § 70 Abs. 2 SGB IX ist jetzt durch Art. 2 BTHG noch um das Merkmal **Hilflosigkeit** erweitert worden. Das BMAS ist nun ermächtigt, umfassend alle Grundsätze aufzustellen, die für die Bewer- 286

372 Dau, jurisPR-SozR 4/2009 Anm. 4; LSG Baden-Württemberg 2.10.2012 – L 8 SB 1914/10 = juris Rn. 26.
373 Vgl. BT-Drs. 18/3190, S. 5.
374 BGBl. II, S. 15.
375 LSG Baden-Württemberg 22.5.2015 – L 8 SB 70/13 = juris; Vogl in jurisPK-SGB IX § 159 Rn. 38 f; ders. in jurisPK-SGB IX § 146 Rn. 5 f.; vgl. dazu auch BSG 11.8.2015 – B 9 SB 1/14 R – juris Rn. 16.
376 LSG Baden-Württemberg 22.5.2015 – L 8 SB 70/13 – juris; SG Aachen 20.12.2016 – S 12 SB 660/16 – Rn. 15, juris.

tung des Grades der Behinderung, die Kriterien für die Bewertung der Hilflosigkeit und für die Vergabe von Merkzeichen maßgebend sind. Hier zeigt sich exemplarisch, welches Stückwerk die Gesetzgebung im Bereich des Schwerbehindertenrechts in den letzten beiden Wahlperioden vollbracht hat.

VI. Schwerbehindertenausweis und Merkzeichen

1. Format des Schwerbehindertenausweises

287 Die zuständigen Behörden stellen einen Ausweis als Nachweis für die Inanspruchnahme von Rechten und Nachteilausgleichen aus (§ 69 Abs. 5 SGB IX). Die Einzelheiten über den Inhalt und die Ausstellung dieses Ausweises sind in der Schwerbehindertenausweisverordnung (SchwbAwV) geregelt. Nach der bis zum 29.12.2016 geltenden Fassung des § 1 Abs. 5 der Schwerbehindertenausweisverordnung (SchwbAwV) war den Bundesländern seit 2013 eine Übergangsfrist zur Ausstellung neuer Ausweise als Identifikationskarten im **Scheckkartenformat** bis zum 1. Januar 2015 eingeräumt. Seit dem 1. Januar 2015 durfte der Ausweis nur noch als Identifikationskarte nach dem in der Anlage zu dieser Verordnung abgedruckten Muster 5 ausgestellt werden. Diese Rechtslage wird in dem neu gefassten Absatz zum Ausdruck gebracht:

(5) Der Ausweis ist als Identifikationskarte nach dem in der Anlage zu dieser Verordnung abgedruckten Muster 5 auszustellen.

2. Merkzeichen TBl

288 Nach § 69 Abs. 1 Satz 1 SGB IX stellen die für die Durchführung des Bundesversorgungsgesetzes zuständigen Behörden auf Antrag des behinderten Menschen das Vorliegen einer Behinderung und den Grad der Behinderung (GdB) fest. Sind neben dem Vorliegen der Behinderung weitere gesundheitliche Merkmale Voraussetzung für die Inanspruchnahme von Nachteilsausgleichen, so treffen die zuständigen Behörden die erforderlichen Feststellungen im Verfahren nach § 69 Abs. 1 SGB IX (vgl. § 69 Abs. 4 SGB IX). § 3 SchbAwV beschreibt die Merkzeichen, die auf der Rückseite des Ausweises eingetragen werden. Nach § 3 Abs. 1 SchwbAwV sind Merkzeichen auf der Rückseite des Ausweises einzutragen.

289 In Art. 18 BTHG ist das neue Merkzeichen „TBl" für „taubblind" eingeführt worden, wenn bei einem schwerbehinderten Menschen wegen einer Störung der Hörfunktion ein Grad der Behinderung von mindestens 70 und wegen einer Störung des Sehvermögens ein Grad der Behinderung von 100 anerkannt ist. Dazu ist in § 3 SchbAwV das weitere Merkzeichen Nummer 8 hinzugefügt:

8.	TBl	**wenn der schwerbehinderte Mensch wegen einer Störung der Hörfunktion mindestens einen Grad der Behinderung von 70 und wegen einer Störung des Sehvermögens einen Grad der Behinderung von 100 hat.**

290 Die Neuregelung geht auf Forderungen der Verbände behinderter Menschen zurück, für die durch diese außergewöhnlich schwerwiegende Behinderung eigener Art betroffenen Menschen ein eigenes Merkzeichen zu schaffen. Das Fachgutachten des gemeinsamen Fachausschusses hörsehbehindert/taubblind wurde nach der Begründung

des Gesetzentwurfs in die Überlegungen der Bundesregierung einbezogen.[377] Da die Beeinträchtigungen der Teilhabe der vom Merkzeichen erfassten Personengruppe so heterogen sind, dass sich einheitliche konkrete Bedarfe nicht ermitteln lassen, hat der Gesetzgeber davon abgesehen, das Merkzeichen mit einem konkreten bundesrechtlichen Nachteilsausgleich zu verbinden. Es kommt als Nachweis für die Rundfunkbeitragsbefreiung nach dem Rundfunkbeitragsstaatsvertrag in Betracht. Das setzt jedoch, weil für das Rundfunkwesen ausschließlich die Länder zuständig sind, eine entsprechende Anpassung des Staatsvertrags voraus. Das Merkzeichen umfasst auch nicht automatisch die Nachteilsausgleiche für blinde und gehörlose Menschen wie zum Beispiel Landesblindengeld, Landesgehörlosengeld oder damit verbundene steuerliche Nachteilsausgleiche. Deshalb werden zusätzlich zum Merkzeichen „TBl" bei Vorliegen der jeweiligen Voraussetzungen auch die Merkzeichen „Bl" (blind) und „Gl" (gehörlos) in den Schwerbehindertenausweis eingetragen.

3. Voraussetzungen für Merkzeichen aG

Zu den gesundheitlichen Merkmalen gehört auch die außergewöhnliche Gehbehinderung. Für dieses Merkmal wird in den Schwerbehindertenausweis das **Merkzeichen „aG"** eingetragen (§ 3 Abs. 1 Nr. 1 SchwbAwV). Die Zuerkennung des Merkzeichens aG ist begehrt, weil die Schwerbehinderten mit diesem Merkzeichen Parkvergünstigungen und besonderen Parkraum, sogenannte **Behindertenparkplätze**, nutzen können. Das Bundesministerium für Verkehr und digitale Infrastruktur ist zur Ausgestaltung der Parkerleichterungen in § 6 Abs. 1 Nr. 14 StVG ermächtigt, Rechtsverordnungen mit Zustimmung des Bundesrates über *„die Schaffung von Parkmöglichkeiten für schwerbehinderte Menschen mit außergewöhnlicher Gehbehinderung, mit beidseitiger Amelie oder Phokomelie oder vergleichbaren Funktionseinschränkungen sowie für blinde Menschen, insbesondere in unmittelbarer Nähe ihrer Wohnung oder Arbeitsstätte"* zu erlassen. Davon ist in § 45 Abs. 1 b Nr. 2 StVO im Hinblick auf die Kennzeichnung von Parkmöglichkeiten für schwerbehinderte Menschen mit außergewöhnlicher Gehbehinderung sowie in 46 Nr. 11 StVO zur Zulassung von Ausnahmen zu Parkzwecken Gebrauch gemacht worden. 291

Im Rahmen des Feststellungsverfahrens nach § 69 Abs. 4 SGB IX wurde bislang versorgungsmedizinisch geprüft, ob die in § 6 Abs. 1 Nr. 14 StVG und § 46 Abs. 1 Nr. 11 genannten verkehrsrechtlichen Voraussetzungen vorlagen. Ausgangspunkt für die Feststellung der außergewöhnlichen Gehbehinderung war dabei Abschnitt II Nr. 1 zu § 46 Abs. 1 Nr. 11 VwV-StVO.[378] Hiernach galt nach § 3 Abs. 1 Nr. 1 SchwAwV bisher als außergewöhnlich gehbehindert nach § 6 Abs. 1 Nr. 14 Straßenverkehrsgesetz (StVG), wer sich wegen der Schwere seines Leidens dauernd nur mit fremder Hilfe oder nur mit großer Anstrengung außerhalb seines Kraftfahrzeuges bewegen kann. In der Anlage zu § 2 VersMedV – Versorgungsmedizinische Grundsätze Teil D. 3 waren ausdrücklich als begünstigt genannt: die Querschnittgelähmten, Doppeloberschenkelamputierten, Doppelunterschenkelamputierten, Hüftexartikulierten und einseitig 292

377 BR-Drs. 428/16, S. 361.
378 Neu bekannt gemacht am 26. Januar 2001, BAnz 2001, Nr. 21, S. 1419.

Oberschenkelamputierten, die dauernd außerstande sind, ein Kunstbein zu tragen, oder nur eine Beckenkorbprothese tragen können oder zugleich unterschenkel- oder armamputiert sind, sowie andere Schwerbehinderte, die nach versorgungsärztlicher Feststellung, auch aufgrund von Erkrankungen, dem vorstehenden Personenkreis gleichzustellen sind. Die Frage, ob die Versorgungsmedizinischen Grundsätze als Rechtsverordnung verbindliche Festlegungen hinsichtlich der Voraussetzungen für die Vergabe von Merkzeichen enthalten, war umstritten, weil dafür eine Ermächtigungsgrundlage fehlte.[379] Nach der Ergänzung des 70 Abs. 2 SGB IX im Jahr 2015 ist das kein Problem mehr (vgl. oben § 12 V, Rn. 283 ff.).

293 § 146 Abs. 3 SGB IX, neu angefügt durch das BTHG definiert jetzt mit Wirkung seit dem 30.12.2016 den Begriff der *„außergewöhnlichen Gehbehinderung“* gesetzlich. Damit sind die Voraussetzungen für die Gewährung von Parkerleichterungen nach § 46 Nr. 11 StVO, insbesondere für die Berechtigung zur Benutzung eines Behindertenparkplatzes gesetzlich festgelegt und der Streit über die Zulässigkeit von Anforderungen in den Versorgungsmedizinischen Grundsätzen erledigt.

294 In § 146 Abs. 3 SGB IX wird das Merkzeichen aG einerseits vorsichtig ausgedehnt und andererseits eingeschränkt. Es wird auf alle Menschen ausgedehnt, die eine erhebliche **mobilitätsbezogene Teilhabebeeinträchtigung** haben. Diese ist erreicht, wenn sie 1. eine Behinderung haben, die dem GdB von mindestens 80 entspricht und sie sich 2. wegen der Schwere ihrer Beeinträchtigung dauernd nur mit fremder Hilfe oder mit großer Anstrengung außerhalb ihres Kraftfahrzeuges bewegen können. Abs. 3 erläutert, wer dazu gehören soll: Zu dieser Personengruppe zählen insbesondere schwerbehinderte Menschen, die aufgrund der Beeinträchtigung der Gehfähigkeit und Fortbewegung – dauerhaft auch für sehr kurze Entfernungen – aus medizinischer Notwendigkeit auf die Verwendung eines Rollstuhls angewiesen sind. Verschiedenste Gesundheitsstörungen (insbesondere Störungen bewegungsbezogener, neuromuskulärer oder mentaler Funktionen, Störungen des kardiovaskulären oder Atmungssystems) können die Gehfähigkeit erheblich beeinträchtigen. Diese sind als außergewöhnliche Gehbehinderung anzusehen, wenn nach versorgungsärztlicher Feststellung die Auswirkung der Gesundheitsstörungen sowie deren Kombination auf die Gehfähigkeit dauerhaft so schwer ist, dass sie der Gehbeeinträchtigung mit GdB wenigstens 80 gleichkommt.

295 Die Gesetzesmaterialien[380] nennen beispielhaft Gesundheitsstörungen, die dazu führen können, dass sich die betroffene Person dauernd nur mit fremder Hilfe oder mit großer Anstrengung außerhalb ihres Kraftfahrzeuges fortbewegen kann, so bei:

- zentralnervösen, peripher-neurologischen oder neuromuskulär bedingten Gangstörungen mit der Unfähigkeit, ohne Unterstützung zu gehen oder wenn eine dauerhafte Rollstuhlbenutzung erforderlich ist (insbesondere bei Querschnittläh-

379 Dau, jurisPR-SozR 4/2009 Anm. 4; LSG Baden-Württemberg, Beschluss vom 2.10.2012 – L 8 SB 1914/10 = juris Rn. 26.

380 BT-Drs. 18/9522, S. 318.

mung, Multipler Sklerose, Amyotropher Lateralsklerose (ALS), Parkinsonerkrankung, Para- oder Tetraspastik in schwerer Ausprägung),

- einem Funktionsverlust beider Beine ab Oberschenkelhöhe oder einem Funktionsverlust eines Beines ab Oberschenkelhöhe ohne Möglichkeit der prothetischen oder orthetischen Versorgung (insbesondere bei Doppeloberschenkelamputierten und Hüftexartikulierten),
- schwerster Einschränkung der Herzleistungsfähigkeit (insbesondere bei Linksherzschwäche Stadium NYHA IV),
- schwersten Gefäßerkrankungen (insbesondere bei arterieller Verschlusskrankheit Stadium IV),
- Krankheiten der Atmungsorgane mit nicht ausgleichbarer Einschränkung der Lungenfunktion schweren Grades,
- einer schwersten Beeinträchtigung bei metastasierendem Tumorleiden (mit starker Auszehrung und fortschreitendem Kräfteverfall).

Die bisher in Anlage zu § 2 VersMedV – Versorgungsmedizinische Grundsätze Teil D. 3 ausdrücklich genannte Personengruppe der Querschnittgelähmten, Doppeloberschenkelamputierten, Doppelunterschenkelamputierten, Hüftexartikulierten und einseitig Oberschenkelamputierten, die dauernd außerstande sind, ein Kunstbein zu tragen, oder nur eine Beckenkorbprothese tragen können oder zugleich unterschenkel- oder armamputiert sind, erfüllen weiterhin die Voraussetzungen für das Merkzeichen „aG", auch wenn diese Aufzählung entfallen ist. Die Neuregelung des Absatzes 3 übernimmt den bewährten geltenden Grundsatz, dass das Recht, Behindertenparkplätze zu benutzen, nur unter engen Voraussetzungen eingeräumt werden darf. Dafür spricht insbesondere, dass Parkraum in den Innenstädten nicht beliebig vermehrbar ist, ebenso wie auch der verkehrsrechtliche Ansatz seiner grundsätzlichen Privilegienfeindlichkeit, so dass mit Mitteln des Straßenverkehrsrechts nur ein Nachteilsausgleich eingeräumt werden kann und dieser ausschließlich unter dem Aspekt eines sicheren und geordneten Verkehrsablaufs. Dafür sprechen aber auch behinderungspolitische Erwägungen. Behindertenparkplätze müssen denjenigen schwerbehinderten Menschen vorbehalten bleiben, die sich dauernd nur mit fremder Hilfe oder mit großer Anstrengung außerhalb ihres Kraftfahrzeugs bewegen können. Das sind Menschen, die für ihre mobilitätsbezogene Teilhabebeeinträchtigung einen **Grad der Behinderung von mindestens** 80 haben. Eine breite Ausweitung des Berechtigtenkreises würde dazu führen, dass die eigentliche Zielgruppe längere Wege zurücklegen müsste, weil dann Parkplätze belegt wären, die heute frei sind.[381] 296

Die Menschen, die auf die Verwendung eines **Rollstuhles** angewiesen sind, zählen auch weiterhin zum Berechtigtenkreis. Das ist ausdrücklich geregelt. Auch bei einem Funktionsverlust beider Beine ab Oberschenkelhöhe oder einem Funktionsverlust eines Beines ab Oberschenkelhöhe ohne die Möglichkeit der prothetischen oder orthe- 297

381 BT-Drs. 18/9522, S. 318.

tischen Versorgung werden die Voraussetzungen in der Regel vorliegen.[382] Jedoch müssen auch die immer besser werdenden Möglichkeiten prothetischer oder orthetischer Versorgung berücksichtigt werden. Menschen, die sich in der Vergangenheit dauerhaft nur mit fremder Hilfe oder mit großer Anstrengung außerhalb ihres Kraftfahrzeuges bewegen konnten, können durch modernere Prothesen oder Orthesen in die Lage versetzt werden, sich ohne fremde Hilfe und ohne Anstrengung außerhalb ihres Kraftfahrzeuges zu bewegen. Ihre Beeinträchtigung kann sich entsprechend verringern, so dass ihre Teilhabe am Leben in der Gesellschaft auch ohne den Nachteilsausgleich „aG" möglich ist. Dann gehören sie nicht mehr zum nachteilsausgleichberechtigten Personenkreis. Das entspricht auch dem biopsychosozialen Modell des modernen Behinderungsbegriffs. Danach ist nicht mehr auf das Vorliegen einer bestimmten Diagnose, sondern ausschließlich darauf abzustellen, ob die Auswirkungen einer Gesundheitsstörung in Wechselwirkung mit vorhandenen Barrieren im Einzelfall zur Beeinträchtigung der Teilhabe am Leben in der Gesellschaft und somit zu einer Behinderung führen. Dieser Standard ist niedergelegt in der Internationalen Klassifikation der Funktionsfähigkeit, Behinderung und Gesundheit (ICF) der Weltgesundheitsorganisation, die das alte sogenannte Krankheitsfolgenmodell (ICIDH) bereits 2001 abgelöst hat und in § 2 in das SGB IX übernommen worden ist.

298 Diesem neuen Standard entsprach die im Verkehrsrecht vorgenommene Definition der außergewöhnlichen Gehbehinderung nicht. Sie stellte zum einen bestimmte Diagnosen in den Mittelpunkt, ohne dass es auf eine daraus resultierende Teilhabebeeinträchtigung ankommt. Zum anderen machte sie nur unzureichend deutlich, dass eine außergewöhnliche Gehbehinderung nicht nur in einer Beeinträchtigung der Beine, sondern auch in einer Störung der Herztätigkeit, der Lungenfunktion, neurologischen Beeinträchtigungen, weiteren Gesundheitsstörungen oder in einer Kombination derselben begründet sein kann. Deshalb sind in § 3 Abs. 1 Nr. 1 SchwbAwV die in Bezug genommenen **straßenverkehrsrechtlichen Voraussetzungen ersatzlos entfallen**. An ihrer Stelle sind in die im Lichte des behindertenrechtlichen Teilhabegedankens neu bestimmten persönlichen Voraussetzungen getreten, die jetzt in § 146 Abs. 3 SGB IX geregelt sind.[383]

299 Sind die in § 146 Abs. 3 SGB IX aufgestellten Anforderungen erfüllt, wird das Merkzeichen „aG" zuerkannt und im Schwerbehindertenausweis eingetragen. Auf Vorlage des Schwerbehindertenausweises stellt die Straßenverkehrsbehörde dann ohne weitere Prüfung einen EU-weit geltenden Behindertenparkausweis aus (blau mit Rollstuhlsymbol). Bei der Behörde können dann weitere Parkerleichterungen durch Ausnahmen zB von Parkverboten nach § 46 Abs. 1 Satz 1 Nr. 11 StVO beantragt werden.

VII. Beteiligung im Beirat

300 Nach der Verordnung zur Durchführung des § 1 Abs. 1 und 3, des § 30 Abs. 1 und des § 35 Abs. 1 des Bundesversorgungsgesetzes (Versorgungsmedizin-Verordnung –

382 BR-Drs. 428/16, S. 327.
383 BR-Drs. 428/16, S. 326.

VersMedV) ist beim Bundesministerium für Arbeit und Soziales ein unabhängiger **„Ärztlicher Sachverständigenbeirat Versorgungsmedizin“** gebildet (§ 3 Abs. 1 VersMedV). Er besteht aus 17 Mitgliedern. Aufgabe des Beirats ist es, das Bundesministerium für Arbeit und Soziales zu allen versorgungsärztlichen Angelegenheiten zu beraten und die Fortentwicklung der in der zusammengefassten Anlage Versorgungsmedizinische Grundsätze entsprechend dem aktuellen Stand der medizinischen Wissenschaft und versorgungsmedizinischer Erfordernisse vorzubereiten.

Dem § 3 der Versorgungsmedizin-Verordnung ist durch Art. 13 BTHG ein Absatz 6 **301** angefügt. Darin erhalten die Verbände von Menschen mit Behinderungen und Berechtigten nach dem sozialen Entschädigungsrecht auf Bundesebene ein **Mitberatungsrecht.** Dieses schließt ausdrücklich das Recht zur Anwesenheit bei der Beschlussfassung im Beirat ein. Aufgrund der Verweisung auf Abs. 5 Satz 2 wird das Mitberatungsrecht personengebunden als Ehrenamt ausgeübt. Das lässt keine Vertretung zu. Aufgrund der Verweisung auf Abs. 5 Satz 3 und 4 unterliegen die Berater des Beirats keinerlei Weisungen. Sie üben ihre Tätigkeit unabhängig und unparteilich aus und sind nur ihrem Gewissen verantwortlich. Sie sind ebenso wie die Mitglieder zur Verschwiegenheit verpflichtet.

Der Deutsche Behindertenrat benennt jeweils für den Zeitraum der Berufungsperiode **302** des Beirats dem Bundesministerium für Arbeit und Soziales für die Mitberatung zwei sachverständige Personen. Er hat dabei auch die Anliegen von Verbänden zu berücksichtigen, die die Belange von Berechtigten nach dem sozialen Entschädigungsrecht vertreten.

Mit dem Mitberatungsrecht soll nach der Begründung des Regierungsentwurfs ge- **303** währleistet werden, dass *„die wichtige Perspektive der Betroffenen und deren Sichtweise auf Teilhabebeeinträchtigungen besser berücksichtigt“* wird.[384] Das ist auch ein Gebot, das sich aus der BRK der Vereinten Nationen ergibt. Nach deren Art. 4 Abs. 3 haben die Vertragsstaaten in Fragen, die Menschen mit Behinderung betreffen, mit den Menschen mit Behinderungen über die sie vertretenden Organisationen *„enge Konsultationen“* zu führen und sie bei Entscheidungsprozessen *„aktiv“* einzubeziehen.

384 BR-Drs. 428/16, S. 362.

§ 13 Vom Integrationsprojekt zum Inklusionsbetrieb

I. Ab 2018 neuer Name und Vorzug bei Ausschreibungen

Im Kapitel 11 des Teils 2 ist unter §§ 132 bis 135 SGB IX das Recht der Integrationsprojekte geregelt. Darunter sind rechtlich und wirtschaftlich selbstständige Unternehmen (Integrationsunternehmen) oder unternehmensinterne Betriebe (**Integrationsbetriebe**) oder Abteilungen (Integrationsabteilungen) zur Beschäftigung schwerbehinderter Menschen auf dem allgemeinen Arbeitsmarkt zu verstehen. Ihr Zweck besteht darin, schwerbehinderten Menschen, deren Teilhabe auf dem allgemeinen Arbeitsmarkt auf besondere Schwierigkeiten stößt, eine nach § 134 Abs. 1 (ab 1.1.2018: § 217 Abs. 1) SGB IX durch Mitteln der Ausgleichsabgabe geförderte Beschäftigungsmöglichkeit zu bieten. Ab 1.1.2018 wird § 132 SGB IX als § 215 SGB IX unter dem neuen Begriff „*Inklusionsbetriebe*" fortgelten. Zugleich wird die **Mindestbeschäftigungsquote** für die behinderten Menschen von derzeit 25% (§ 132 Abs. 3 SGB IX) ab 2018 auf 30% (§ 215 Abs. 3 SGB IX) erhöht. Diese Anhebung erfolgt, damit **Inklusionsbetriebe** bei der Vergabe von Aufträgen der öffentlichen Hand bevorzugt berücksichtigt werden dürfen. Das reformierte Vergaberecht[385] ermöglicht es nämlich, dass ein öffentlicher Auftraggeber Aufträge sozialen Unternehmen vorbehalten kann, deren Hauptzweck die Integration von Menschen mit Behinderungen ist, wenn sie die Mindestquote erfüllen. Dazu ist in dem nach Art. 1 BTHG ab 1.1.2018 geltenden § 224 Abs. 2 SGB IX der bisher nur für Werkstätten eröffnete Vorrang auch auf Inklusionsbetriebe ausgedehnt worden. 304

II. Integrationsprojekte für Langzeitarbeitslose

Art. 3 Abs. 12 des Neunten Gesetzes zur Änderung des Zweiten Buches Sozialgesetzbuch[386] hat zum 1.8.2016 den Personenkreis der in Integrationsprojekten beschäftigten und zu qualifizierenden Personen um die Gruppe der **Langzeitarbeitslosen** erweitert. Nach § 132 Abs. 2 (ab 1.1.2018: § 215 Abs. 2) SGB IX wird folgender Personenkreis erfasst: 305

1. Schwerbehinderte Menschen mit geistiger oder seelischer Behinderung oder einer schweren Körper-, Sinnes- oder Mehrfachbehinderung. Dabei muss sich die Behinderung für eine Tätigkeit auf dem allgemeinen Arbeitsmarkt außerhalb eines Integrationsprojektes besonders nachteilig auswirken.
2. Schwerbehinderte Menschen, die nach zielgerichteter Vorbereitung in einer Werkstatt für behinderte Menschen oder in einer psychiatrischen Einrichtung für einen Übergang auf den allgemeinen Arbeitsmarkt in Betracht kommen und hierfür vorbereitet werden sollen.

385 Verordnung über die Vergabe öffentlicher Aufträge (Vergabeverordnung – VgV) vom 12.4.2016 (BGBl. I, 624), die der Umsetzung der Richtlinie 2014/24/EU des Europäischen Parlaments und des Rates vom 26. Februar 2014 über die öffentliche Auftragsvergabe und zur Aufhebung der Richtlinie 2004/18/EG (ABl. L 94 vom 28.3.2014, S. 65) dient.

386 BGBl. I, 1824.

3. Schwerbehinderte Abgänger von Schulen, insbesondere Sonderschulen, die erst nach Vorbereitung und Beschäftigung in einem Integrationsprojekt eine Aussicht auf Vermittlung in eine Beschäftigung auf dem allgemeinen Arbeitsmarkt haben.
4. Schwerbehinderte Menschen, die, weil sie ein Jahr und länger arbeitslos sind, als langzeitarbeitslos im Sinne des § 18 SGB III gelten.

III. Integrationsprojekte für psychisch kranke Menschen

306 Der Gesetzgeber hat in Art. 3 Abs. 12 des Neunten Gesetz zur Änderung des Zweiten Buches Sozialgesetzbuch[387] auch die steigende Dauer von Arbeitsunfähigkeiten infolge psychischer Erkrankungen reagiert. Nicht selten ziehen diese den Verlust des Arbeitsplatzes nach sich. Vielen Menschen mit einer psychischen Erkrankung fällt es schwer, sich zu ihrer Behinderung zu bekennen. Teils fehlt krankheitsbedingt die Einsicht, erkrankt zu sein, teils wird befürchtet, ausgegrenzt zu werden. Vor diesem Hintergrund verzichten viele Beschäftigte auf eine amtliche Feststellung ihrer Eigenschaft als schwerbehinderter Mensch. Mit der Änderung in § 132 Abs. 4 (ab 1.1.2018: § 215 Abs. 4) SGB IX wird das berücksichtigt. Auf die für das Integrationsprojekt notwendige Mindestbeschäftigungsquote wird auch die **Anzahl der psychisch kranken beschäftigten Menschen** angerechnet, die behindert oder von Behinderung bedroht sind und deren Teilhabe an einer sonstigen Beschäftigung auf dem allgemeinen Arbeitsmarkt aufgrund von Art oder Schwere der Behinderung oder wegen sonstiger Umstände auf besondere Schwierigkeiten stößt. Ergänzend wird durch den angefügten Satz 2 in § 133 (ab 1.1.2018: § 216) SGB IX die Aufgabe der Beschäftigung, arbeitsbegleitenden Betreuung und Weiterbildung auch auf diese psychisch kranken Menschen ausgedehnt. In § 133 Satz 1 (ab 1.1.2018: § 217 Satz 2) SGB IX ist klargestellt, dass die Finanzierung von Leistungen zugunsten psychisch kranker Menschen nicht aus Mitteln der Ausgleichsabgabe durch das Integrationsamt, sondern aus den Mitteln der Rehabilitationsträger zu erfolgen hat.

387 BGBl. I, 1824.

§ 14 Neues Recht für Werkstattbeschäftigte

I. Frauenbeauftragte

Das Recht der in Werkstätten für behinderte Menschen beschäftigten Menschen ist im Kapitel 12 des SGB IX in §§ 136 bis 144 geregelt. Es wird ebenfalls vom Vorschaltgesetz in Art. 2 des BTHG erfasst. § 139 SGB IX, der die Beteiligung der Beschäftigten in Werkstätten für behinderte Menschen regelt, hat einen neuen Absatz 5 angefügt erhalten. Danach wählen die behinderten Frauen, die in einem arbeitnehmerähnlichen Rechtsverhältnis im Sinne des § 138 Abs. 1 SGB IX stehen, in jeder Werkstatt eine **Frauenbeauftragte** und eine Stellvertreterin. In Werkstätten mit mehr als 700 wahlberechtigten Frauen wird eine zweite Stellvertreterin gewählt, in Werkstätten mit mehr als 1.000 wahlberechtigten Frauen werden bis zu drei Stellvertreterinnen gewählt. 307

II. Erweiterte Ermächtigung zur Werkstättenverordnung

Die in einem arbeitnehmerähnlichen Rechtsverhältnis stehenden Beschäftigten wählen in den nach § 136 Abs. 1 SGB IX Werkstätten genannten Einrichtungen einen Werkstattrat, der ihre Interessen gegenüber den Werkstätten vertritt. Entsprechend § 144 Abs. 2 SGB IX hat die Bundesregierung durch Rechtsverordnung mit Zustimmung des Bundesrates im Einzelnen die Errichtung, Zusammensetzung und Aufgaben des Werkstattrats, die Fragen, auf die sich die Mitwirkung erstreckt, bestimmt. Durch die Neufassung des § 144 Abs. 2 Satz 1 SGB IX ist die Ermächtigungsgrundlage auch auf *„Art und Umfang der Mitbestimmung"* erweitert worden. Im neu angefügten Satz 2 ist des weiteren eine Rechtsgrundlage geschaffen worden, dass in der Rechtsverordnung auch Art und Umfang der Beteiligung von Frauenbeauftragten, die Vorbereitung und Durchführung der Wahl einschließlich der Wahlberechtigung und der Wählbarkeit, die Amtszeit, die persönlichen Rechte und die Pflichten der Frauenbeauftragten und ihrer Stellvertreterinnen sowie die Kostentragung geregelt werden kann. 308

III. Mitbestimmung in der Werkstatt

In Art. 18 BTHG ist auch die Werkstättenverordnung geändert worden. Nach dem neugefassten § 14 der Werkstättenverordnung hat die Werkstatt den Menschen mit Behinderungen im Sinne des § 13 Abs. 1 Satz 1 Werkstättenverordnung eine angemessene Mitbestimmung und Mitwirkung durch Werkstatträte sowie den Frauenbeauftragten eine angemessene Interessenvertretung zu ermöglichen. In dem dazu erlassenen § 5 Abs. 2 der Werkstätten-Mitwirkungsverordnung (WMVO) ist zum ersten Mal ein Mitbestimmungsrecht für folgende Angelegenheiten eingeführt: 309

(2) Der Werkstattrat hat in folgenden Angelegenheiten ein Mitbestimmungsrecht:

1. Ordnung und Verhalten der Werkstattbeschäftigten im Arbeitsbereich einschließlich Aufstellung und Änderung einer Werkstattordnung,
2. Beginn und Ende der täglichen Arbeitszeit, Pausen, Zeiten für die Erhaltung und Erhöhung der Leistungsfähigkeit und zur Weiterentwicklung der Persönlichkeit, Verteilung der Arbeitszeit auf

die einzelnen Wochentage und die damit zusammenhängende Regelung des Fahrdienstes, vorübergehende Verkürzung oder Verlängerung der üblichen Arbeitszeit,

3. Arbeitsentgelte, insbesondere Aufstellung und Änderung von Entlohnungsgrundsätzen, Festsetzung der Steigerungsbeträge und vergleichbarer leistungsbezogener Entgelte, Zeit, Ort und Art der Auszahlung sowie Gestaltung der Arbeitsentgeltbescheinigungen,
4. Grundsätze für den Urlaubsplan,
5. Verpflegung,
6. Einführung und Anwendung technischer Einrichtungen, die dazu bestimmt sind, das Verhalten oder die Leistung der Werkstattbeschäftigten zu überwachen,
7. Grundsätze für die Fort- und Weiterbildung,
8. Gestaltung von Sanitär- und Aufenthaltsräumen und
9. soziale Aktivitäten der Werkstattbeschäftigten.

310 Nach § 5 Abs. 3 Satz 1 WMVO ersetzt der Einigungsvorschlag der Vermittlungsstelle in den Angelegenheiten nach § 5 Abs. 2 die Entscheidung der Werkstatt. Das gilt nicht, wenn mitbestimmungspflichtige Angelegenheiten nur einheitlich für Arbeitnehmer und Werkstattbeschäftigte geregelt werden können.

§ 15 Neues im Tele- und Heimarbeitsrecht

I. Unterscheidung zwischen Tele- und Heimarbeit

Die Arbeit zu Hause bietet insbesondere für mobilitätseingeschränkte Menschen mit Behinderung einen besseren Zugang zu Arbeit und Beruf. Dabei sind zwei Arten der Arbeit zu unterscheiden: 311

1. **Telearbeit:** Der behinderte Mensch wird im Rahmen eines Arbeitsverhältnisses in der eigenen Wohnung für seinen Arbeitgeber weisungsgebunden an einem sogenannten Heimarbeitsplatz tätig. Da er in Verbindung mit dem Betrieb bleibt, dem er an seinem ausgelagerten Heimarbeitsplatz zuarbeitet, wird diese Form der Arbeit mit Fernverbindung Telearbeit genannt. Hier gilt das allgemeine Arbeitsrecht.
2. **Heimarbeit:** Der behinderte Mensch arbeitet in eigener Wohnung oder in einer anderen selbstgewählten Betriebsstätte allein oder mit Familienangehörigen im Auftrag von Gewerbetreibenden oder Zwischenmeistern **erwerbsmäßig** und überlässt die Verwertung der Arbeitsergebnisse dem unmittelbar oder mittelbar auftragserteilenden Gewerbetreibenden.[388] Erwerbsmäßig ist die Heimarbeit, wenn die Heimarbeit auf gewisse Dauer angelegt ist und zum Lebensunterhalt beitragen soll.[389] Für diese **selbstständige nicht weisungsgebundene Tätigkeit** gilt das Heimarbeitsgesetz.

II. Recht auf Telearbeit am Heimarbeitsplatz

Da dem Arbeitsgeber nach § 106 GewO das **Weisungsrecht** auch hinsichtlich der Frage zusteht, an welchem konkreten Ort die Arbeitsleistung des schwerbehinderten Menschen zu erbringen ist, bestimmt der Arbeitgeber, ob der Arbeitnehmer zu Hause oder im Betrieb arbeitet. Im Einzelfall kann die Umwandlung eines betrieblichen Arbeitsplatzes in einen **Heimarbeitsplatz** unter den Begriff der behinderungsgerechten Beschäftigung iSd. § 81 Abs. 4 SGB IX fallen und Gegenstand eines Einsatzbegehrens des schwerbehinderten Arbeitnehmers sein.[390] Der Arbeitgeber wird hinreichend durch die Zumutbarkeitsklausel in § 81 Abs. 4 Satz 3 SGB IX vor einer Überforderung geschützt. 312

Anspruchsgrundlage für einen Tele-/Heimarbeitsplatz kann § 81 Abs. 4 Satz 1 Nr. 1 SGB IX sein. Danach kann der schwerbehinderte Mensch von seinem Arbeitgeber verlangen, so beschäftigt zu werden, dass er seine Fähigkeiten und Kenntnisse möglichst voll verwerten und weiterentwickeln kann. Zwar ist die Beschäftigungsart Telearbeit im Gegensatz zu dem **Anspruch** auf eine Teilzeitbeschäftigung nach § 81 Abs. 5 Satz 3 SGB IX in § 81 Abs. 4 Satz 1 SGB IX nicht ausdrücklich erwähnt. Sie ist aber 313

388 § 2 Abs. 1 HAG.

389 BAG 12.7.1988 – 3 AZR 569/86 – zu I 2a der Gründe – NZA 1989, 141; ebenso MüArbR/Heenen, 3. Aufl. 2009, Bd. 2, § 315 Rn. 6; Müller-Wenner in Müller-Wenner/Winkler, SGB IX Teil 2, § 127 Rn. 4.

390 LAG Hamburg 15.4.2015 – 5 Sa 107/12 – Behindertenrecht 2016, 19; die gegen die Entscheidung vom Arbeitgeber unter dem Az. eingelegte Revision 9 AZR 287/15 hat sich am 24. Juli 2015 durch Rücknahme erledigt.

unter den Oberbegriff der Beschäftigung zu subsumieren.[391] Sinn und Zweck des § 81 Abs. 4 Satz 1 SGB IX ist es nämlich, schwerbehinderten Menschen eine Beschäftigung zu ermöglichen, bei welcher sie ihr (Rest-)Leistungsvermögen möglichst optimal zur Geltung bringen können.[392] Dieser gerichtlichen Erkenntnis ist zuzustimmen. Das Gesetz weist dem Arbeitgeber eine aktive Rolle für Eingliederung und gegen Ausgliederung schwerbehinderter Beschäftigter zu.[393] Ist der schwerbehinderte Arbeitnehmer behinderungsbedingt darauf angewiesen, seine Arbeitsleistung von seiner Wohnung aus zu erbringen, so ermöglicht ihm die Zuweisung des Heimarbeitsplatzes die Fortsetzung des Arbeitsverhältnisses.[394] Damit wird auch dem mit dem durch Art. 2 des BTHG mit Wirkung zum 30.12.2016 in § 83 SGB IX eingefügten Ziel der Inklusion gedient, nämlich der gleichberechtigten und vollwertigen Teilhabe am Arbeitsleben.

314 **Beispielsfall:** Ein Arbeitnehmer, ausgebildeter Industriekaufmann, erlitt bei einem Wegeunfall eine Querschnittslähmung, für die ein GdB 100 anerkannt ist. Mit Rücksicht auf diese Einschränkungen stimmte der Arbeitgeber dem Verlangen mehrere Jahre zu, dass der Arbeitnehmer an jedem zweiten Kalendertag, soweit dies ein Arbeitstag ist, seine Aufgaben zu Hause erledigen darf. Trotz entsprechender ärztlicher Bescheinigungen verlängerte der Arbeitgeber die befristet getroffene Vereinbarung über alternierende Telearbeit 2009 nicht. ArbG und LAG verurteilten den Arbeitgeber. Das LAG wies darauf hin, der Arbeitgeber habe die Unzumutbarkeit der gewünschten Beschäftigungsart sowohl darzulegen als auch zu beweisen. Hier seien keine unverhältnismäßigen finanziellen Aufwendungen zu befürchten, da der Telearbeitsplatz für den Kläger bereits vollständig eingerichtet war. Soweit eine Demontage des bereits eingerichteten Telearbeitsplatzes erfolgt sei, könne sich der Arbeitgeber mit Rücksicht auf den Rechtsgedanken des § 162 BGB nicht darauf berufen.[395]

315 Ein Arbeitgeber ist allerdings nicht verpflichtet, für den schwerbehinderten Menschen einen Heimarbeitsplatz als zusätzlichen Arbeitsplatz einzurichten, für den kein Bedarf vorhanden ist.[396] Für die Erfüllung der ihm obliegenden Darlegungslast reicht es jedoch nicht aus, wenn der Arbeitgeber pauschal „*fehlenden Bedarf*“ einwendet. Es bedarf vielmehr eines substantiierten Sachvortrags. Der schwerbehinderte Arbeitnehmer hat nämlich nach § 81 Abs. 4 Satz 1 Nr. 4 SGB IX **Anspruch auf eine behinderungsgerechte Gestaltung von Arbeitsplatz, Arbeitsumfeld und Arbeitsorganisation.** Daraus folgt eine **Prüfungspflicht**, ob aus den im Betrieb anfallenden Beschäftigungsmöglichkeiten ein neuer und behinderungsgerechter Arbeitsplatz zugeschnitten werden kann, ohne dass dadurch die Zahl der Arbeitsplätze insgesamt erhöht werden muss.[397] Das entspricht auch dem Ansatz, den der Zweite Senat des BAG mit seiner Rechtspre-

391 LAG Niedersachsen 6.12.2010 – 12 Sa 860/10 – Rn. 35 – Behindertenrecht 2013, 91; die vom Arbeitgeber gegen die Entscheidung unter dem Az. 9 AZR 38/11 eingelegte Revision hat sich am 20. Dezember 2012 erledigt.

392 LAG Niedersachsen 6.12.2010 – 12 Sa 860/10 – Rn. 35 – Behindertenrecht 2013, 91; die vom Arbeitgeber gegen die Entscheidung unter dem Az. 9 AZR 38/11 eingelegte Revision hat sich am 20. Dezember 2012 erledigt.

393 BAG 10.5.2005 – 9 AZR 230/04 – NZA 2006, 155.

394 So zu Recht: Beyer, jurisPR-ArbR 19/2011 Anm. 4.

395 Ausgangsfall LAG Niedersachsen 6.12.2010 – 12 Sa 860/10 – Behindertenrecht 2013, 91.

396 BAG 14.3.2006 – 9 AZR 411/05 – NZA 2006, 1214.

397 LPK-SGB IX/Düwell § 81 Rn. 119; zustimmend: Beyer, jurisPR-ArbR 19/2011 Anm. 4.

chung zu § 84 Abs. 2 SGB IX im Rahmen des betrieblichen Eingliederungsmanagements nach Krankheitsfehlzeiten verfolgt. Dort wird im Rahmen des ultima ratio-Prinzips zur Vermeidung einer personenbedingten Kündigung eine Pflicht begründet, die Schaffung eines leidensgerechten Arbeitsplatzes durch Umstrukturierung der betrieblichen Abläufe zu prüfen.[398] Gleiches muss auch im Rahmen des Präventionsverfahrens nach § 84 Abs. 1 SGB IX gelten. Treten personenbedingte Schwierigkeiten auf, die es erschweren, den schwerbehinderten Arbeitnehmer auf dem betrieblichen Arbeitsplatz zu beschäftigen, muss der Arbeitgeber den Betriebsrat und die Schwerbehindertenvertretung einschalten. Er muss mit diesen auch die Möglichkeit der Weiterbeschäftigung auf einem ausgelagerten Heimarbeitsplatz prüfen. Da im Rahmen der begleitenden Hilfe im Arbeitsleben nach § 102 Abs. 3 SGB IX die Unterstützung des Integrationsamts durch technischen Rat und Geldleistungen in Betracht kommt, ist auch das Integrationsamt beratend hinzuzuziehen.

Für behinderte Beschäftigte, die weder schwerbehindert noch gleichgestellt sind, hat 316
der Arbeitgeber bei der Ausübung seines Weisungsrechts nach § 106 Satz 3 GewO auf die Behinderung besonders **Rücksicht** zu nehmen. Bei der vorzunehmenden Interessenabwägung[399] soll diese Verpflichtung zur Rücksichtnahme den Ausschlag geben. Ein weiterer maßgeblicher Gesichtspunkt war in der Entscheidung, dass der Arbeitnehmer mehr als drei Jahre seine Arbeiten als Softwareentwickler ohne Probleme im Home-Office erbracht hatte. Deshalb erkannte das LAG Rheinland-Pfalz, dass eine Weisung des Arbeitgebers, künftig die Arbeit im 300 km entfernten Stammbetrieb zu erbringen, mit billigem Ermessen nicht vereinbar sei.[400] Diese Gesichtspunkte sind im verstärkten Maße dann zu berücksichtigen, wenn ein Betrieb geschlossen wird und Arbeitnehmer in einen weiter entfernten Betrieb versetzt werden müssen. Da eine generelle Folgepflicht zu einem weit entfernten neuen Betriebssitz nicht besteht, sondern die „*Versetzung*" nur im Wege der Änderungskündigung in Betracht kommt,[401] muss in diesen Fällen nach dem Verhältnismäßigkeitsgrundsatz geprüft werden, ob die Einrichtung eines Home-Office das mildere Mittel wäre.[402]

III. Heimarbeit in Zeiten der Digitalisierung

Jahr 2008 gab es in Deutschland etwa 4,7 Millionen Heimarbeiter. 2009 nahm – 317
durch eine Wirtschaftskrise gekennzeichnet – ihre Zahl stark ab.[403] Die FAZ titelt 2016 „*Mit der Digitalisierung kehrt die Heimarbeit zurück*".[404] Damit kommt der Strukturwandel der Heimarbeit ins Blickfeld. Heute werden in Heimarbeit zu Hause nicht mehr Tüten geklebt oder Spielsachen geschnitzt und verpackt. Vielmehr sitzen

398 BAG 12.7.2007 – 2 AZR 716/06 – Rn. 32 – NZA 2008, 173; BAG 30.9.2010 – 2 AZR 88/09 – Rn. 38 – NZA 2011, 39.
399 Dazu BAG 21.7.2009 – 9 AZR 404/08 – NZA 2009, 1369.
400 LAG Rheinland-Pfalz 17.12.2014 – 4 Sa 404/14 – juris mit Anm. Kohte/Volkmann, jurisPR-ArbR 25/2015 Anm. 4.
401 Hessisches LAG 14.1.2007 – 11 Sa 296/06 – juris; Schaub/Linck, Arbeitsrechts-Handbuch, 15. Aufl. 2013, § 45 Rn. 28.
402 Zutreffend: Kohte/Volkmann, jurisPR-ArbR 25/2015 Anm. 4.
403 Brenke in DIW Wochenbericht 8/2014.
404 FAZ 21.4.2016.

zu Hause gut ausgebildete Mitarbeiter vor dem Laptop.[405] Diese neuen Heimarbeiter werden **Clickarbeiter** oder **Crowdworker** genannt. Die rechtliche Entwicklung folgt diesem Strukturwandel nur mühsam.

318 Das HAG vom 14. März 1951 setzte für die Annahme eines Heimarbeitsverhältnisses noch eine *„gewerbliche“* Tätigkeit des Beschäftigten voraus (§ 2 Abs. 1 Satz 1 HAG aF). Dieses Merkmal ist durch das Heimarbeitsänderungsgesetz vom 29. Oktober 1974 geändert worden. Grund der Änderung war, dass es bei der Vergabe einfacher Büroarbeiten zu Zweifeln darüber gekommen war, ob nur die Tätigkeiten von *„gewerblichen“* Arbeitern oder auch Angestelltentätigkeiten in Heimarbeit ausgeführt werden könnten. Mit der Änderung wurde klargestellt, dass auch Angestelltentätigkeiten, wie die sogenannten **Büroheimarbeiten**, in den Schutzbereich des HAG einbezogen sind.[406] Seitdem hat sich durch die rasante Entwicklung der Informations- und Kommunikationstechnik das traditionelle Bild der Heimarbeit stark verändert.

319 Der Gesetzgeber hat auf die Herausforderungen der Digitalisierung der Arbeitswelt noch nicht reagiert. Bei der Rechtsprechung sind die ersten Probleme jedoch schon angekommen. In seinem Urteil vom 14. Juni 2016 musste das BAG über den Fall eines zu Hause arbeitenden **Softwareentwicklers** entscheiden.[407] Es erkannte: Der mit dem Heimarbeitsgesetz (HAG) verbundene Schutz ist nicht auf Handarbeit und einfache Büroheimarbeit beschränkt. Deshalb steht es der Einordnung als Heimarbeitsverhältnis nicht entgegen, wenn Tätigkeiten verrichtet werden, die eine höherwertige Qualifikation erfordern, wie sie zB ein Programmierer benötigt, dem die **Pflege und Weiterentwicklung** der vom Auftraggeber vertriebenen **Software** obliegt.[408] Fachleute meinen, es dürfte im IT-Bereich zahlreiche Programmierer geben, deren Tätigkeitsbedingungen denen im vorliegenden Fall ähneln.[409] Es ist daher wichtig, die rechtlichen Besonderheiten des Heimarbeitsverhältnisses zu kennen. Unerheblich ist nach der Rspr., welchen zeitlichen Umfang die Tätigkeit einnimmt, wie hoch der Verdienst ist und ob der Lebensunterhalt überwiegend mit Heimarbeit verdient wird.[410] Zu den geschützten Beschäftigten gehören auch die **Hausgewerbetreibenden**. Das sind Personen, die in eigener Wohnung oder in eigener Betriebsstätte mit nicht mehr als zwei fremden Hilfskräften oder Heimarbeitern tätig werden und selbst mitarbeiten. Weitere Voraussetzung ist, dass die Verwertung ihrer Arbeitsergebnisse dem Auftraggeber zusteht.[411]

---

405 FAZ 21.4.2016.

406 BAG 25.3.1992 – 7 ABR 52/91 – zu B II 1 b der Gründe – BAGE 70, 104 unter Bezugnahme auf BT-Drs. 7/975, S. 14.

407 BAG 14.6.2016 – 9 AZR 305/15 – Rn. 45 – NZA 2016, 1453.

408 BAG 14.6.2016 – 9 AZR 305/15 – Rn. 2 – NZA 2016, 1453.

409 Wahlers, jurisPR-ITR 5/2017 Anm. 4.

410 BAG 14.6.2016 – 9 AZR 305/15 – Rn. 49 – NZA 2016, 1453; ErfK/Koch, 16. Aufl. 2016, § 5 BetrVG Rn. 8; BeckOK ArbR/Besgen, Stand 1. Juni 2016, BetrVG § 5 Rn. 22; Fitting BetrVG, 28. Aufl. 2016, § 5 Rn. 312; Fenski, Außerbetriebliche Arbeitsverhältnisse, 2. Aufl. 1999, Rn. 21; Schmidt/Koberski/Tiemann/Wascher HAG, 4. Aufl. 1998, § 2 Rn. 12.

411 § 2 Abs. 2 HAG.

IV. Beendigung des Beschäftigungsverhältnisses durch Kündigung

Das Heimarbeitsverhältnis bedarf zur einseitigen Beendigung einer Kündigung. Nach § 29 Abs. 1 HAG kann das Beschäftigungsverhältnis an jedem Tag für den Ablauf des nächsten Tages gekündigt werden, ohne dass die Rechtfertigung der Kündigung überprüft wird. Es bedarf jedoch zur Bewirkung der Beendigung des Zugangs einer Kündigungserklärung. Das hat das BAG am 14. Juni 2016 klargestellt.[412] Es muss mit der gebotenen Eindeutigkeit für den Beschäftigten als Erklärungsempfänger erkennbar sein, dass das bestehende Dauerschuldverhältnis aufgelöst werden soll. Im entschiedenen Fall hatte der Auftraggeber mitgeteilt, er werde seinen Betrieb zum 1. Januar 2014 stilllegen und deshalb „*keine neuen weiteren Aufträge*" mehr erteilen. Diese Erklärung genügte dem BAG nicht. Gerade die Mitteilung, dass „*keine neuen weiteren Aufträge*" mehr erteilt werden, jedoch die bestehenden Aufträge noch erfüllt werden müssten, spreche gegen eine Kündigung. 320

V. Kündigungsschutz für behinderte Heimarbeiter

Der allgemeine Kündigungsschutz für Heimarbeiter ergibt sich aus § 29 HAG. Nach § 127 Abs. 2 (ab 2018: § 210 Abs. 2) SGB IX wird für schwerbehinderte Menschen die in § 29 Abs. 2 HAG festgelegte **Kündigungsfrist** von zwei Wochen auf vier Wochen erhöht. Das entspricht § 86 (ab 2018: § 169) SGB IX. Weiter ist der schwerbehinderte Mensch durch die entsprechende Anwendung des § 29 Abs. 7 HAG geschützt. Danach kann der schwerbehinderte Mensch vom Auftraggeber Ersatz des Verdienstausfalls verlangen, wenn der Auftraggeber nicht rechtzeitig die künftige Herabminderung der regelmäßig zu erteilenden Arbeitsmenge mitteilt. Zur Feststellung der Verringerung der Arbeitsmenge dienen die für die in Heimarbeit Beschäftigten zu führenden Entgeltbücher.[413] Die Verlängerung der allgemeinen Kündigungsfrist tritt auch für die Heimarbeitsverhältnisse ein, die noch nicht länger als sechs Monate bestehen. Hier ist die auf sechs Monate Wartezeit abstellende Ausnahme, die für den besonderen Kündigungsschutz nach § 90 Abs. 1 Nr. 1 (ab 2018: § 173 Abs. 1 Nr. 1) SGB IX gilt, nicht anwendbar.[414] 321

In der Praxis ist bisher zu wenig bekannt: Für Heimarbeiter und den ihnen Gleichgestellten gilt nach § 6 Abs. 1 Nr. 3 AGG der gesetzliche **Diskriminierungsschutz**. Deshalb ist eine Kündigung des Heimarbeitsverhältnisses durch den Auftraggeber, die wegen der Behinderung ausgesprochen wird, nach § 134 BGB iVm § 7 Abs. 1, §§ 1, 3 AGG unwirksam. § 2 Abs. 4 AGG steht dem nicht entgegen.[415] Das hat der Sechste Senat Ende 2013 im Fall eines vom Arbeitgeber während der Wartezeit gekündigten Arbeitsverhältnisses mit einem symptomlos HIV-Infizierten entschieden.[416] Gleiches muss für die Kündigung des Rechtsverhältnisses mit Heimarbeitnehmern gelten. In beiden Konstellationen besteht zwar kein Schutz vor einer sozial ungerechtfertigten 322

412 BAG 14.6.2016 – 9 AZR 305/15 – Rn. 54 ff – NZA 2016, 1453.
413 § 9 HAG.
414 Knittel SGB IX § 127 Rn. 18.
415 Vgl. BAG 19.12.2013 – 6 AZR 190/12 – BAGE 147, 60.
416 Vgl. BAG 19.12.2013 – 6 AZR 190/12 – BAGE 147, 60.

Kündigung, aber in beiden Fällen greift der Schutz des AGG vor einer diskriminierenden Kündigung ein.

VI. Besonderer Kündigungsschutz für schwerbehinderte Heimarbeiter

323 Nach § 127 Abs. 2 Satz 2 (ab 1.1.2018: § 210 Abs. 2 Satz 2) SGB IX gilt der **besondere Kündigungsschutz** nach den §§ 85 bis 92 (ab. 1.1.2018: §§ 168 bis 175) SGB IX entsprechend für sämtliche schwerbehinderte Menschen, die in Heimarbeit im Sinne von §§ 127Abs. 2 Satz 1 (ab 1.1.2018: § 210 Abs. 2 Satz 1) SGB IX beschäftigt werden. Diese Erstreckung des Schwerbehindertenschutzes ist erforderlich, weil der Wortlaut des § 85 (ab 1.1.2018: § 168) SGB IX nur die Kündigung des Arbeitsverhältnisses nicht aber des Heimarbeitsverhältnisses verbietet. Die in § 90 (ab 1.1.2018: § 173)SGB IX geregelten Ausnahmen sind auf das auf die Heimarbeit erstreckte Kündigungsverbot mit Erlaubnisvorbehalt[417] anwendbar.[418] Daraus folgt, dass der Auftraggeber nur dann die **Zustimmung des Integrationsamts** zu einer Kündigung des Rechtsverhältnisses benötigt, wenn das Rechtsverhältnis länger als sechs Monate besteht und die Schwerbehinderung zum Zeitpunkt der Kündigung schon festgestellt oder offenkundig ist.[419] Läuft das Feststellungsverfahren noch und geht es für den in Heimarbeit Beschäftigten positiv aus, so nützt ihm ein späterer positiver Bescheid nach § 90 Abs. 2 a (ab 1.1.2018: § 173 Abs. 3) SGB IX nur, wenn er den Antrag mit einem Mindestvorlauf von drei Wochen vor der Kündigung gestellt hatte.[420] Da die Gleichstellung eines behinderten Heimarbeiters mit einem schwerbehinderten Menschen nach § 2 Abs. 3 SGB IX nicht vorgesehen ist, werden von der Erstreckung des besonderen Kündigungsschutzes nur schwerbehinderte Heimarbeiter begünstigt. Hat die Arbeitsagentur in Verkennung der Rechtslage einem Heimarbeiter dennoch die Gleichstellung erteilt, so wird in diesem Fall ausnahmsweise auch der einem schwerbehinderten Menschen gleichgestellte Heimarbeiter geschützt. Der Schutz besteht dann für die Dauer der Geltung des konstitutiven Verwaltungsaktes der Gleichstellung.[421]

VII. Betriebsverfassungsrechtlicher Schutz vor Kündigung

324 In Heimarbeit Beschäftigte gehören, wenn sie **in der Hauptsache für den Betrieb** arbeiten, also zeitlich überwiegend für den Betrieb tätig sind, zum Betrieb.[422] Das ist seit der Reform der Betriebsverfassung in § 5 Abs. 1 Satz 2 BetrVG geregelt und stand inhaltlich schon in der Vorgängervorschrift § 6 Abs. 2 Satz 2 BetrVG aF. Zu dem Inhalt der Vorgängernorm führt das BAG aus: *„Die Einbeziehung der in Heimarbeit Beschäftigten … zielt erkennbar darauf, ihre Rechtsstellung, die in individualrechtli-*

417 Zustimmung des Integrationsamtes.

418 GK/Lampe SGB IX § 127 Rn. 38.

419 Wie hier HK-SGB IX/Trenk-Hinterberger, § 127 Rn. 14; aA Kossens ua/Kossens SGB IX § 127 Rn. 10; ErfK/Rolfs § 127 SGB IX Rn. 3; BeckOK SozR/Gutzeit SGB IX, 43. Edition, § 127 Rn. 13.

420 S. dazu auch BAG 1.3.2007 – 2 AZR 217/06 – AP Nr. 2 zu § 90 SGB IX mit Anmerkung Joussen.

421 BAG 18.11.2018 – 9 AZR 643/07 – NZA 2009, 728.

422 BAG 25.3.1992 – 7 ABR 52/91 – BAGE 70, 104; Hako-BetrVG/Kloppenburg § 5 Rn. 31 ff; Fitting BetrVG § 5 Rn. 309 ff.

cher Hinsicht im HAG geregelt ist, auch auf der kollektivrechtlichen Ebene zu verstärken.“[423] Die Regelung erweitert somit bewusst den Begriff der zum Betrieb gehörenden Belegschaft (§§ 1, 111 S. 1 BetrVG). Der Betriebsrat hat nach den durch Art. 19 Abs. 5 BTHG neugefassten Bestimmungen § 80 Abs. 1 Nr. 4 und § 92 Abs. 3 Satz 2 BetrVG auch die Aufgabe, die Eingliederung dieser schwerbehinderten Menschen zu fördern. Dazu gehört auch, dass der Betriebsrat im Rahmen seiner Anhörung vor der Kündigung des Heimarbeitsverhältnisses prüft, ob er Bedenken gegen die Arbeitgeberabsicht äußern soll. Dies ist insbesondere geboten, wenn der Auftraggeber entgegen § 84 Abs. 1 (ab 1.1.2018: § 167 Abs. 1) SGB IX nicht rechtzeitig unter Einschaltung der SBV geprüft hat, ob die zur Kündigung führenden Schwierigkeiten hätten beseitigt werden können. Unterbleibt die Anhörung oder ist die dazu erforderliche Unterrichtung unzureichend, ist die Kündigung nach § 102 Abs. 1 Satz 3 BetrVG unwirksam.[424] Unerheblich ist, dass im § 102 BetrVG an verschiedenen Stellen die Begriffe Arbeitnehmer und Arbeitgeber verwandt werden.[425] Die in § 102 Abs. 1 Satz 3 BetrVG enthaltene zivilrechtliche Wirksamkeitsvoraussetzung gilt für alle dem Betrieb angehörenden Arbeitnehmer, auch für die, die nach § 5 Abs. 1 Satz 2 BetrVG (bis 2001 galt die inhaltsgleiche Vorgängervorschrift § 6 Abs. 2 Satz 2 BetrVG aF) als Arbeitnehmer gelten. Daher hängt die Anwendung der Norm nicht von dem Bestehen eines arbeitsrechtlichen Kündigungsschutzes ab.[426]

VIII. Schwerbehinderungsvertretungsrechtlicher Schutz

Wer zu der von der Schwerbehindertenvertretung repräsentierten Belegschaft gehört, 325
ist im Teil 2 des SGB IX nicht ausdrücklich geregelt. Die Bestimmung dieses Personenkreises ergibt sich jedoch mittelbar aus § 95 Abs. 1 Satz 1 (ab 2018: 178 Abs. 1 Satz 1) SGB IX. Danach vertritt die Schwerbehindertenvertretung die Interessen der in dem Betrieb tätigen schwerbehinderten Menschen und steht ihnen beratend und helfend zur Seite. Hierunter fallen schwerbehinderte Menschen, die auf Arbeitsplätzen im Sinne von § 73 (ab 2018: § 156) SGB IX beschäftigt werden und zusätzlich auch **Heimarbeiter und Hausgewerbetreibende,** sofern sie **in der Hauptsache für den Betrieb** arbeiten. Das ergibt sich aus der in § 5 Abs. 1 Satz 2 BetrVG für diese Konstellation geregelte Fiktion der Zugehörigkeit zum Betrieb.[427] Diese Fiktion ergänzt den Betriebsbegriff, der nach § 87 Abs. 1 Satz 2 (ab 1.1.2018: § 170 Abs. 1 Satz 2) SGB IX auch für das Recht der SBV maßgebend ist. Deshalb zählt die überwiegende Meinung im Schrifttum zu Recht die in der Hauptsache für den Betrieb arbeitenden schwerbehinderten Heimarbeiter im Ergebnis zu der von der Schwerbehindertenvertretung repräsentierten Belegschaft.[428] Daraus folgt, dass ebenso wie der Betriebsrat

423 BAG 25.3.1992 – 7 ABR 52/91 – juris Rn. 47 – BAGE 70, 104.
424 BAG 7.11.1995 – 9 AZR 268/94 – AP § 102 BetrVG 1972 Nr. 74.
425 BAG 7.11.1995 – 9 AZR 268/94 – AP § 102 BetrVG 1972 Nr. 74.
426 BAG 7.11.1995 – 9 AZR 268/94 – juris Rn. 15 – AP § 102 BetrVG 1972 Nr. 74.
427 BAG 25.3.1992 – 7 ABR 52/91 – BAGE 70, 104; Hako-BetrVG/Kloppenburg § 5 Rn. 31 ff; Fitting BetrVG § 5 Rn. 309 ff.
428 Esser/Isenhardt in Schlegel/Voelzke, jurisPK-SGB IX, 2. Aufl. 2015, § 94 SGB IX Rn. 10; Hohmann in Wiegand, SGB IX, § 94 Rn. 40; Masuch in Hauck/Noftz, SGB IX, § 94 Rn. 16; Rudolf, AiB 6/2011, 382; aA Pahlen in Neumann/Pahlen/Majerski-Pahlen, SGB IX, § 94 Rn. 4; Knittel, SGB IX, § 94 Rn. 5.

auch die im Betrieb gewählte Schwerbehindertenvertretung in den personellen Angelegenheiten dieser schwerbehinderten Heimarbeiter zu beteiligen ist. Das bedeutet: Der Arbeitgeber ist nach § 95 Abs. 2 Satz 1 (ab 2018: § 178 Abs. 2 Satz 1) SGB IX verpflichtet, in allen Angelegenheiten, die diese schwerbehinderten Beschäftigten einzeln oder als Gruppe berühren, die Schwerbehindertenvertretung unverzüglich und umfassend zu unterrichten, vor einer Entscheidung anzuhören sowie die danach getroffene Entscheidung ihr unverzüglich mitzuteilen. Besondere Brisanz erhält diese Pflicht, weil in § 95 Abs. 2 Satz 3 (ab 2018: § 178 Abs. 2 Satz 3) SGB IX der Gesetzgeber dem Beispiel des § 102 Abs. 1 Satz 3 BetrVG folgend, auch hier eine zivilrechtliche Unwirksamkeitsfolge für den Fall angeordnet hat, dass der Arbeitgeber eine Kündigung ausspricht, ohne eine Beteiligung nach Satz 1 durchgeführt zu haben (vgl. § 7 III, Rn. 117 ff.).

§ 16 Neues Recht für behinderte Soldatinnen und Soldaten

I. Gleichstellung mit schwerbehinderten Menschen

Für die persönliche Rechtsstellung schwerbehinderter Soldaten und Soldatinnen galten nach § 128 Abs. 4 Satz 1 SGB IX aF bis 29.12.2016 nur *„die § 2 Abs. 1 und 2 SGB IX"*. Ebenso hielt das Schrifttum die **Gleichstellung** eines behinderten Soldaten durch die Bundesagentur für Arbeit für ausgeschlossen.[429] Dies wurde pauschal damit begründet, für Soldaten bestehe kein Wettbewerb auf dem Arbeitsmarkt. Damit komme eine Gleichstellung nicht in Betracht.[430] Zu diesem Ergebnis war auch die Rechtsprechung der Sozialgerichtsbarkeit gekommen.[431] Dem ist unter Hinweis darauf widersprochen worden, die Gleichstellung diene nicht nur der Sicherung des Arbeitsplatzes, sondern ebenso der Erlangung eines behinderungsgerechten Arbeitsplatzes, also auch der Erhöhung der Vermittlungschancen.[432] Im Übrigen fehle ein *„hinreichend gewichtiger Grund"*[433] für eine Rechtfertigung des Ausschlusses.[434] 326

Mit Wirkung ab 30.12.2016 hat Art. 2 Nr. 9 BTHG § 128 Abs. 1 Satz 1 SGB IX insoweit neugefasst, dass für persönliche Rechtsstellung schwerbehinderter Soldatinnen und Soldaten § 2 SGB IX ohne jede Einschränkung gilt. Diese Vorabregelung ist als Dauerregelung nach § 211 Abs. 3 SGB IX 2018 für die Zeit nach Außerkrafttreten des Art. 2 übernommen worden. Damit sollte sich der Meinungsstreit über die Zulässigkeit der Gleichstellung erledigen. In der Gesetzesbegründung heißt es dazu: *„Bislang ist die Anwendung des § 2 Absatz 3 SGB IX auf Soldatinnen und Soldaten ausgeschlossen. Mit dieser Änderung können nunmehr auch Soldatinnen und Soldaten bei der zuständigen Behörde beantragen, in ihrer aktiven Dienstzeit gleichgestellt zu werden."*[435] Die mit der Erstellung des Regierungsentwurfs betraute Ministerialbürokratie hat jedoch übersehen, dass § 2 Abs. 3 SGB IX für die Gleichstellung einen **Arbeitsplatz iS von § 73 SGB IX** voraussetzt. Nach dem eindeutigen Wortlaut der Norm sollen die Menschen gleichgestellt werden, die *„ohne die Gleichstellung einen geeigneten Arbeitsplatz im Sinne des § 73 nicht erlangen oder nicht behalten können"*. Deshalb war auch von der Fachgerichtsbarkeit die Gleichstellung von Soldaten mit der Begründung abgelehnt worden: *„Die Arbeitsstelle eines Soldaten ist kein Arbeitsplatz im Sinne von § 73 Abs. 1 SGB IX"*.[436] Nach dem weiterhin unverändert geltenden § 73 Abs. 1 SGB IX ist der Arbeitsplatz wie folgt definiert: 327

429 So Ritz in Cramer/Fuchs, SGB IX, 6. Aufl. 2011, § 128 Rn. 5; Knittel, SGB IX, § 128 Rn. 21; Pahlen in Neumann/Pahlen/Majerski-Pahlen, SGB IX, 12. Aufl. 2010, § 128 Rn. 18 ff.: keine Stellungnahme zu dieser Rechtsfrage.

430 So Knittel, SGB IX, § 128 Rn. 21.

431 Bayerisches LSG 6.8.2014 – L 10 AL 45/13 – juris; SG Chemnitz 22.11.2012 – S 26 AL 132/11 – juris.

432 LPK-SGB IX/Joussen/Düwell, 4. Aufl. 2014, § 128 Rn. 35.

433 BVerfG 28.4.1999 – 1 BvL 11/94 – BVerfGE 100, 138, 174.

434 Altmann, Beitrag 26.1.2016 in JE Online: http://www.juraexamen.info/kein-anspruch-von-soldaten-auf-gleichstellung.

435 BT-Drs. 18/9522, S. 316 zu Art. 2 Nummer 9 (§ 128).

436 SG Chemnitz 22.11.2012 – S 26 AL 132/11 – juris Rn. 20; ebenso Bayerisches LSG 6.8.2014 – L 10 AL 45/13 – juris Rn. 18.

(1) Arbeitsplätze im Sinne des Teils 2 sind alle Stellen, auf denen Arbeitnehmer und Arbeitnehmerinnen, Beamte und Beamtinnen, Richter und Richterinnen sowie Auszubildende und andere zu ihrer beruflichen Bildung Eingestellte beschäftigt werden.

328 Stellen von Soldaten[437] sind trotz der erklärten Absicht, die Gleichstellung auch für diese Beschäftigtengruppe zu öffnen, nicht genannt. Diese Auslassung stellt sich als redaktionelles Versehen dar. Bei der anstehenden Berichtigung einiger Bestimmungen des Art. 1 BTHG sollte der Gesetzgeber in § 156 Abs. 1 SGB IX 2018, der § 73 Abs. 1 SGB IX ab 1.1.2018 ersetzt, auch die Stellenaufzählung um Soldaten und Soldatinnen klarstellend erweitern. Jedoch das erfolgt nicht. Der Streit über die Anwendbarkeit der Gleichstellung kann deshalb nur als obsolet angesehen werden, wenn die gerichtliche Auslegung den Redaktionsfehler nachbessert. Dann ist die unter 2.1. Satz 3 1. Halbsatz des Fürsorgeerlasses des Bundesministeriums der Verteidigung (BMVg) getroffene Aussage überholt: „*Eine Gleichstellung nach § 2 Abs. 3 SGB IX ist für Soldatinnen und Soldaten nach § 128 Abs. 4 SGB IX ausgeschlossen; …*“. Gleiches gilt für die Verwaltungsvorschrift der Bundesagentur für Arbeit, die ausdrücklich die Gleichstellung von Soldaten ausgeschlossen hat.[438] Seit dem 30.12.2016 müssen nach der hier vertretenen berichtigenden Auslegung infolge der Neufassung des § 128 Abs. 4 Satz 1 SGB IX Soldaten und Soldatinnen bei Vorliegen der in § 2 Abs. 3 SGB IX genannten Voraussetzungen auch in ihrer aktiven Dienstzeit schwerbehinderten Menschen gleichgestellt werden obwohl sie nicht auf einem Arbeitsplatz im Sinne des SGB IX beschäftigt werden. Diese Änderung ist überfällig. Der Gesetzgeber hat sie bewusst herbeiführen wollen. In der Gesetzesbegründung wird ausgeführt, dass die Dienstfähigkeit von Soldatinnen und Soldaten in besonderem Maße an deren physische und psychische Leistungsfähigkeit geknüpft sei, so dass bei Auftreten von Behinderungen unverhältnismäßig oft Probleme entstünden. Erforderlich sein deshalb ein Zugang zu den Nachteilsausgleichen, die schwerbehinderte Menschen in Anspruch nehmen können.[439] Insoweit wird eine Gerechtigkeitslücke geschlossen.

II. Weiterverwendung mit Behinderungen

329 Die vor der Änderung in § 128 Abs. 4 Satz 1 SGB IX bestehende Gerechtigkeitslücke betraf jedoch nicht die behinderungsgerechte Weiterverwendung; denn im Fürsorgeerlass des Bundesministeriums der Verteidigung[440] ist dazu unter Ziffer 2.1. Satz 3 im 2. Halbsatz angeordnet: „*die Anwendung der Nummer 12.1 dieses Erlasses bleibt davon unberührt.*“ Diese Verweisung auf Ziffer 12.1 des Erlasses enthält eine Erweiterung der Rechtstellung behinderter Soldaten bei der Verwendungsprüfung iSv § 3 Abs. 2 des Soldatengesetzes. Danach sind Soldatinnen/Soldaten mit einem GdB von mindestens 30 aber weniger als 50 bei dieser Prüfung auch ohne Gleichstellungsbescheid der Agentur für Arbeit wie schwerbehinderte Soldatinnen/Soldaten zu behandeln. Gegenstand der Prüfung ist, ob trotz der behinderungsbedingten Einschränkun-

437 Die Verwendung des Begriffes Soldaten schließt Soldatinnen mit ein.
438 Dienstblatt-Runderlass 13/2002, Punkt 3.7.
439 BT-Drs. 18/9522, S. 316 (Regierungsentwurf).
440 Fürsorgeerlass BMVg, Stand 25.9.2013 veröffentlicht unter http://www.vab-gewerkschaft.de/verband/schwerbehindertenbeauftragter.php.

gen ein Verbleiben im Dienst möglich ist und in welchen dienstlichen Verwendungen die Soldatin oder der Soldat behinderungsgerecht – möglichst in ihrer/seiner Fachrichtung/Ausbildungs- und Verwendungsreihe oder ihrem/seinem Dienstbereich – weiterverwendet werden kann. Ziffer 12.1 des Fürsorgeerlasses regelt auch die Beteiligung der SBV. Die zuständige SBV ist darüber rechtzeitig und umfassend durch den zuständigen Disziplinarvorgesetzten über die Weiterverwendungsprüfung zu unterrichten. Kommt eine Entlassung in Betracht, muss die zuständige Entlassungsdienststelle die SBV unmittelbar vor Einleitung eines Dienstunfähigkeitsverfahrens umfassend unterrichten und vor einer Entscheidung anhören.

III. Wahlberechtigung in militärischen Einheiten

Nach dem bis 29.12.2016 geltendem Recht waren gemäß § 94 Abs. 4 SGB IX aF nur 330
bei Dienststellen der Bundeswehr, bei denen eine Vertretung der Soldaten nach dem Bundespersonalvertretungsgesetz zu wählen ist, schwerbehinderte Soldaten und Soldatinnen wahlberechtigt und Soldaten und Soldatinnen auch wählbar. Art. 2 Nr. 5 b BTHG hat auch hier die Rechtslage geändert. Mit der Streichung des bisherigen Textteils „*bei denen eine Vertretung der Soldaten nach dem Bundespersonalvertretungsgesetz zu wählen ist*“ wird nunmehr allen Soldatinnen und Soldaten die **Wählbarkeit** (passives Wahlrecht) und darüber hinaus den schwerbehinderten Soldatinnen und Soldaten die **Wahlberechtigung** (aktives Wahlrecht) zu den Schwerbehindertenvertretungen zuerkannt.[441] Bislang hatten dieses Wahlrecht ausschließlich Soldatinnen und Soldaten in sogenannten „personalratsfähigen“ Dienststellen. Nach Wegfall dieser Einschränkung ist die Wahl auch in militärischen Dienststellen zugelassen. Das wird auch eine Breitenwirkung haben; denn die Quote der schwerbehinderten Menschen innerhalb der Bundeswehr entspricht mit 9,4 % nahezu dem Prozentsatz in der Gesamtbevölkerung.[442]

IV. Aktives Wahlrechtrecht in allen Dienststellen

Nach der Neufassung des § 128 Abs. 4 Satz 1 SGB IX zum 30.12.2016 durch Art. 2 331
Nr. 9 BTHG sind gemäß § 94 Abs. 4 SGB IX alle in der Dienststelle beschäftigten schwerbehinderten Menschen einschließlich der Soldatinnen und Soldaten **wahlberechtigt**. Gemäß § 68 Abs. 3 SGB IX steht das Wahlrecht auch gleichgestellten behinderten Menschen und damit nach § 128 Abs. 4 SGB IX auch gleichgestellten behinderten Soldatinnen und Soldaten zu. Mit dieser Erweiterung wird die Wahl von Schwerbehindertenvertretungen in kleinen Dienststellen erleichtert; denn für die Berechnung der Mindestzahl von fünf schwerbehinderten Soldatinnen und Soldaten zählen nach § 68 Abs. 3 SGB IX auch die gleichgestellten behinderten Soldatinnen und Soldaten mit, sofern sie nicht nur vorübergehend dienstlich tätig sind.

441 BT-Drs. 18/9522, S. 314.
442 Mitteilung der Hauptschwerbehindertenvertretung des Bundesministeriums der Verteidigung (BMVg) veröffentlicht auf Startseite http://www.personal.bundeswehr.de/portal/a/pers/start/ > Informationsaustausch INKLUSIVE, Aufruf 17.3.2017.

332 Voraussetzung für die Wahl einer eigenen örtlichen SBV ist, dass in der Einheit wenigstens **fünf schwerbehinderte oder gleichgestellt behinderte Menschen** nicht nur vorübergehend dienstlich tätig sind (entsprechend § 94 Abs. 1 Satz 1 SGB IX) oder im Fall, dass die Zahl von fünf schwerbehinderten Menschen in einer Einheit nicht erreicht wird, diese Einheit zur Wahl einer gemeinsamen SBV mit einer räumlich nahe liegenden weiteren Einheit zusammengefasst wird (§ 94 Abs. 1 Satz 4 SGB IX).

V. Vertretungstätigkeit der SBV in militärischen Einheiten

333 Die Änderung des § 94 Abs. 4 SGB IX steht in einem Zusammenhang mit dem Außerkrafttreten des bisherigen Soldatenbeteiligungsgesetzes, das durch das Soldatinnen- und Soldatenbeteiligungsgesetz (SBG) vom 29.8.2016 mit Wirkung zum 2.9.2016 ersetzt worden ist. Gemäß § 1 Abs. 1 SBG werden Soldatinnen und Soldaten durch Vertrauenspersonen, Gremien der Vertrauenspersonen oder Personalvertretungen vertreten. Nach § 4 Abs. 1 SBG wählen Soldatinnen und Soldaten

1. in Einheiten,
2. auf Schiffen und Booten der Marine,
3. in Stäben der Verbände und Großverbände sowie vergleichbarer Dienststellen und Einrichtungen,
4. in integrierten Dienststellen und Einrichtungen,
5. in der Regel in multinationalen Dienststellen und Einrichtungen

getrennt nach Wählergruppen der Offiziere, Unteroffiziere und Mannschaften Vertrauenspersonen.

334 Die Vertrauenspersonen eines Verbands oder einer vergleichbaren militärischen Dienststelle bilden entsprechend dem hierarchischen Aufbau der Bundeswehr nach §§ 33 ff. SBG Stufenvertretungen. Diese bestehen aus den Versammlungen der Vertrauenspersonen des Verbands und des Großverbandes sowie aus den Vertrauenspersonenausschüssen, die beim Bundesministerium der Verteidigung und den unmittelbar dem nachgeordneten Kommandos der militärischen Organisationsbereiche gebildet werden. In den anderen, nicht in § 4 SBG genannten Dienststellen und Einrichtungen werden Personalvertretungen nach Maßgabe des BPersVG gewählt. Diese besonderen im SBG genannten militärischen Vertretungsstrukturen sind auch für die zu wählenden Schwerbehindertenvertretungen maßgebend. Nach ihnen ist die „*Dienststelle*“ iSv § 94 Abs. 1 Satz 1 SGB IX als Wahl- und Vertretungsbezirk zu bestimmen. Die in § 87 Abs. 1 Satz 2 SGB IX enthaltene Verweisung auf den Dienststellenbegriff des Personalvertretungsgesetzes geht hier ins Leere. Im Zuge der BTHG-Gesetzgebung ist nämlich übersehen worden, dass mit dem Wegfall der Beschränkung der Wahl von Schwerbehindertenvertretungen auf personalratsfähige Dienststellen auch eine besondere Interessenvertretung der schwerbehinderten Soldatinnen und Soldaten analog zu den in Wahlbezirken organisierten Vertrauenskörpern nach dem SBG zur Anwendung gelangen muss. Die in § 87 Abs. 1 Satz 2 SGB IX unterlassene Verweisung auf das SBG kann als bloße redaktionelle Auslassung angesehen werden. Glei-

ches gilt auch für die Auslassungen in § 93 Satz 1 und § 99 Abs. 1 SGB IX. Dort sind nach der Neufassung des § 94 Abs. 4 SGB IX die notwendigen Folgeänderungen unterblieben. Die Aufzählung der Interessenvertretungen in § 93 Satz 1 SGB IX sollte nach der Logik des SGB IX um die Vertrauenspersonen der Soldatinnen und Soldaten ergänzt werden. Ebenso müsste in § 99 Abs. 1 SGB IX der Kreis der zur engen Zusammenarbeit verpflichteten Personen um diese Gruppe erweitert werden.

Schwieriger ist die Frage zu beantworten, ob und wie Stufenvertretungen in Verbän- 335
den, Großverbänden, beim Bundesministerium der Verteidigung und den unmittelbar dem nachgeordneten Kommandos der militärischen Organisationsbereiche zu bilden sind. Hier kann nur eine Analogie zu § 97 Abs. 3, 5 bis 7 SGB IX weiterhelfen. Der Regierungsentwurf hat diese Regelungslücke nicht gesehen. Im Verlauf des Gesetzgebungsverfahrens ist diese auch nicht aufgefallen. Es ist nur folgerichtig, für die Vertretung der schwerbehinderten Soldatinnen und Soldaten in den militärischen Sonderstrukturen Parallelvertretungen zu den Vertrauenskörpern des SBG zu errichten. Das lehnt jedoch das BMVg ab.[443]

VI. Einheitlicher Wahlbezirk für den MAD

Für die Vertretung der schwerbehinderten und gleichgestellten behinderten Beschäf- 336
tigten im Bundesnachrichtendienst besteht schon eine Sonderregelung in § 158 Abs. 1 SGB IX. Daran anknüpfend hat Art. 2 BTHG mit Wirkung zum 30.12.2016 eine vergleichbare Sonderregelung für den Militärischen Abschirmdienst (MAD) in § 158 Abs. 2 SGB IX geschaffen. Diese ist nach Art. 1 iVm 26 Abs. 1 Satz 1 BTHG für ab 1.1.2018 geltende Fassung des SGB IX unter der neuen Zählung als § 240 Abs. 2 SGB IX übernommen worden.

In dem angefügten Absatz 2 ist bestimmt, dass der Geschäftsbereich des MAD abwei- 337
chend vom Personalvertretungsrecht als einheitliche Dienststelle gilt. Mit dieser Neuregelung soll die Wahl der Schwerbehindertenvertretung für MAD auf eine sichere gesetzliche Grundlage und zugleich den besonderen Sicherheitsbedürfnissen des Dienstes Rechnung getragen werden. Bislang wurden die bundesweit verstreuten Dienststellen in einer rechtlich bedenklichen Weise entsprechend § 94 Abs. 1 S. 4 und 5 SGB IX zu einem Wahlbezirk zusammengefasst. Die Neuregelung soll für die Fortführung dieser Übung eine sichere Rechtsgrundlage schaffen.[444] Diese ist wegen der Abweichung von dem sonst nach § 87 Abs. 1 Satz 2 SGB IX maßgeblichen Dienstellenbegriff des BPersVG auch zwingend erforderlich.

443 Schreiben BMVgPIII4@BMVg vom 6.3.2017 Az. 15-05-03.
444 BT-Drs. 18/9522, S. 319 (Regierungsentwurf).

Nachwort zum Gesetzgebungsverfahren: Der lange Kampf um das Recht der SBV

Soll ein inklusiver Arbeitsmarkt entstehen, dann geht es nicht ohne diese in den Betrieben und Dienststellen von den schwerbehinderten Beschäftigten als Vertrauenspersonen gewählten Vertretungen.[445] Erstmals hat der Koalitionsvertrag vom 16.12.2013[446] das erkannt und die Stärkung der Schwerbehindertenvertretungen in Aussicht gestellt.[447] Die Umsetzung gestaltete sich sehr langwierig und mühsam. Im Auftrag der Arbeits- und Sozialministerin führte der Leiter der Fachabteilung V im BMAS, Dr. Schmachtenberg, in Anwesenheit der zuständigen Parlamentarischen Staatssekretärin Lösekrug-Möller, am 20.10.2014 eine Anhörung von geladenen Sprechern der Schwerbehindertenvertretungen zur Umsetzung der Ankündigung im Koalitionsvertrag durch. Die Sprecher klagten, ihr in § 95 Abs. 2 Satz 1 SGB IX verankertes Recht, in allen Angelegenheiten, die einen schwerbehinderten Beschäftigten oder die Gruppe der schwerbehinderten Beschäftigten berühren, unterrichtet und vor einer Entscheidung angehört zu werden, werde häufig verletzt. Es fehle eine wirksame Sanktion. Die Art der Durchführung der Verhandlungsführung ließ schon damals erkennen, dass dieses Thema ausgespart werden soll. Das BMAS möchte sich darauf beschränken, die Umsetzung des Koalitionsvertrags auf eine partielle Verbesserung der Schulungs- und Freistellungsmöglichkeiten für Vertrauenspersonen und stellvertretende Mitglieder zu beschränken. Dafür spricht die Antwort der Parlamentarischen Staatssekretärin Lösekrug-Möller, die diese am 2.12.2014 auf eine Anfrage der Abgeordneten Rüffer gegeben hat.[448] Danach 338

„wäre eine allgemeine Unwirksamkeitsfolge bei unterlassener Beteiligung der Schwerbehindertenvertretung weitreichender … als die Rechtsfolgen bei unterlassener Beteiligung des Betriebsrats. Der Schwerbehindertenvertretung, die nur für einen Teil der Belegschaft zuständig ist, würde eine privilegiertere Stellung eingeräumt, als sie der Betriebsrat als Interessenvertreter aller Arbeitnehmerinnen und Arbeitnehmer des Betriebs hat.“

Rechtspolitisch haben dem die Beauftragten des Bundes und der Länder für die Belange von Menschen mit Behinderungen auf ihrem 49. Treffen widersprochen. Sie haben am 21. Mai 2015 zum TOP „*Stärkung der Stellung der Schwerbehindertenvertretung im Rahmen der Novellierung des SGB IX*“ eine Erklärung beschlossen,[449] die ua folgende Aussagen enthält: 339

---

445 Düwell, Inklusionsorientierte Reform des SGB IX, Recht und Praxis der Rehabilitation, Heft 2/2014.

446 Düwell, Stärkung des ehrenamtlichen Engagements der Schwerbehindertenvertretungen, Beitrag im Rahmen der Sektion Rechtswissenschaft, gehalten auf dem 24. Rehabilitationswissenschaftlichen Kolloquium, Tagungsband Herausgeber Deutsche Rentenversicherung Bund, 2015 S. 227 ff.

447 Dazu Düwell, Die Umsetzung der angekündigten Stärkung der Schwerbehindertenvertretung – Ein Werkstattbericht, in Devetz/Janda, Freiheit – Gerechtigkeit – Sozial(es) Recht, Festschrift für Eichenhofer, Baden-Baden 2015, S. 155 ff.

448 Schriftliche Antwort BMAS vom 2.12.2014 zu Anfragen Arbeitsnummer 191 bis 193.

449 Presseinformation der Beauftragten der Bundesregierung für die Belange von Menschen mit Behinderungen vom 22.5.2015 zu der in Wiesbaden beschlossenen Erklärung zur Stärkung der Schwerbehindertenvertretung im Rahmen der Novellierung des SGB IX; http://www.behindertenbeauftragte.de/SharedDocs/Pressemitteilungen/DE/2015/PM11_WiesbadenerErklaerung.html, Aufruf 14.4.2017.

„Schwerbehindertenvertretungen müssen verpflichtend beteiligt und mit ihrer Erfahrung einbezogen werden. Entscheidungen des Arbeitgebers dürfen erst dann wirksam werden, wenn die Schwerbehindertenvertretung ordnungsgemäß beteiligt wurde (§ 95 Abs. 2 Satz 2 SGB IX).“

340 Die in Wiesbaden beschlossene Erklärung hat die Position der Schwerbehindertenvertretungen gestützt. Diese haben sich in einem Gesprächskreis, der ca. 300.000 schwerbehinderte Beschäftigte repräsentiert und organisatorisch mit der Bundesarbeitsgemeinschaft der betrieblichen Schwerbehindertenvertretungen[450] verbunden ist, organisiert. Sie hatten zuvor am 6. Juni 2014 in ihrer „Kölner Erklärung zur Inklusion“[451] ua folgende Eckpunkte aufgestellt:

„1. Mitglieder der Schwerbehindertenvertretung (SbV) müssen fit für ihre Aufgaben sein. Das setzt die Verbesserung des Freistellungsanspruchs der Vertrauensperson und ihrer Stellvertreter sowie die Erweiterung des Anspruchs auf Schulungen für die Stellvertreter voraus.
2. Die Beteiligungsrechte der Schwerbehindertenvertretung müssen gesichert werden. Die Durchführung einer ohne Beteiligung der SBV getroffenen Entscheidung durch den Arbeitgeber ist verboten.“

341 Ermutigt durch den Rückhalt bei den Behindertenbeauftragten starteten die Initiatoren der Kölner Erklärung im Juli 2015 eine **Unterschriftenkampagne**. Die behinderten Beschäftigten konnten auf Postkarten an die Geschäftsstelle der Bundesarbeitsgemeinschaft ihre Unterstützung für die Forderung nach Stärkung der SBV dokumentieren. Am 11. November 2015 wurden der Parlamentarischen Staatssekretärin Lösekrug-Möller im BMAS 12.000 Postkarten mit Unterstützungsunterschriften aus den Betrieben und Dienststellen übergeben.[452] Der rechtspolitischen Forderung nach Stärkung des Unterrichtungsrechts hat sich während der bundesweiten Unterschriftenkampagne am 25. September 2015 auch der 4. Ordentliche Gewerkschaftstag der Gewerkschaft **Verdi** angeschlossen:

„Arbeitgeberinnen/Arbeitgeber sind nach geltendem Recht verpflichtet, die SBV in allen Angelegenheiten, die schwerbehinderte Menschen berühren, unverzüglich und umfassend zu unterrichten und sie vor Entscheidungen anzuhören. Da dieses Recht in der Praxis häufig nicht respektiert wird, ist eine sanktionierende Regelung in Form einer Unwirksamkeitsklausel ins SGB IX aufzunehmen.“[453]

342 Vorausgegangen war bereits im August 2015 die Gemeinsame Erklärung des **DGB** mit den Sozial- und Behindertenverbänden sowie der Behindertenbeauftragten der Bundesregierung: *„Entscheidungen des Arbeitgebers, die schwerbehinderte Menschen*

450 www.bbsdev.de, Aufruf 7.1.2016.
451 www.schwbv.de/pdf/koelner_erklaerung.pdf, Aufruf 7.1.2016.
452 Facebook Gruppe „Schwerbehindertenvertretungen stärken“, Bericht Michael Karpf, www.schwbv.de/12000_Unterschriften.html, Aufruf 7.1.2016.
453 www.veranstaltungen.verdi.de/veranstaltung/id-26/antraege_pdf/F087_2015_11_30_15_01_17390.pdf, Aufruf 7.1.2016.

betreffen und ohne die Information und Anhörung der SBV beschlossen wurden, sollten nichtig sein.“[454]

Diese Forderung hat sich später auch der **DBB** Beamtenbund und Tarifunion in seinem am 26. Februar 2016 in Berlin bekanntgegebenen „dbb Positionspapier zur Reform des SGB IX“ aufgegriffen, vor allem im Hinblick auf die Anhörung der Schwerbehindertenvertretung.[455] Dort wird auf Seite 2 in Absatz 4 gefordert: 343

„Um das Beteiligungsverfahren der Schwerbehindertenvertretungen effektiver zu gestalten, muss § 95 Abs. 2 SGB IX dergestalt geändert werden, dass eine ohne Anhörung der Schwerbehindertenvertretung getroffene Maßnahme deren Unwirksamkeit zur Folge hat. Künftig müssen die Schwerbehindertenvertretungen verpflichtend beteiligt und mit ihrer Erfahrung einbezogen werden. Denn die Beteiligung der Schwerbehindertenvertretung muss zu einem Zeitpunkt erfolgen, zu dem die Maßnahmen insgesamt noch gestaltungsfähig, also veränderbar sind.“

Die in der Antwort auf die parlamentarische Anfrage angesprochene Prüfung des „Spannungsfeldes“ der Unwirksamkeitsfolge war bei Übergabe der 12.000 Stützunterschriften am 11. November 2015 abgeschlossen. Bei der Entgegennahme der Unterschriften erklärte die Parlamentarische Staatssekretärin Lösekrug-Möller, sie sehe sich aufgrund der Bedenken der Fachleute ihres Hauses nicht in der Lage, die Forderung nach einer Unwirksamkeitsklausel zum Gegenstand des Referentenentwurfs zu machen.[456] Der zuständige Referatsleiter appellierte an die versammelten Vertreter von über 300.000 Schwerbehinderten, andere „Ideen“ zu entwickeln, wie man die Beteiligung der Vertrauenspersonen sicherstellen könne. Er sei gerne bereit, diese Ideen auf ihre Realisierbarkeit hin zu prüfen.[457] Alfons Adam, Konzern-Vertrauensperson der schwerbehinderten Beschäftigten im Daimler-Konzern und einer der Sprecher der Arbeitsgemeinschaft, hat darauf mehrere **Regelungsalternativen** dem zuständigen Referenten zugeleitet. Anfang April 2016 wurde mitgeteilt, dass die Prüfung der Vorschläge noch andauere. Es sei jedoch davon auszugehen, dass bei Vorlage des Gesetzentwurfs Anfang Mai 2016 eine politische Lösung gefunden werde, die das Unterrichtungsrecht der Schwerbehindertenvertretung stärke. Der 12.8.2016 in den Bundesrat eingebrachte Gesetzentwurf[458] enthielt jedoch noch nicht einmal einen Platzhalter für eine spätere Ergänzung. Das machte deutlich, dass die Frage nach der Unwirksamkeitsklausel aus dem geplanten Gesetzgebungsverfahren herausgehalten und den Fraktionen für eine Ergänzung im Rahmen der parlamentarischen Beratungen überlassen werden sollte. Die Angelegenheit erschien wegen des zu erwartenden Widerstandes aus den Kreisen der Wirtschaft politisch nicht opportun. Die politische Leitung des BMAS verwies deshalb auf „fachliche Bedenken“ der für das Schwerbehindertenrecht zuständigen Abteilung V. Diese fachlichen Bedenken sind als unbe- 344

454 http://www.dgb.de/themen/++co++f906079a-3b5a-11e5-91e6-52540023ef1 a, Aufruf 5.8.2015.

455 www.dbb.de/fileadmin/pdfs/2016/160226_positionspapier_sgbix_reform.pdf, Aufruf 7.1.2016.

456 Facebook Gruppe „Schwerbehindertenvertretungen stärken“, Bericht Michael Karpf, www.schwbv.de/12000_Unterschriften.html, Aufruf 7.1.2016.

457 Facebook Gruppe „Schwerbehindertenvertretungen stärken“, Bericht Michael Karpf, www.schwbv.de/12000_Unterschriften.html, Aufruf 7.1.2016.

458 BR-Drs. 428/16.

gründet widerlegt worden.[459] Entgegen der irreführenden Darstellung in der Öffentlichkeitsarbeit des BMAS geht es nicht um „Mehr mitbestimmen".[460] Vielmehr sollen die in § 95 Abs. 2 Satz 1 SGB IX verankerten Rechte auf Unterrichtung und Anhörung effektiv gesichert werden. Mitbestimmung, wie sie zB in § 87 BetrVG und § 75 BPersVG enthalten ist, gibt dem Betriebsrat bzw. Personalrat ein effektives und umfassendes Vetorecht. Dieses Recht kann nur der Interessenvertretung der Gesamtbelegschaft, nämlich dem Betriebsrat oder Personalrat zustehen, so dass er auch derjenige ist, der sich für Einigungsstellenverfahren und Rechtsdurchsetzung bei zwingender Mitbestimmung einsetzen kann. Diese Mitbestimmung ist mit einem umfassenden Vetorecht, dem Unterlassungsanspruch sowie dem Verfahren in der Einigungsstelle effektiv gesichert. Demgegenüber ist die SBV weniger Interessenvertretung, sondern eher eine selbstgewählte Repräsentantin der Gruppe der schwerbehinderten Beschäftigten, die nach § 95 Abs. 1 Satz 1 SGB IX Beistand und Beratung leisten soll. Wird sie nicht über eine Angelegenheit, die einen einzelnen schwerbehinderten Beschäftigten oder die Gruppe insgesamt betrifft, informiert, so kann sie ihre Aufgabe, den Betroffenen beizustehen und den Arbeitgeber zu beraten, nicht erfüllen. Der Gesetzgeber hat ihr zur Erfüllung ihrer Aufgabe das Recht zur Stellungnahme vor der Entscheidung eingeräumt, damit sie mit der Kraft ihrer Argumente[461] die Entscheidung im Hinblick auf eine behinderungsgerechte und möglichst inklusive Beschäftigung beeinflusst. Im Übrigen kann die SBV nach § 95 Abs. 4 SGB IX nur durch ihre beratende Teilnahme an den Sitzungen den Betriebsrat bzw. Personalrat zur gezielten Nutzung der Mitbestimmungsrechte für das Ziel der Inklusion gewinnen. Wird die SBV nicht informiert, so wird das gesetzliche Beteiligungsverfahren umgangen, das die Berücksichtigung des Ziels der inklusiven Beschäftigung sicherstellen soll. Das entspricht nicht dem gesetzgeberischen Plan. Er hat die Beteiligung für die Entscheidungsfindung des Arbeitgebers als zwingend ausgestaltet und deshalb in § 156 Abs. 1 Nr. 9 SGB IX (ab 2018: § 156 Abs. 1 Nr. 9 SGB IX) unter Bußgeldahndung gestellt. Die Bereitschaft der Vertrauenspersonen, ihren Arbeitgeber, den zuständigen Personalleiter und den für die Einhaltung der Beteiligungspflicht verantwortlichen Arbeitgeberbeauftragten (ab 2018: Inklusionsbeauftragten) bei der Verwaltungsbehörde wegen der **Ordnungswidrigkeit** anzuzeigen, ist zu Recht gering. Es gibt hinreichend viele Beispiele, in denen selbst berechtigte Anzeigen zu Maßregelungen und Kündigungen geführt haben.

345 Die Erfahrungen zeigen, dass diese Rechte der SBV nicht effektiv gesichert sind. Da das BMAS keine empirischen Untersuchungen zu dem Thema durchführen wollte, haben die IG Metall und die Bundesarbeitsgemeinschaft der betrieblichen Schwerbehindertenvertretungen Deutschlands ausgeholfen.

---

459 Im Einzelnen: Düwell, Welche Regelungen sind zur Sicherung der Rechte der Schwerbehindertenvertretungen geboten?, FS für Kohte, 2016, S. 47, 51 ff; Kohte, Möglichkeiten zur Effektivierung des Informations- und Anhörungsrechts der Schwerbehindertenvertretung nach § 95 Abs. 2 SGB IX – Juristisches Kurzgutachten von Prof. Dr. Wolfhard Kohte, veröffentlicht unter Reha-Recht.de – das Onlineportal für Rehabilitations- und Teilhaberecht.

460 http://www.bmas.de/DE/Schwerpunkte/Inklusion/Fragen-und-Antworten/fragen-und-antworten.html, Aufruf 20.3.2017.

461 Vgl. BAG 15.8.2006 – 9 ABR 61/05 – Rn. 25 – NZA 2007, 224; Kohte, jurisPR-ArbR 26/2007 Anm. 1.

Auswertung der Erhebung der **IG Metall Baden Württemberg,** die am 17.3.2016 in der Stadthalle Reutlingen bei der Versammlung der Vertrauenspersonen aus den Betrieben Baden Württembergs durchgeführt worden ist. Der IG-Metall wird für die Abdruckerlaubnis gedankt.

Auswertung Fragebogen Schwerbehindertenkonferenz
Reutlingen
17. März 2016

Schwerbehindertenvertrauensperson	110
Stellvertreter	49
Betriebsrat	89
Ehrenamtlicher aus GS	1

	Frage	Gesamtanzahl Bewertungen	Ja	%	Nein	%	Enthaltung	%	Ja und Nein	%
1.	Wird bei euch im Betrieb die Beschäftigungspflichtquote für schwerbehinderte Menschen erreicht?	**183**	127	69	52	28	4	2	0	0
2.	Wirst du für deine SBV-Arbeit problemlos freigestellt?	**183**	150	82	23	13	8	4	2	1
3.	Wirst du zu allen relvanten Angelegenheiten angehört?	**183**	100	55	68	37	7	4	8	4
4.	Werden dir alle erforderlichen Arbeitsmittel für die SBV-Arbeit zur Verfügung gestellt?	**183**	141	77	30	16	11	6	1	1
5.	Sollten die Freistellungsmöglichkeiten für die SBV-Arbeit aus deiner Sicht verbessert werden?	**183**	134	73	39	21	10	5	0	0
6.	Gibt es eine vertrauensvolle Zusammenarbeit zwischen SBV und Betriebsrat?	**183**	165	90	12	7	2	1	4	2
7.	Gibt es eine vertrauensvolle Zusammenarbeit zwischen SBV und den beauftragten Personen des Abeitgebers?	**183**	89	49	65	36	13	7	16	9
8	Kannst du problemlos zu Bildungsveranstaltungen gehen?	**183**	153	84	22	12	3	2	5	3
9.	Gibt es von der IG-Metall ausreichend SBV-Bildungsangebote?	**183**	140	77	17	9	23	13	3	2
10.	Hast du weiteren Unterstützungs- bzw. Beratungsbedarf durch die IG Metall?	**183**	62	34	100	55	18	10	3	2
11.	Soll dir die IG Metall Handlungshilfen, Broschüren usw. für deine SBV-Arbeit zur Verfügung stellen?	**183**	83	45	78	43	22	12	0	0
12.	12. Wird der Datenschutz bei euch eingehalten?	**183**	150	82	18	10	9	5	6	3

Ergebnis der im Juli 2016 durchgeführten Fragebogenumfrage bei den Mitgliedern der **Bundesarbeitsgemeinschaft der betrieblichen Schwerbehindertenvertretungen Deutschlands** (BbSD). Der BbSD wird für die Abdruckerlaubnis gedankt.

BbSD Fragebogen

Ergebnisse

Beteiligung der SBV durch den Arbeitgeber	**stets**	**häufig**	**selten**	**nie**
Jährliche Übermittlung der Kopie der Ausgleichsabgaben-anzeige, § 80 Abs. 2 Satz 3 SGB IX	**105** 38 %	**30** 11 %	**29** 10 %	**102** 36 %
Übermittlung des Verzeichnisses der im Betrieb beschäftigten schwerbehinderten Menschen, § 80 Abs. 2 Satz 3 SGB IX	**142** 51 %	**50** 18 %	**50** 18 %	**28** 10 %
Unterrichtung über Bestellung des Arbeitgeberbeauf-tragten für die Angelegenheiten der Schwerbehinderten, § 80 Abs. 8 i.V.m. § 99 Abs. 1 SGB IX	**110** 39 %	**29** 10 %	**44** 16 %	**89** 32 %
Unterrichtung nach Eingang der Bewerbung eines schwerbehinderten Menschen, § 81 Abs. 1 Satz 4 SGB IX	**69** 25 %	**81** 29 %	**69** 25 %	**50** 18 %
Beteiligung an der Prüfung, ob freie Arbeitsplätze mit schwerbehinderten Menschen besetzt werden können, § 81 Abs. 1 Satz 6 SGB IX	**29** 10 %	**28** 10 %	**56** 20 %	**156** 56 %
Beteiligung an Vorstellungsgesprächen, wenn mindestens ein Schwerbehinderter zu den Bewerbern gehört, § 95 Abs. 2 Satz 3 SGB IX	**98** 35 %	**57** 20 %	**41** 15 %	**68** 24 %
Einschaltung bei Schwierigkeiten im Arbeitsverhältnis eines Schwerbehinderten, die zur Gefährdung des Arbeitsverhältnisses führen können, § 84 Abs. 1 SGB IX	**59** 21 %	**80** 29 %	**88** 31 %	**38** 14 %
Gemeinsame Klärung mit SBV und Betriebs- oder Personalrat im Rahmen des BEM, ob und wie die Beschäftigungsfähigkeit eines Schwerbehinderten hergestellt werden kann, § 84 Abs. 2 Satz 1 SGB IX	**90** 32 %	**73** 26 %	**68** 24 %	**36** 13 %
Unterrichtung in allen Angelegenheiten, die einen einzelnen oder die Gruppe der schwerbehinderten Menschen betreffen, § 95 Abs. 2 Satz 1 SGB IX	**34** 12 %	**79** 28 %	**119** 43 %	**38** 14 %
Anhörung vor allen Entscheidungen, die einen einzelnen oder die Gruppe der schwerbehinderten Menschen betreffen, § 95 Abs. 2 Satz 1 SGB IX	**29** 10 %	**78** 28 %	**106** 38 %	**55** 20 %

Größe bezogen auf Anzahl der beschäftigten schwerbehinderten Menschen	**5-10**	**10-50**	**Mehr als 50**
Mein Betrieb/meine Dienststelle hat	**43**	**95**	**131**

346 Dieses durch die Ergebnisse der Umfragen nachgewiesene Vollzugsdefizit räumt auch der Bundesrat in seinem Beschluss Nr. 62 vom 23.9.2016 zu Artikel 1 BTHG § 178 SGB IX (entspricht dem bis 31.12.2017 geltenden § 95 SGB IX) ein.[462] Dort bittet der Bundesrat:

462 BR-Drs. 428/16, S. 63.

„die Möglichkeit verbindlicherer Beteiligungsrechte für Schwerbehindertenvertretungen zu prüfen. Dabei sollte eine wirksame Sanktion für die Verletzung von Beteiligungsrechten gefunden werden, die aber unterhalb eines aktiven ‚Vetorechts' für die Schwerbehindertenvertretungen bleibt."

Unverständlich ist der Hinweis auf das zu vermeidenden Vetorecht; denn die in § 134 BGB für die Verletzung einer Verbotsnorm vorgesehene Unwirksamkeitsregel steht in keiner Beziehung zu einem mitbestimmungsrechtlichen „Vetorecht". Trotz dieser Abschwächung hat die Bundesregierung jedes Entgegenkommen abgelehnt.[463] Die dazu vorgebrachte Begründung vermag weder fachlich noch sachlich überzeugen. Zunächst wird auf die Möglichkeit der Zwangsvollstreckung hingewiesen. Dieser Hinweis geht jedoch ins Leere, wenn der Arbeitgeber, der die SBV nicht informiert hat, die Maßnahme bereits durchgeführt hat (vgl. § 7 I, Rn. 103 ff.). Außerdem wird eine Überprivilegierung zulasten der Betriebsräte geltend gemacht. Schon bei der SGB IX-Novelle 2004 war damit die Unwirksamkeitsklausel verhindert worden. Die stellvertretende Vorsitzende des DGB, Frau Dr. Engelen-Kefer, hatte damals dagegen protestiert, dass die Abgeordneten im Bundestag vor der Abstimmung falsch informiert worden waren, deswegen sei die Streichung der noch im Referentenentwurf enthaltenen Unwirksamkeitsklausel *„auf Bitten der Gewerkschaften erfolgt"*.[464] Sie führt in Ihrem **Protestbrief** aus: *„Das Gegenteil ist aber richtig!"* Der Inhalt des maßgeblichen Gesprächs sei verfälscht wiedergegeben worden. Auch sei das verwandte Schlagwort „Überprivilegierung" in der Sache falsch; denn bei personellen Angelegenheiten habe der Betriebsrat nach § 99 BetrVG sowohl einen Anspruch auf Unterrichtung als auch das Recht, die Zustimmung zu verweigern. Demgegenüber habe die SBV nach § 95 Abs. 2 SGB IX nur das Recht auf Unterrichtung und Anhörung. Dem ist zuzustimmen. Engelen-Kefers Vergleich zeigt deutlich auf, wie unredlich die Benutzung des verwandten Schlagworts ist: Wie kann eine SBV, die weniger Rechte als Betriebsrat hat, „überprivilegiert" sein? Das von Professor Kohte im Auftrag der SPD Bundestagsfraktion erstattete **Gutachten**[465] nahm im Ergebnis den von Engelen-Kefer vertretenen Ansatz auf. Kohte schlug eine auf personelle Einzelmaßnahmen beschränkte Unwirksamkeitsklausel vor. Dennoch blieb eine positive Reaktion des BMAS und der Koalitionsfraktionen aus. So wurden zur Sachverständigenanhörung am 7.11.2016[466] zwar 20 Sachverständige geladen, aber mit Ausnahme des DGB blieben entgegen der langjährigen Praxis alle Personen oder Stellen ausgespart, die eine Nähe zur Position der Schwerbehindertenvertretungen gezeigt hatten. In der Anhörung selbst machte sich jedoch die Lobbyarbeit der Schwerbehindertenvertretungen bemerkbar. Über hundert Eingaben von Schwerbehindertenvertretungen waren bei den

463 BT-Drs. 18/9954 Gegenäußerung zur Stellungnahme des Bundesrats.

464 Brief der stellvertretenden Vorsitzenden des DGB Dr. Engelen-Kefer vom 18.2.2014 an den Staatssekretär im Bundesministerium für Gesundheit und Soziale Sicherung mit Kopie an Mitglieder des BT-Ausschusses, Geschäftszeichen EK/sh-wh (unveröffentlicht; Kopie des Briefes ist dem Autor zugeleitet worden).

465 Kohte, Möglichkeiten zur Effektivierung des Informations- und Anhörungsrechts der Schwerbehindertenvertretung nach § 95 Abs. 2 SGB IX – Juristisches Kurzgutachten von Prof. Dr. Wolfhard Kohte, veröffentlicht unter Reha-Recht.de – das Onlineportal für Rehabilitations- und Teilhaberecht.

466 Wortprotokoll der 92. Sitzung des BT-Ausschuss für Arbeit und Soziales, Protokoll-Nr. 18/92, Protokoll 18 WP S. 1524 ff.

Mitgliedern des Ausschusses eingegangen. Das machte einzelne Ausschussmitglieder nachdenklich. So stellten die Abgeordneten Dr. Bartke (SPD)[467] und Zech (CDU/CSU),[468] auch ohne dass Sachverständige aus den Reihen der Arbeitsgemeinschaften der Schwerbehindertenvertretungen anwesend waren, Fragen zur Notwendigkeit der Stärkung der Schwerbehindertenvertretungen. Die befragten Sachverständigen Helbig (DGB),[469] Prof. Dr. Welti (Universität Kassel)[470] und Borner (Bundesarbeitsgemeinschaft Selbsthilfe von Menschen mit Behinderung und chronischer Erkrankung und ihren Angehörigen eV)[471] bestätigten das von den Schwerbehindertenvertretungen beklagte Vollzugsdefizit und unterstützten vorbehaltlos die Forderung nach einer spürbaren Sanktionierung durch die Unwirksamkeitsklausel. Das führte dazu, dass ein Verhandlungsmarathon unter maßgeblicher Beteiligung des Justiziars der SPD BT-Fraktion Dr. Bartke startete. Eine Koalitionsarbeitsgruppe einigte sich – ausgehend von Kohtes Vorschlag – auf die Rechtsfolge der Unwirksamkeit der wichtigsten personellen Einzelmaßnahmen. Das erzielte Verhandlungsergebnis wurde jedoch nach einer Intervention des Wirtschafsflügels der Union aufgekündigt und auf die Unwirksamkeitsfolge für Kündigungen beschränkt. Dieser Minimalkonsens ist Gegenstand des von den Koalitionsfraktionen eingebrachten Änderungsantrags vom 29.11.2016,[472] der am 1.12.2016 in zweiter und dritter Beratung vom Bundestag beschlossen worden ist.[473] Die vor der Abstimmung gehaltenen Reden lassen erkennen, dass der Kampf um die Stärkung der Schwerbehindertenvertretungen nicht abgeschlossen, sondern nur ein Zwischenergebnis erreicht ist. So hat der behindertenpolitische Sprecher der Union Uwe Schummer[474] erklärt: „*Wir schaffen … den Einstieg in eine Wirksamkeitsklausel.*" Daran schloss sich die Sprecherin der SPD Kerstin Tack[475] an:

„Zu der Schwerbehindertenvertretung hat Kollege Schummer schon erläutert, was jetzt alles im Gesetz steht. Aber ich will auch sehr deutlich sagen: Für die SPD ist die Stärkung der Schwerbehindertenvertretung ein richtig wichtiges Anliegen. Es bleibt auch ein Anliegen in der nächsten Legislatur, die Stärkung weiter voranzutreiben. Mit der heute erreichten Unwirksamkeit der Kündigungen sind wir noch nicht hinreichend einverstanden. Wir wollen mehr."

467 Protokoll 18 WP S. 1539.
468 Protokoll 18 WP S. 1545.
469 Protokoll 18 WP S. 1538.
470 Protokoll 18 WP S. 1538 f.
471 Protokoll 18 WP S. 1545.
472 BT-Ausschussdrucks. 18(11)857.
473 BT-Prot. 18/206, S. 20492 ff.
474 BT-Prot. 18/206, S. 20505 (D).
475 BT-Prot. 18/206, S. 20506 (B).

Stichwortverzeichnis

Zahlen bezeichnen die Randnummern.